普通高校物流管理与工程类新形态教材

物流与供应链金融

张如云◎主编

刘徐方　南嘉琦　仝好林◎副主编

清华大学出版社

北京

内 容 简 介

本书共 9 章,主要介绍了物流金融概述、供应链金融概述、物流领域的金融业务、农业领域的供应链金融业务、生产制造领域的供应链金融业务、流通分销领域的供应链金融业务、产业平台领域的供应链金融业务、物流与供应链金融风险管理及金融科技赋能物流与供应链金融创新。本书有丰富的教学资源,每章正文前有引导案例,正文中除常规的知识体系外,加入若干扩展阅读、视频,每章正文后附有即测即练和案例讨论。

本书可用于工商管理、物流管理、物流工程、供应链管理、国际经济与贸易、金融学等专业本科生和研究生的教学,也可作为相关领域从业人士自我提升的参考用书。

图书在版编目(CIP)数据

物流与供应链金融 / 张如云主编. -- 北京 :清华大学出版社,2025. 8.
(普通高校物流管理与工程类新形态教材). -- ISBN 978-7-302-70058-6

Ⅰ. F252

中国国家版本馆 CIP 数据核字第 20259HE682 号

责任编辑:张 伟
封面设计:李召霞
责任校对:宋玉莲
责任印制:宋 林

出版发行:清华大学出版社
  网   址:https://www.tup.com.cn,https://www.wqxuetang.com
  地   址:北京清华大学学研大厦 A 座　　　　邮　　编:100084
  社 总 机:010-83470000　　　　　　　　　　邮　　购:010-62786544
  投稿与读者服务:010-62776969,c-service@tup.tsinghua.edu.cn
  质量反馈:010-62772015,zhiliang@tup.tsinghua.edu.cn
  课件下载:https://www.tup.com.cn,010-83470332
印 装 者:三河市天利华印刷装订有限公司
经　　销:全国新华书店
开　　本:185mm×260mm　　　印　张:14　　　　　字　　数:305 千字
版　　次:2025 年 9 月第 1 版　　　　　　　　　　印　　次:2025 年 9 月第 1 次印刷
定　　价:45.00 元

产品编号:106960-01

前　言

　　在全球供应链时代,企业之间的竞争已经演变为供应链之间的竞争。供应链中的中小企业是我国经济发展的生力军,但从实践来看,中小企业融资难、融资贵的困境依然长期存在,制约其良性运营。为了解决中小企业融资难题,政府及相关部门发布了一系列重要政策性文件,旨在推动供应链金融更好地服务实体经济。在此背景下,金融市场积极围绕供应链和物流服务提供更为灵活、成本更低、效率更高、风险可控的金融产品和融资模式,物流与供应链金融应运而生,在国内进入快速发展阶段。

　　从金融实践看,基于真实贸易背景的"供应链金融"业务,通常需要第三方物流(TPL)提供物流服务、信息及其他增值服务。而物流金融(logistics finance)业务则可以不依托供应链运营活动独立开展,如企业以自有存货(仓单)质押融资、第三方物流企业基于其提供的物流服务进行融资,如"运费贷"或者"信用贷"。所以从本质上而言,物流金融不等同于供应链金融,也不包含于后者。但是,现有多数教材或资料常将"物流金融"作为"供应链金融"的一种融资模式予以介绍。

　　为了使理论研究更加反映行业现实,本书在编写时特别将两种金融形式区别开来,在充分吸收和借鉴已有相关教材与资料的基础上,重新构建了全书结构体系。

　　本书在教材结构、内容和呈现形式等方面进行改革创新,适当超前,从提高教材编写质量出发,以优质的教材促进课程教学的改革,进而提升课程教学效果和质量。本书主要有以下几方面的特色与创新。

　　1. 对全书框架结构予以创新

　　本书采用"基础知识—场景应用—风险防控—行业前沿"的逻辑编排结构,以体现全书章节内容之间的逻辑关系,使得教材内容结构更为严谨、逻辑性强、体系完备,满足"物流与供应链金融"课程教学需要。

　　2. 对全书构成内容予以创新

　　本书在编写中,密切关注"一带一路"重大国家倡议推进对金融行业趋势和发展热点的影响,对同类教材内容进行改革,特别加入"国际铁路单证融资"和"运费贷"等物流金融新产品相关内容。同时本书加入了金融科技在物流与供应链金融业务中的创新应用,以反映相关领域最新热点和变化。

3．对全书呈现方式予以创新

本书融合现代信息技术手段，采用立体化呈现方式，通过二维码实现纸质教材与数字资源之间双向关联，满足线上、线下学习者的需求。

4．全书配套资源丰富

本书除纸质教材外，还提供了丰富的配套课程资源，包括知识点体系表、扩展阅读、电子课件、教学大纲、课后习题答案、视频、模拟试卷、案例等。使用本书作为教材的老师，可联系出版社索取相关资源。

本书由张如云、刘徐方、南嘉琦和全好林共同编写，由张如云负责全书框架安排和内容分工，具体编写分工如下：第1、3、9章由张如云编写；第2、8章由南嘉琦编写；第4、7章由刘徐方编写；第5、6章由全好林和张如云共同编写。全书文字校对和部分配套资源的整理由李子璇完成。

本书吸纳和借鉴了国内外供应链金融、物流金融等专业领域的期刊论文、经典教材及专著，十分感谢所有作者对本书的启发，主要参考文献在书后列明，网络资源文献在正文中以脚注形式列明，如有遗漏，请相关作者联系编者在后期的版本中增加。由于水平所限，书中难免有不当之处，敬请同仁及读者批评指正。

编　者

2024 年 10 月

目 录

第 1 章 物流金融概述 ·· 1
1.1 物流金融的概念与特征 ··· 2
1.2 物流金融的功能与作用 ··· 8
1.3 物流金融的产生和发展 ··· 10
即测即练 ·· 18

第 2 章 供应链金融概述 ··· 19
2.1 供应链金融的产生和发展 ··· 20
2.2 供应链金融的相关概念 ··· 32
2.3 供应链金融的模式和业务流程 ··································· 35
2.4 物流金融与供应链金融的关系 ··································· 44
即测即练 ·· 46

第 3 章 物流领域的金融业务 ······································· 47
3.1 物流结算金融业务 ··· 48
3.2 库存类融资业务 ·· 55
3.3 物流授信业务 ··· 62
3.4 国际物流金融业务 ··· 69
即测即练 ·· 75

第 4 章 农业领域的供应链金融业务 ···························· 76
4.1 农业供应链金融概述 ··· 78
4.2 传统农业供应链金融模式 ··· 81
4.3 数字化农业供应链金融模式 ······································ 85
即测即练 ·· 94

第 5 章 生产制造领域的供应链金融业务 ···················· 95
5.1 生产制造领域的供应链金融业务概述 ························ 96
5.2 生产制造领域的供应链金融模式 ······························ 101
5.3 流程化产业金融服务 ··· 105
5.4 定向化产业金融服务 ··· 112

5.5　整合化产业金融服务 ··· 115

即测即练 ··· 119

第 6 章　流通分销领域的供应链金融业务 ··· 120

6.1　流通分销服务商的概念和特征 ··· 121

6.2　流通分销领域的供应链金融概述 ··· 126

6.3　物流导向型供应链金融业务 ··· 127

6.4　市场导向型供应链金融业务 ··· 131

6.5　一体化供应链金融业务 ··· 136

即测即练 ··· 143

第 7 章　产业平台领域的供应链金融业务 ··· 144

7.1　产业平台概述 ··· 145

7.2　供应链金融产业平台体系 ··· 148

7.3　产业平台下供应链金融的创新模式 ······································· 150

7.4　产业平台的供应链金融实践 ··· 157

即测即练 ··· 165

第 8 章　物流与供应链金融风险管理 ··· 166

8.1　物流与供应链金融风险概述 ··· 167

8.2　物流与供应链金融的信用风险管理 ······································· 171

8.3　物流与供应链金融的操作风险管理 ······································· 180

8.4　物流与供应链金融的法律风险管理 ······································· 184

8.5　物流与供应链金融风险管理策略 ··· 186

即测即练 ··· 191

第 9 章　金融科技赋能物流与供应链金融创新 ··································· 192

9.1　金融科技创新 ··· 193

9.2　金融科技在物流与供应链金融场景中的应用 ························· 198

即测即练 ··· 215

参考文献 ··· 216

第1章

物流金融概述

本章学习目标

1. 了解物流金融的产生和发展；
2. 理解物流金融概念和特征；
3. 熟悉物流金融的功能和作用；
4. 掌握物流金融的分类。

引导案例

中国物流金融市场蓬勃发展，跨界融合引领新趋势

中国物流金融市场的规模逐年扩大，据统计，2020年，我国物流金融市场资金量规模约为8万亿元。随着物流产业的快速发展和金融科技的不断创新，物流金融市场的规模有望保持快速增长的态势，预计到2026年我国物流金融市场规模将达51.88万亿元。

同时，物流金融市场的竞争也日益激烈。传统金融机构和新型金融科技企业都在积极探索物流金融市场的发展机遇，通过不断创新和提升服务质量，争夺市场份额。这种竞争态势将进一步推动物流金融市场的繁荣和发展。

视频1.1 物流金融，既是挑战，更是机会

从未来的走向分析，物流金融将更加聚焦于为实体经济提供服务，推动物流产业的转型与壮大。与此同时，物流金融也将强化风险防控和合规运营，提升行业的自我约束与规范化水平。另外，得益于大数据(big data)、人工智能(AI)等技术的应用和普及，物流金融将提供更高层次的智能化与个性化服务，从而优化服务效能与质量。

资料来源：博思数据.2024—2030年中国物流金融市场分析与投资前景研究报告[R].2024.

1.1 物流金融的概念与特征

1.1.1 物流金融的概念

视频1.2 一分钟
了解物流金融

金融是指市场主体利用金融工具使资金从盈余方流向稀缺方的经济活动,是货币资金融通的总称。物流是指根据实际需要,对运输、储存、装卸、搬运、包装、流通加工、配送、信息处理等基本功能实施有机结合,使物品从供应地向接收地进行实体流动的过程。

扩展阅读1.1 物流企业的融资活动

物流金融,作为现代物流与金融业的创新融合,结合了物流业与金融业的资源和优势,旨在通过金融产品和服务的创新,促进物流领域中资金的有效流动和配置。

狭义的物流金融是指为物流企业提供金融服务及资金管理服务,以满足物流企业资金周转及企业发展需要的金融行为。该模式通过提供贷款、担保、结算、风险产品及社会信用资金等服务,实现物流管理的有序对接与财务管理的有效把控,能够为物流企业打造管理有效、无忧的物流资金流转模式,解决物流企业在资金周转中存在的各种问题。

广义的物流金融是指覆盖物流运营所有环节,利用并创新金融产品和服务来管理物流领域的资金流动。这包括物流过程中涉及的存款、贷款、投资、信托、租赁、抵押、贴现、保险业务,以及有价证券的发行、交易和金融机构为物流业提供的多项中间服务。在资金流动方面,物流金融既服务于物流企业自身的资金需求,也为其客户企业提供融资支持。

作为一种新型的第三方物流服务模式,物流金融为金融机构、供应链企业及第三方物流服务提供商搭建了一个紧密协作的优质平台,促使各方实现"互惠互利"的合作成效。它向物流行业提供资金筹措、结算处理、保险保障等一系列金融服务,并随着物流行业的壮大应运而生。就金融业务而言,物流金融助力金融机构扩大信贷规模、减小信贷风险,并在业务拓展中协助金融机构处理不良资产、高效管理客户关系,同时提升质押品评估、企业财富管理等咨询服务的质量。从企业经营行为的角度分析,物流金融的兴起源自"基于物资的融资"业务活动,它伴随着现代第三方物流企业的出现而发展。在金融物流服务领域,现代第三方物流企业的业务范畴更加广泛,除了提供传统的物流服务,还需与金融机构携手,提供一系列金融服务。

1.1.2 物流金融的特征

1. 跨界性

扩展阅读1.2 顺丰的物流金融实践

物流金融的主要特点在于其跨界性。跨界性体现在物流金融融合了物流、金融两大产业的特点和优势,通过资源整合和流程优化,实现了资金流、信息流和物流的高效对接。

2. 服务性

服务性是物流金融的核心宗旨。物流金融致力于为客户提供优质、便捷的金融服务。无论是大型企业还是中小微企业,无论是国内贸易还是国际贸易,物流金融都能够根据客户的需求量身定制解决方案。通过提供个性化的服务,物流金融帮助客户降低融资成本,加快资金周转速度,增强了客户的市场竞争力。无论是全球最大的航运巨头马士基(Maersk),还是全球最大的快递物流巨头 UPS(联合包裹运送服务公司),它们首要的盈利渠道均源自物流金融服务。这些跨国企业凭借卓越的信誉基础和雄厚的金融资本,结合自身在物流过程中对货物的严密监控,在为发货商和货主提供物流解决方案的同时,也融入了金融服务,如开具信用证、仓单抵押、票据保证、结算融资等多种服务。这一举措不仅吸引了更多客户的青睐,而且在物流金融活动中获取了可观的收益。

3. 广泛性

物流金融的广泛性具体展现在以下几个方面:首先,其服务地域范围广,不仅覆盖金融服务机构所在区域,还能延伸至未设金融服务机构的地区;任何设有银行分支机构或物流公司服务覆盖的地方,均能开展相关业务。其次,物流金融所涉及的物流商品种类繁多,涵盖了物流公司所能监管的全部商品类型,无论是各类工业品还是生活消费品。再次,物流金融的客户群体广泛,无论是制造业企业还是流通业企业,无论是国有企业、民营企业还是股份制企业,无论是大型企业、中型企业还是小型企业,只要拥有符合要求的物流产品,均可参与此项业务。对于资金流动性不足的厂商,物流金融服务能增强其资金流动性;对于资金充裕的厂商,物流金融服务则能增强其经销商的资金流动性;两者结合,更能推动企业销售增长,提升盈利能力。

4. 综合性

综合性是物流金融领域中一个尤为突出且至关重要的特点。它不仅体现在物流服务和金融服务的深度融合与广泛覆盖上,还意味着物流金融能够跨越传统界限,将货物运输、仓储管理、装卸搬运、包装加工、配送分发等物流流程与资金融通、支付结算、信用评估、风险管理等金融服务紧密相连,形成一个多维度、全方位的服务体系。这种综合性的服务模式,使物流金融能够根据客户的多样化需求,提供定制化、灵活化的解决方案,无论是大型企业、中小型企业,还是个人消费者,都能在这个综合服务平台上找到符合自身需求的服务内容,从而有效促进供应链顺畅运作,提升整体经济效率。

5. 风险性

物流金融也面临风险性。鉴于物流行业的独特性和繁复性,物流金融在提供服务的过程中需应对多种风险挑战,涵盖信贷风险、市场波动风险、作业操作风险等。为了有效地管理这些风险,物流金融机构需要建立完善的风险管理体系,加强风险监测和预警机制,确保业务稳健发展。

扩展阅读 1.3 《民法典》中关于仓单质押的相关条款

6. 创新性

创新性体现在物流金融不断探索新的金融产品和服务模式上，以适应物流产业快速发展的需求，同时也推动了金融业的创新和发展。

1.1.3　物流金融的分类

随着现代金融与现代物流的持续演进，物流金融的形态日益丰富。依据金融在现代物流中所涉及的业务范畴，物流金融可划分为物流结算金融、物流仓单融资、物流授信金融等类别。

1. 物流结算金融

物流结算金融是指运用多样化的结算手段为物流企业及其客户筹集资金的金融行为。当前，它主要包含代收货款、垫付货款、承兑汇票等业务形态。

1）代收货款

代收货款是指物流企业在为企业（主要包括各类邮购公司、电子商务企业、商贸公司、金融组织等）递送实物商品的同时，代替卖方从买方处收取现金款项，随后将所收货款转交给委托的投递企业，并据此收取一定比例的服务费。代收货款模式是物流金融发展的初级阶段，从收益角度看，其直接产生的利润归属于物流企业，同时，也为生产厂商和消费者提供了便捷、高效的服务体验。

2）垫付货款

物流金融中的垫付货款是指物流企业在某些情况下，为了保障交易顺利进行或满足客户急需，先行支付一定比例货款的行为。这种行为通常发生在物流金融服务中，是物流企业除了提供现代物流服务外，与金融机构合作提供的一种金融服务。

3）承兑汇票

承兑汇票业务也称保兑仓业务，其运营模式如下：在正式运作之前，采购商（借款企业）、供应商（卖方企业）、物流服务商及银行四方需共同签署《保障仓储协议》。物流服务商提供承兑担保，而供应商则以货物为质押，对物流服务商进行反向担保，并承诺回购货物。有材料采购需求的借款企业向银行申请开具承兑汇票，并缴纳一定比例的保证金。随后，银行开具承兑汇票给借款企业；借款企业凭此汇票向供应商采购商品，并将商品交由物流服务商评估后入库作为质押品。待承兑汇票到期时，金融机构进行兑现，并将款项支付给供应商。物流服务商则根据金融机构的要求，在借款企业完成还款后，释放质押的商品。若借款企业违约，质押品可由供应商进行回购。从收益角度来看，采购商（借款企业）通过向银行申请承兑汇票，实际上实现了间接融资，缓解了企业流动资金的压力。供应商（卖方企业）在承兑汇票到期后即可从银行获得支付，无须担心采购商是否向银行支付款项。银行通过为采购商开具承兑汇票获得业务收入。物流服务商的收益来源有两部分：一是向采购商收取存放与管理货物的费用；二是为银行提供价值评估与质押监管的中介服务，并据此收取一定比例的服务费。

2. 物流仓单融资

物流仓单融资，主要指的是基于融通仓的融资模式，其核心机制在于：货主企业先将其采购的原材料、制成品或成品作为质押资产或反向担保品，存入融通仓，并据此从合作银行获取贷款。在其后续的生产运营或质押产品的销售进程中，分阶段偿还贷款。在此过程中，第三方物流服务提供商负责质押物品的保管、价值评估、流向监控及信用保证等服务，起到了银行与企业之间资金桥梁的作用。其实质是将银行原本不太倾向接受的动产（主要是原材料和制成品）转化为银行乐于接受的动产质押品，作为贷款担保或反向担保进行信贷融资。从收益角度讲，货主企业能够通过其流动资产（如原材料和制成品）实现融资。银行则能够拓展其流动资产贷款业务，既降低存贷差带来的成本，又增加贷款利息收入。物流企业既可以基于向货主企业提供的货物存储和管理服务收取费用，又可以通过向银行提供价值评估与货物监管收取服务费。

视频 1.3　物流仓单融资

此外，随着现代物流体系与金融服务的不断演进，物流仓单融资领域也在持续创新，涌现出诸如多物流节点仓单模式和逆向担保模式等新型仓单融资模式。多物流节点仓单模式是在传统仓单模式的基础上，对地理布局进行的一种优化：第三方物流服务提供商依据客户差异，整合社会资源中的仓储设施乃至客户自身的仓库，实施就近的质押监管，显著削减了客户的质押成本。逆向担保模式则是对质押主体的范围进行了拓展：不再直接将流动资产交付银行作为质押品，而是由物流企业掌控质押资产，这一变革极大地简化了操作流程，增强了灵活性，并减少了交易成本。

3. 物流授信金融

物流授信金融是指金融机构依据物流企业的规模大小、经营业绩、运营状态、资产与负债比率及信用评级，向物流企业授予特定的信贷限额。物流企业则利用这些信贷限额向相关企业灵活提供质押融资服务，并全程负责质押融资服务的监控工作，而金融机构则较少介入该质押融资项目的具体操作。此模式有助于企业更快速、更简便地获取融资，省去了传统质押融资中一些复杂的步骤；同时，也有助于银行提升对质押融资全过程的监控效能，更灵活地开展质押融资服务，优化其流程和操作步骤，进而降低贷款风险。

从收益角度来看，信用融资模式与仓单融资模式的各方所得大致相当。然而，由于银行不直接介入质押融资项目的具体操作，而是由物流公司负责发放质押贷款，整个流程更为简洁，形式也更加灵活多变。此外，这种做法还显著降低了银行与借款企业之间的相关交易成本。

1.1.4　物流金融系统的结构要素分析

物流金融系统的结构要素由市场主体要素、服务载体要素、规范与支撑要素组成。其中，服务载体要素、规范与支撑要素是市场主体要素存在和发展的支撑条件，而市场主体要素以自身创新对其不断改善，并通过与其他行为主体要素的利益博弈实现动态均衡，由此构成一个彼此约束、牵制，同时又相互促进发展的生态平衡系统。

1. 市场主体要素

物流金融体系的参与者主要分为三类：物流金融服务的供给方，涵盖金融机构及大中型物流企业；物流金融服务的需求方，包括供应链上下游的中小型企业及物流企业；物流金融服务的中介方，例如第三方电商平台、商品交易市场等。

1）物流金融服务的供给方

物流金融服务的供给方是物流金融领域的核心组成部分，涵盖了传统金融机构，例如银行、保险机构、投资基金公司，以及新兴的金融实体，如互联网金融平台、私募投资基金等。这些金融机构和金融实体为物流金融行业提供了丰富的资金来源，满足了物流企业及其客户多样化的融资需求。

物流金融业务中，物流企业扮演双重角色，即物流金融服务的供给方和需求方。作为供给方的企业主要是自身实力较强的平台类及大型物流企业，如中储发展股份有限公司、深圳市怡亚通供应链股份有限公司（以下简称"怡亚通"）、飞马国际以及江苏飞力达等。这些企业利用自身的专业优势，为物流企业及其客户提供应收账款融资、库存融资、订单融资等金融服务。

2）物流金融服务的需求方

供应链上下游的中小企业：范围涵盖生产企业、批发零售企业、电商企业等，流动资金不足限制了这些企业实现最优运营决策，这些企业的融资需求推动了物流金融行业的持续发展。

物流企业：主要是指物流行业中，规模小、数量众多、面临资金缺口的小微物流企业，以及有较大资金缺口的物流平台企业。

3）物流金融服务的中介方

第三方物流企业是物流金融服务的核心中介方，不仅提供仓储、运输等基础物流服务，还承担动产监管、质押物评估及资产管理等职能。此外，物流金融服务的中介方还包括：为物流环节中的货物运输、仓储等风险提供保险服务的保险公司；为融资企业提供信用担保，帮助其获得银行贷款，同时分担金融机构信贷风险的担保公司；提供大数据分析、区块链技术等支持，实现物流与金融数据透明化整合的技术与信息服务平台；处理不良资产或滞销存货拍卖与资产处置机构；处理合同纠纷、质押物权属确认等法律事务，保障交易的合法性的法律机构；提供财务审计、税务规划等服务，协助企业优化资金流管理的会计师事务所；对质押物（如存货、仓单）进行价值评估，确保融资额度与资产价值匹配的评估机构等。

2. 服务载体要素

1）物流市场

物流市场是为确保生产和流通顺畅而设立的，旨在支持商品流动与临时存储的服务型市场。其主要职能包括资源优化分配、促进规模经济与集约化运营、提升物流运作效率、减少物流成本等。物流市场构建了物流企业与银行、借款企业的合作关系，提供了物流金融参与方的物品暂时保管等服务，实现了资源的有效配置，促进了商品的流通。

2）金融市场

金融市场是指资金供应者和资金需求者通过信用工具进行交易而融通资金的市场。金融市场中，作为间接融资渠道的信贷市场和作为直接融资渠道的资本市场成为金融业服务实体经济的双轮驱动力。对物流金融而言,金融市场为物流金融的资金供需双方提供了直接交易的场所,反映了金融资产在供给方和需求方之间的供求关系。

3）中介市场

中介市场是继金融市场和物流市场之后,为物流金融服务的供需双方提供辅助服务的中介方组成的市场。

3．规范与支撑要素

1）实体要素

物流基础设施是支撑物流金融服务运作的实际组成部分,它是在供应链的全面服务职能以及供应链的个别阶段,服务于物流组织与管理需求、集多功能和单一功能于一体的设施及机构的总称,涵盖物流运输基础设施、物流运作基础设施和物流信息基础设施等。

2）技术要素

（1）信息技术。信息技术的应用对物流金融业务的开展具有良好的支撑作用。其中,物联网（IoT）技术的应用将实现质押业务的智能监管和质押物的实时追踪,提升了银行对物流的控制能力,实现了质押监管的规范化、实时化、远程化,提高了物流金融业务的风险管理水平;企业信息系统的建设和使用,将实现供应链企业物流、资金流的无缝对接,提升企业运作效率;物流管理信息化有助于降低物流成本,实现交易仓单标准化,满足企业规避价格风险和违约风险的需求,能够进一步拓展银行仓单融资业务的发展空间。

（2）仓储管理技术。在物流金融运作过程中,物流企业除提供传统基础业务外,还帮助银行提供有效的质物监管服务。先进的仓储管理技术可以使物流企业实现有效的仓储管理,合理配置企业资源,实现物流金融参与方的共赢。

（3）金融技术。金融技术包括对金融契约进行风险和收益评估的统计计量方法、财务分析方法等。在物流金融运作过程中,各类相关的金融技术有助于物流金融业务主体完成金融产品设计、开展业务风险管理等工作。

3）制度要素

物流金融的制度要素主要包含法律制度和监管制度两方面。

（1）法律制度。《中华人民共和国民法典》整合了原《中华人民共和国担保法》《中华人民共和国物权法》的核心内容,明确质押担保的权利义务分配,并通过第 440 条将存货、应收账款等资产纳入合法担保物范围,同时第 396 条细化的浮动抵押制度确认了动态动产担保融资的合法性,允许企业以现有及未来动产作为担保。为规范操作,《不动产登记暂行条例》（2024 年修订）强化了电子化登记流程与透明度,保障担保物权实现的合规性。

（2）监管制度。依据《中华人民共和国银行业监督管理法》（2006 年修正）及《中华人民共和国金融稳定法（草案）》,监管部门对物流金融的信贷风险与资金流向实施动态监控,要求金融机构与第三方物流企业建立协同风控机制;自 2025 年 6 月 15 日起施行的《中国人民银行 金融监管总局 最高人民法院 国家发展改革委 商务部 市场监管总局关于规范供应链金融业务 引导供应链信息服务机构更好服务中小企业融资有关事宜的通知》进一步强调强化供应链金融业务规范,提升金融服务实体经济质效,防范潜在金融风险,并要求运用区块链等技术实现货物与资金流的全程可追溯。

法律与监管的协同构建了"法律确权＋动态监管"的制度框架,例如在厂商银合作模式中,各方需遵循《中华人民共和国民法典》的委托关系界定,同时满足《动产质押监管服务规范》的操作要求,确保质权设立与监管责任明晰。

1.2 物流金融的功能与作用

1.2.1 物流金融的功能

作为供应链中联结众多中小企业的重要节点,物流企业在收集、解析、管理供应链上中小企业的信息方面拥有独特的优势,有助于减少中小企业融资流程中的信息不匹配和降低风控难度,其作用主要体现在下述几个方面。

1. 为金融机构提供贷款信息筛选服务

中小企业经营管理的优劣程度不一,导致所有银行在辨识中小企业贷款风险时成本高昂,从而削弱了它们向中小企业放贷的意愿。相比之下,物流企业作为供应链上下游企业的关键联结点,对供应链上中小企业的运营状态、采购途径、生产情况、产品数量、主要销售对象及销售业绩、货款清算等信息有着比银行更便捷且直观的了解。这些信息恰好是银行在贷款审批前进行深入分析的关键因素,对银行的贷款决策具有重要的参考意义。物流企业凭借其在行业内的专业分析能力,还能进一步提升银行贷前分析的精准度和效率,增强银行对中小企业放贷的积极性,从而提升银行对中小企业信贷资产的质量。

2. 为质押物提供保管、监管、评估及其他管理服务

中小企业在寻求融资时,通常需要提供存货、仓单等作为质押物,但这些质押物因流动性强、单价较低等,确认与评估成本高企,管理起来颇为棘手,多数金融机构对此持谨慎态度,进而加剧了中小企业融资的困境。物流企业能够协助银行及客户确定质押物的估值、质押率、质押金额、贷款期限及变现能力等关键参数,从而减少融资过程中的信息不对称问题,降低交易成本。此外,物流企业还能凭借其网络覆盖广泛及信息掌握全面的优势,受银行委托对质押物实施监管,将质押物管理与中小企业的供应链管理(SCM)相融合,减少了银行的贷后管理成本,有效协助银行管控风险。例如,通过提供专业的仓储技术确保货物价值不受损,有效规避损失,大幅降低出质人的融资成本;同时,还提供一系列增值服务,如评估出质人的信用状况、监测货物市场价值波动、开发货物销售客户、对货物品种的选择提出建议、代收货款、代理货物运输等,给双方带来更大的附加价值。

3. 为中小企业融资提供信用增级服务

所谓信用增级,是指物流企业作为中小企业与金融机构之间的综合性服务桥梁,利用其天然的信息优势,通过资源整合来提升中小企业的信用等级。例如,物流企业直接

为中小企业提供担保服务。由于物流企业能够较为准确地掌握其供应链上中小企业的真实运营状况和偿债能力,因此其可以直接为中小企业申请贷款提供保证,间接提升其信用水平,助力中小企业发展壮大。另一种方式是,物流企业牵头组建中小企业联保组织。鉴于大型物流企业关联着众多中小企业,尽管单个中小企业的资产规模有限,但物流企业能将其供应链上的中小企业组织起来,形成联保或互助担保机制,即互保组织内的一个或多个中小企业为其他成员提供担保,这将显著提升组织内中小企业在申请贷款时的信用。由于组织内企业间的信誉制约、业务合作关系以及互助需求等因素,获得组织内其他企业担保的企业在贷款后违约的风险会显著降低。其具体实施方式灵活多样,可以是多家企业联合向物流企业申请担保,再由物流企业向金融机构提供担保;也可以是中小企业直接联合向金融机构提供担保;还可以动员信用较高的企业为当前规模较小、信用等级较低的企业提供担保等。

1.2.2　物流金融的作用

UPS中国供应链业务运营的高级副总裁曾如此评价物流金融的重要性:"物流金融将供应链上下游的企业与银行紧密联结,使银行能够在一定程度上降低风险,同时也让企业能够实现信息流、物流、资金流的综合整合,促进了物流与资金流的快速流转。"

物流金融业务在我国开展的短短几年时间里取得如此大的成功,其主要原因是物流金融业务对我国金融行业及物流行业的发展有着很重要的现实意义,具体表现在如下几个方面。

1. 为广大中小企业开辟了新的融资渠道

作为我国经济中最具活力的经济实体,小企业在成长过程中面临的资金获取难题已成为阻碍其发展的主要障碍。在某些发达地区,例如上海,虽然已初步尝试建立了中小企业信贷担保体系,但由于担保机构的资金来源主要依赖于地方政府财政,其在支持中小企业时存在选择性。此外,根据《中小企业融资担保机构风险管理暂行办法》的规定,担保机构需采取反担保措施,要求投保企业提供合法财产(含股权)作为抵押物或质押物,并根据担保项目的风险等级实施浮动费率。这些限制无形中增加了中小企业的融资成本,加之中小企业融资需求往往具有较强的时效性,而中小企业担保机构的担保审核流程烦琐且耗时较长,导致中小企业在急需资金却又无法迅速从外部获得时,往往错失良机。相比之下,物流金融业务的操作流程简便,可用于质押的资产更为广泛,借款企业、专业物流公司与银行之间的业务往来完全基于市场原则,融资效率更高。

2. 为商业银行开辟了新的利润来源途径

物流金融的演进为银行开辟了多元化的盈利途径。首先,借助物流金融业务,只要客户持有符合银行审核标准的存货或应收账款,就能便捷地获得银行贷款支持,这一服务不仅强化了银企联系,拉近了银行与客户的距离,还有效促进了银行客户数量增加;其次,通过办理物流金融业务,银行能够更深入地洞察客户的生产经营情况,为深化银企合作奠定了坚实基础;最后,供应链管理和金融的深度融合,催生了众多跨领域的服务产品,进而激发了客户对众多新兴服务的需求,而原本金融机构难以独立提供的服务,在物流企业的参与下得以顺利实施,从而拓宽了金融机构的服务范畴。

3. 推动传统仓储运输型物流企业向更高层次发展

仓储物流企业在货物保管与流动监管方面拥有深厚的专业积累,涉足物流金融业务能为它们吸引新的客户群体。随着物流金融业务中质押存货的持续流转,仓库的吞吐量提升,进而带动经济收入相应增长。开展物流金融业务促使仓储物流企业不断优化管理流程,采用先进的管理方法,以防止货物丢失等不良情况的发生,这也激励仓储物流企业改进经营管理,增强其市场竞争力。

从国际上的发展动向及国内已展现的业务特征来分析,物流金融业务对于物流企业而言,在吸引客户、拓宽业务渠道方面具有重要意义。例如,中国物流集团有限公司的部分分支机构通过提供物流金融服务,显著增强了对客户的吸引力,导致以往流失的客户迅速回归。致力于推动物流金融业务发展的南储仓储管理集团有限公司(曾用名:广东南储仓储管理有限公司),已经着手对异地仓储企业进行资格认证,并指定其提供仓储服务,显示出在传统物流业务竞争中的显著优势。尽管这种特性才刚刚显现,但在未来物流行业的企业竞争中,它具有举足轻重的战略地位。

随着物流行业竞争的白热化,那些掌控客户资源的物流企业必将在未来的业务较量中占据主导地位,拥有持续赚取利润的能力,也必然在物流行业的整合重组中占据主导地位。存货质押融资业务已成为吸引客户的高端服务,率先开展并完善此服务的物流企业将在未来的竞争中抢占先机。综上所述,银行资金雄厚,借款企业市场运营能力强,而专业的仓储运输物流企业在仓储运输及流动货物的管理与监管上具备优势,三者携手合作可以有效解决企业的流动资金难题。因此,物流金融业务是银行、借款企业及仓储运输物流企业利用各自优势资源,实现互利共赢的必然抉择。物流金融业务的出现,为解决中小企业融资难、金融机构贷款难、物流企业拓展发展空间难等问题提供了有益和积极的借鉴。特别是近年来,网络信息技术的发展促进了物流企业与金融企业的结盟,诞生了诸如 UPS 资本商业信贷(UPS Capital,USPC)这样的专业物流金融服务企业,从而创造出许多新的服务模式,物流金融领域成为物流业与金融业共同关注的新兴领域,在国内外企业界得到了充分的重视,物流金融业务创新表现出旺盛的生命力。

1.3 物流金融的产生和发展

1.3.1 物流金融产生的原因

1. 中小微企业的发展需求

中小微企业是我国经济发展的生力军,但发展中依然存在"融资难、融资贵"的问题。根据 2024 年 6 月召开的"联合国中小微企业日"活动中专家的发言,我国中小微企业数量超过 5 300 万家,占中国企业总数的 98.5%,为国家贡献了 60% 以上的税收、60% 的GDP,以及 70% 以上的技术创新成果和 80% 以上的城镇劳动就业,所以中小微企业在国民经济中有着不可替代的作用。但是囿于缺乏信息资料、经营稳定性差、缺少担保品、缺谈判地位,中小微企业融资难、融资贵问题依然存在,且具有长期性与必然性。根据普惠金融研究院2024年7月发布的对3 000家小微企业的调研报告,我国超1/3小微企业金融状况不健康,问题突出表现为:应收账款拖欠、现金储备不足、风险防范薄弱、借贷能力不足等;有41%的小微企业表示存在较大的融资成本压力。受限于资金缺乏和其他竞争压力,我国小微企业存活周期普遍集中在3~5年。

随着"一带一路"倡议的深入推进,以中欧班列为代表的国际铁路运输迎来新的发展机遇。但基于现有国际贸易规则,铁路出具的运单不具备物权属性,不像海运提单能够背书转让,传统金融服务难以介入,不仅影响了货物流转和交易效率,也在一定程度上制约了陆上贸易的稳定繁荣。

2024年8月,在国家金融监督管理总局连云港监管分局的指导支持下,中国银行连云港分行成功为连云港市自贸片区内一家外贸企业办理了铁路运输单证物权化运用的融资业务,以企业签发的多式联运提单为质押物,为其提供22.57万美元用于在哈萨克斯坦采购小麦粉。据悉,相关业务在江苏省内属首单办理,同时也是全球范围内首次对接联合国《可转让货物单证》公约试点项目。[①]

2. 物流企业服务创新需求

国内物流企业提供的服务日益趋向同质化,激烈的低价竞争使得物流企业的利润空间不断被压缩,进而削弱了企业的可持续发展能力。因此,众多物流企业开始积极拓宽服务范畴,例如,提供物流咨询、物流规划、物流金融等增值性服务。例如,出于业务创新和利润增长点的需要,物流企业与银行和核心企业合作,在提供运输、仓储和配送等物流服务的同时,也为银行和中小企业提供监管与信用担保等附加服务,在扩大自身业务服务范围的同时,通过收取监管费和担保费等,找到新的利润增长点。此外,金融业与物流业的结合,提升了物流企业的资金实力。

3. 银行等传统金融机构的发展需求

中国金融体系对民营资本、外资银行的门槛越来越低,金融服务产品的种类也越来越丰富,这对传统银行等金融机构的冲击非常大,传统银行过去简单靠"存贷差"过日子的美好时光将一去不返。面对激烈的竞争,银行等传统金融机构也需要创新金融服务,拓展客户源,创造新的利润增长点,而数量庞大的中小企业就成为其追逐的重要目标客户源。由于信用、规模和抵押物等问题,中小企业很难直接从银行贷款融资。所以,以供应链中核心企业或物流企业为担保方,以中小企业将要采购或生产出的或准备销售的原材料或货物作为质押物进行质押融资的方式逐步普及。

银行的主营业务是金融服务,银行和中小企业对接不紧密,导致信息不对称,不能对中小企业财务以外的其他活动作出有效的评价。同时,银行也缺乏对中小企业质押物的市场分析能力和预测评价能力。所以,专门负责中小企业抵质押物流通作业的物流企业有必要参与进来,发挥自身优势,各方联合为供应链中的中小企业提供融资服务。

---

① 连云港市铁路运输单证金融服务实现创新突破[EB/OL].(2024-08-15).https://baijiahao.baidu.com/s?id=1807428024378200458&wfr=spider&for=pc.

4. 供应链"多赢"目标实现的要求

现代物流金融业务是由商业银行、物流企业和融资企业三方共同参与的过程,是一个"三赢"的过程,这也是物流金融业务发展最直接的动力。现代物流是多个产业、领域及技术的综合集成体,而供应链则由众多节点构成,其运作需要物流企业在上下游企业中发掘服务对象,并与它们构建战略合作关系,实现资源的互补,增强整体的市场竞争力。物流金融则是将供应链中的核心企业、上下游企业、银行及物流企业紧密联结在一起,突破了单个企业的传统框架,通过金融工具激活沉淀资金,使供应链上的其他企业、银行及物流企业均能从中获益。

对商业银行来说,实施物流金融能够拓展并稳固客户群体,塑造竞争优势,开辟新的盈利途径,同时还有助于吸纳由此业务带动的衍生存款。它能够深入企业的资金链,为企业提供全面的金融服务,进而拓宽商业银行的业务范畴。物流金融业务为商业银行优化结算支付手段、提升中间业务收入提供了契机,在推进该业务的过程中,商业银行也发掘了新的客户群体,培育了潜在的优质客户。此外,在商业银行的质押贷款业务中,物流企业作为第三方角色,能够提供库存商品信息及物资监管服务,有效降低了信息不对称带来的风险,并协助质押贷款双方妥善解决了质押物价值评估、拍卖等难题,减少了质押物评估过程中产生的费用。

对于物流企业而言,与银行携手合作开辟了一个跨行业交融发展的新业务领域,为从同质化经营向差异化经营的转型创造了条件。物流企业凭借物流金融业务涉足金融业,提升了自身的盈利水平;结识了新客户,开拓了新市场,延伸了服务链条并丰富了服务内容。商业银行为物流企业提供质押融资服务,一方面,为物流企业增添了高附加值的产品,提高了物流企业的综合竞争力,吸引了大量客户;另一方面,物流企业作为银行与客户双方信赖的第三方,能够更顺畅地融入客户的商品产销供应链中,强化了物流企业与银行的合作关系。

对于融资企业而言,物流企业除了为其提供专业的物流服务,还为解决其融资问题提供了途径。物流企业以其专业的物流知识和丰富的实际操作经验,帮助融资企业策划物流方案并运作物流项目,提供海陆空多式联运、仓储搬运、装卸配送、集装箱运输等各种物流服务,有效地降低企业的物流成本,发掘企业的利润源,使企业专注于核心业务,提高核心竞争力。此外,基于融资企业需求,物流企业帮助其向银行或其他金融机构进行融资,满足发展运营中的资金需求。

1.3.2 物流金融在国外的产生和发展

物流金融在国外的产生可以追溯到古代文明时期,人类的早期生活中已经有了物流金融的影子。例如,公元前 2400 年美索不达米亚平原的"谷物仓单",古埃及生产的谷物具有流通价值,因此谷物的仓单成了一种流通媒介,部分地发挥了货币的作用。这种仓单制度可以被视为物流金融的雏形。但其现代形态的形成和发展则经历了较长的时间。

1. 早期发展阶段

作为物流金融的一项基础产品,仓单质押在数个世纪前的西方国家金融领域已颇为常见。面临流动性困境的供应商,通常会选择将应收账款转让给金融机构或其他第三方,但这种保理业务往往带有乘人之危的性质。随着银行、期货等行业的演进,1905年,俄国推出了以"谷物抵押"贷款为典型的货物担保贷款业务。

2. 规范化发展阶段

19世纪中叶,西方物流金融已初具发展规模,20世纪初就已经在业界形成了行业规范。1916年,美国政府颁布了《仓库存储法案》(*US Warehousing Act of 1916*),并以此建立起一整套关于仓单质押的系统规则。这一体系的诞生,不仅成为家庭式农场融资的主要手段之一,也提高了整个农业营销系统的效率,降低了运作成本。1952年,美国法学会与统一州法全国委员会合作制定并出台《统一商法典》。国际上,最全面的物流金融规范体系在北美洲(美国和加拿大)以及菲律宾等地实施。

3. 现代化发展阶段

西方银行业拥有更加完善的金融体系以及更专业的人才。物流金融因其现代化设施及专业技术人员的支撑,在西方已形成较大规模发展。西方国家政府机构对物流业的大力扶持,推动了物流金融的快速发展。银行业与物流仓储企业合作开展物流金融业务,甚至一些金融机构成立了专门的质押银行。物流金融业的研究也趋于成熟,在其发展中,业务模式、仓储方式、监控方式和流程等都为融资渠道的风险防控提供了重要思路。

1.3.3　物流金融在我国的产生和发展

随着全球贸易的不断发展,物流和金融逐渐成为推动经济发展的两个重要引擎。物流企业需要资金支持以扩大规模、提升服务质量,而金融机构则寻求新的贷款投放渠道以降低风险、提高收益。在这种背景下,我国物流金融应运而生,成为物流企业和金融机构之间的桥梁。以存货抵押贷款为例,按照相关资料,可以追溯到20世纪20年代的上海银行,但直到1992年才开始出现最初的物流金融萌芽。其发展主要经历了以下几个阶段。

1. 起步阶段(20世纪90年代至20世纪末)

20世纪80年代之后,我国经历了由计划经济向市场经济的转型,市场竞争越来越激烈,大量的中小企业作为市场主体的作用不断增强。然而,商业银行等金融机构主要针对不动产和第三方担保方式开展贷款业务的现状,与中小企业的不动产资源或第三方担保资源非常有限的状况形成矛盾。中小企业融资难问题极大地阻碍了中国经济的发展。20世纪90年代以来,为了解决企业融资难问题,沿海的一些银行和大型物流仓储企业合作,积极地进行金融创新,利用各种丰富的动产资源组织和开展融资活动,物流金融业务创新正是在这种背景下诞生并得到发展的。物流金融业务在国内逐步兴起,最初是一些外资银行与国际知名物流公司在中国的分支机构合作,为跨国公司及部分中资企业提供仓单融资业务。例如,汇丰银行、花旗银行、渣打银行等都对中国供应链融资市场颇为关注。作为国内物流金融业务的开拓者,中储发展股份有限公司(以下简称"中储")率先试水物流金融,1999年和银行合作开展质押监管业务以来,已与中国工商银行、中国建设银行、中国农业银行和招商银行等十几家金融机构合作。此后该领域逐渐受到我国物流业与金融业的共同关注，并在巨大需求的引导下快速发展，同时也成为国内银行业务发展的一种趋势。这一阶段主要是银行主导的物流金融业务。

中储的金融物流主要包括动产监管业务和物流监管业务。其中，动产监管业务包括质押监管、抵押监管和贸易监管；物流监管包括提单模式、保兑仓模式、供应链模式和其他模式。

在物流金融的起步阶段，行业主要聚焦于传统的金融服务模式，如仓单质押和保兑仓等。这些服务为物流行业提供了基本的金融支撑，帮助物流企业解决了一些资金流的问题。随着物流产业的迅猛发展和金融市场的不断创新，物流金融行业也迎来了前所未有的发展机遇。

2. 初期发展阶段（2000—2005 年）

在国内，物流金融作为一种新的金融创新服务产品，此时尚处于初期发展阶段，四大国有银行、一些经营灵活的股份制银行已经在这方面进行了积极探索。2000 年以后，部分中资银行试探性介入，融资产品也从单一的仓储融资逐渐发展到商品贸易融资。但总体而言，业务仍处于零散状态，未得到广泛关注。2002 年，该类业务已覆盖钢铁、建材、石油、化工、家电等十几个行业，授信额度仅深圳发展银行（现平安银行）广州分行一家就已达 25 亿元，授信企业 100 多家。[①] 例如，尝试开展此业务的广东南储仓储管理有限公司2003 年物流金融业务飞速增长，签约银行达到 5 家，为企业融资达到 40 亿元，自身仓储业务额也获得了突破性的增长，并且已经开始网络化发展，涉足异地仓储资格认证、开展异地物流金融业务。

3. 快速发展阶段（2005—2020 年）

2005 年以来，物流金融业务一改以往小心摸索的局面，国内大多数商业银行开始涉足物流金融业务。包括四大行在内的几乎所有城市商业银行都推出了具有各自特色的物流供应链金融服务，如平安银行的供应链金融、招商银行的电子供应链金融、华夏银行的"融资共赢链"、上海浦发银行的浦发创富、中国银行推出的"融易达"等。2006 年，建设银行率先推出以"保兑仓"为代表的贸易融资产品，标志着我国物流金融进入快速发展阶段。2006 年 5 月，深圳发展银行在总结广州分行的"能源金融"、佛山分行的"有色金融"、上海分行的"汽车金融"和大连分行的"粮食金融"经验后，正式提出了"供应链金融"的战略，意图将深圳发展银行打造成为从事贸易融资和物流金融业务的专业银行。银行主导的物流金融业务虽然有一定生命力，但开展的规模和水平相对落后，且逐渐暴露出诸多弊端，以银行为核心的供应链金融创新模式动力不足。于是，以物流企业和第三方支付企业主导的物流金融创新业务共同发展起来，第三方支付企业从简单的支付网关逐步延伸到支付上下游企业融资，通过掌握交易和融资信息来控制融资风险。支付宝、快钱、汇付天下、易宝等第三方支付公司都在加大对行业支付（供应链金融）领域的投资和业务拓

---

① 今日故事：货权质押撬动中小企业融资[EB/OL]．(2002-11-28)．https://finance.sina.com.cn/g/20021128/1036283801.shtml.

展力度。

在快速发展阶段,物流金融行业涌现出大量的新型金融产品和服务。供应链金融、网络金融等创新模式如雨后春笋般出现,为物流行业注入新的活力。这些新型金融产品和服务不仅满足了物流企业的多样化需求,还提高了金融服务的效率和便捷性。随着金融科技的飞速发展,物流金融行业也开始运用大数据、云计算(cloud computing)等先进技术,提升了风险管理的水平和能力。

4. 相对成熟阶段(2020年至今)

作为复合型的新兴产业,物流为制造业、工业、金融业等周边产业创造了更多的发展机遇。近年来,我国政府部门接连出台供应链金融的相关政策,鼓励发展物流金融。受益于政策鼓励,2020年以来,越来越多的市场主体,比如传统的商业银行、电商平台、P2P(点对点)网贷平台、信息化服务商、物流公司、第三方供应链金融服务平台等纷纷布局供应链金融领域。物流金融行业已经逐步进入相对成熟阶段。在这个阶段,金融产品和服务更加多样化,风险管理也更加精细化。物流金融行业已经能够为物流企业提供全方位一站式的金融服务解决方案,帮助物流企业提高运营效率、降低运营成本、优化资金流。随着物流金融行业的不断发展,它在中国经济发展中的地位和作用也日益提升。物流金融行业已经成为推动中国经济发展的重要力量之一,为促进产业升级、提高国民经济运行效率作出了积极贡献。

中国物流金融行业的发展轨迹是一条持续革新与前进的道路,历经初期发展、快速发展、相对成熟的各个阶段,每一步都深刻记录了行业的成长与转型。近年来,电子商务、智能制造等新兴行业的蓬勃兴起,加之政策的扶持,促使我国物流金融行业规模迅速扩大,吸引了众多金融机构、物流企业及电商平台等积极参与,持续推出新颖的产品与服务。同时,物流信息化、标准化进程以及金融科技的应用,为物流金融行业的发展注入新的活力与契机。

展望未来,中国物流金融行业的前景更加广阔。科技进步与数字化技术的深入应用,将推动物流金融服务向更智能、更高效的方向迈进。随着绿色与可持续金融观念的普及,物流金融行业将更加重视环境保护与社会责任,助力物流产业实现可持续发展。此外,随着全球化的加速推进与"一带一路"倡议的深化,物流金融行业将迎来更多的国际市场机遇。中国物流金融行业将主动融入国际竞争,加强与国际伙伴的合作与交流,携手推动全球物流金融行业繁荣和发展。

1.3.4　我国物流金融行业现状与挑战

1. 我国物流金融行业现状

据前瞻研究院测算,2026年,我国物流金融市场规模预计能够达到51.88万亿元。埃森哲曾在一份研究报告中预测,2030年物流金融在整个物流供应链行业占比将达到15%。作为支撑国民经济发展的基础性、战略性、先导性产业,物流行业与我国经济的可持续发展高度相关。中国物流与采购联合会物流金融委员会的调查显示,物流企业的贷款融资需求被传统金融机构满足的不足10%,尤其是公路运输公司由于规模较小、位置分散,传统金融机构为其贷款的比例不到5%。① 产业研究院发布的《2025—2029年中国物流金融产业发展预测及投资分析报告》显示,2022年中国物流科技领域共发生23起融资,融资额共164.8亿元,同比下降74.5%。2022年物流科技23起融资事件中,融资额排名前十的为:G7汇通天下(22亿美元)、鸭嘴兽(3.3亿元人民币)、劢微机器人(2亿元人民币)、无忧达(数亿元人民币)、劢微机器人(亿级人民币)、运易通(超亿元人民币)、海管家(1亿元人民币)、超级骆驼(千万级美元)、钢蜂科技(千万级美元)、顺友物流(数千万元人民币)。2022年物流科技热门融资行业(融资额)分别为:智能物流(153.75亿元)、跨境物流(7.3亿元)、货运O2O(1.57亿元)、物流网络(1亿元)、仓储物流(2 000万元)。②

2. 我国物流金融行业面临的挑战

我国物流金融行业历经多年的探索与发展,现已形成颇具规模的产业体系,随着金融科技的日新月异,该行业的产品与服务日益丰富,不仅为物流产业注入了强大的金融动力,还为其提供了全方位的金融保障。数字化转型的浪潮中,物流金融行业正以前所未有的速度迈进,旨在实现服务效率与质量的双提升。正如任何一个迅速成长的行业所经历的那样,物流金融行业也面临诸多挑战和市场的激烈竞争,使各家企业不得不持续创新,以寻求差异化竞争的优势:风险管理的复杂性,要求企业必须具备更高的风险识别与防控能力;法律法规的相对滞后,也在一定程度上制约了行业的健康发展。全球经济形势的风云变幻,如国际贸易摩擦的频发、汇率的剧烈波动等,都给物流金融行业带来了新的外部风险。

这些挑战激发了物流金融行业的创新动力,促使企业采用技术革新和模式创新等手段,持续优化服务质量和风险管理。金融科技,特别是大数据、人工智能等技术的应用,显著提升了物流金融服务的智能化水平,并使风险识别与防控更加精确、高效。

3. 我国物流金融行业未来发展的方向

未来,全球经济的紧密融合与科技的不断进步将给中国物流金融行业带来更广阔的发展舞台与更多的创新机会。行业内企业将凭借各自优势,深化合作与创新,共同推动行业迈向新高度。具体而言,未来发展需聚焦于以下几点:①服务创新,应对物流行业日益多元化的金融需求,研发新型金融工具,提供定制化服务,实现全产业链覆盖。②风险控制,强化科学性与精确性,利用大数据、AI技术构建完善的风险评估体系,实现风险即时监控与预警,并探索与保险公司合作降低风险。③国际化发展,利用全球经济融合与对外开放机遇,拓展国际市场,提升国际影响力,同时寻求与国际金融机构合作,共促全球物流金融行业发展。

国际铁路联运中的国际物流金融实践。信用证结算在国际贸易海运领域应用较广,海运提单可背书、可转让,具有物权属性,能够用于贸易融资,但采用国际铁路联运的国际贸易双方很少用铁路运单作为结算依据。

---

① 监管部门多举措支持物流金融发展 市场规模有望在2026年超50万亿元[EB/OL].(2022-05-27).https://finance.sina.cn/2022-05-27/detail-imizirau5132599.d.html?cref=cj.

② 2025—2029年中国物流金融产业发展预测及投资分析报告[EB/OL].(2024-12-12).https://news.sohu.com/a/835726156_121446206.

加速数字化转型,这是物流金融行业未来发展的关键路径。行业将加大对数字化技术的应用力度,通过构建数字化平台、优化服务流程等手段,提升服务效能与质量,并寻求与科技公司合作,深化数字化转型。

物流金融行业的发展亦需政府与社会各界的大力支持。政府通过完善法规、提供政策支持,为行业营造良好的外部环境;金融机构、物流企业等相关方的积极参与,为行业发展注入强劲动力。面对新挑战与机遇,中国物流金融行业将继续发挥优势,创新实践,实现健康发展。同时,期待政府与社会各界给予更多关注与支持,共同促进物流金融行业的繁荣和发展。

案例讨论

普洛斯如何实现物流的不动产金融化

物流的不动产如何金融化? 这方面普洛斯(Prologis,Inc.,纽交所上市公司,代码"PLD")是走在创新前列的,是最具领先理念和意识的著名企业。

物流不动产主要是仓储设施,以仓储设施为基础的物流园区,投资建设需要大笔资金,是典型的重资产运营模式。如何让重资产变轻,如何盘活物流业仓储设施重资产,引入金融运作,实现物流地产企业的快速扩张和全球铺网?

其具体做法就是通过资产证券化理念,借鉴 REITs(不动产投资信托基金)模式,引入物流地产信托投资基金,实现物流地产金融化运作、轻资产运营和快速发展。

普洛斯是全球最大的物流地产 REITs 公司。其在四大洲、22 个国家,拥有总面积 5 574 万平方米的 3 200 处物流设施、实际控制 433 亿美元资产、高达 146 亿美元的市值估价。

如今的普洛斯,是从 20 年前偏居美国西南一隅的小房地产公司,借助 REITs,逐步成长为全球最大的物流地产公司的。自从 1994 年在纽约证券交易所公开上市,其始终占据工业物流 REITs 领域的第一名。

普洛斯一开始也重资产运营,1999 年其面对资金压力,才正式启动基金管理模式,发起了第一只私募基金——普洛斯欧洲基金,募集了 10 亿欧元用于收购自己手中的成熟物业。收购之后,普洛斯不再直接持有这些物业,但通过与基金公司签订管理协议,仍然负责物业的长期运营并收取适当管理费用,同时作为基金的发起人和一般合伙人,获取业绩提成,正式开始了物流地产金融化运作。为了配合基金模式,普洛斯在原有的物业开发和物业管理两大核心部门之外,又新增设了基金管理部门,使之形成一个物业与资金的闭合循环。

其具体做法如下。

(1)物业开发部负责物流地产项目开发与建设,当项目建设完工,通常物业出租达到 60% 左右,物业开发部将项目移交物业管理部门。

(2)物业管理部门进一步招租和完善服务,使物业出租率提升到 90% 左右、租金回报 7% 以上,进入稳定运营状态。此时,基金管理部门就将稳定运营状态的成熟物业置入旗下管理的基金。

（3）由于收益有稳定回报，底层有物流地产支撑，募集基金收购普洛斯成熟的物流地产项目很容易。在募集的机构基金中，普洛斯往往在基金中也持股20%～30%。

（4）置入基金的过程相当于完成了一次销售，资金迅速回笼到普洛斯开发部门进行新项目开发，从而形成良性的物流地产金融运作的一个循环。

这一做法加快了物流地产公司资金的周转速度，突破了由于长期持有物业产生的资金沉淀对发展的桎梏。在基金模式的作用下，普洛斯进行高周转、高回报、高杠杆的轻资产运营，实现了"三高"下的轻盈扩张。普洛斯通过物流金融运作，采用地产基金模式，物业管理、基金管理和物业开发三个部门的资产占比变为67%、23%和10%，公司的整体周转率也由此增加23.8%，如果再进一步采取完全的轻资产模式，将普洛斯物业管理部门自持成熟物业全部置入基金，那么物流地产行业就能达到最快资金转速了。

金融最重要的是风险控制，否则会出问题。这方面普洛斯有过教训。那就是2008年金融风暴之前，正处于高峰期的普洛斯处于置入通道中的物业规模累计达到基金投资规模的70%。随着金融海啸来袭，物业管理部门的招租过程受阻，新基金的募集也陷入困境，资产置入通道被堵，数十亿美元资产无法完成周转，资产负担加重的同时，债券融资又遭遇流动性危机，许多债务难以续借，致使普洛斯遭遇现金流危机。2009年，普洛斯被迫转让了中国区业务，这就是普洛斯中国公司独立的原因。

2020年8月，中国国家发改委发布文件［参见国家发展改革委办公厅《关于做好基础设施领域不动产投资信托基金（REITs）试点项目申报工作的通知》］，大力推动中国基础设施REITs金融创新，并把仓储物流列为第一个优先支持的项目，这给中国物流地产金融化带来了巨大的发展机遇。

资料来源：普洛斯如何用"地产＋基金"模式玩转物流地产？［EB/OL］.（2021-02-20）.https://www.163.com/dy/article/G3955KPJ0531NGS6.html.

思考：

1. 普洛斯如何实现物流不动产金融化？这对中国的物流重资产企业有何启发？
2. 物流不动产金融化过程中如何规避金融风险？

📝 即测即练

第2章

供应链金融概述

本章学习目标

1. 了解供应链金融的发展历程,理解供应链金融产生的基础;

2. 了解供应链和供应链管理的概念,掌握供应链金融的相关概念,对供应链金融有一个初步的认知;

3. 掌握供应链金融的特点和参与主体,掌握供应链金融的基本模式和业务流程;

4. 理解物流金融和供应链金融的关系。

引导案例

网盛生意宝供应链金融助力解决中小企业融资问题

"从产业中来,到金融中去"是供应链金融区别于其他金融服务的重要特征,网盛生意宝作为 B2B(指电子商务中企业对企业的交易方式)电商领军者,依托 12 年产业互联网深耕,构建"大数据＋电商＋交易＋金融＋物流"生态。在供给侧结构性改革与产融结合政策下,公司发挥服务中小微融资优势,将供应链金融作为转型关键,携手银行为核心企业提供升级方案,实现"从产业中来,到金融中去"的产业、金融深度融合。

以塑化行业为例,有一家在塑化行业做了十几年的企业,通过供应链金融模式,实现了 12 倍的杠杆收益和企业增值,在攻克市场坚冰的同时,带来了收入上质的飞跃。塑化行业资深企业借供应链金融之力,使年销售额从 9 亿元跃升至 19 亿元,杠杆效应显著。其深耕行业数十年,面对市场饱和挑战,2017 年起引入供应链金融,获 5 000 万元核心额度。通过此模式,下游客户获融资采购,专款专用促进其原料采购,提高合作黏性。此创新策略不仅破解了现款结算难题,还促进了市场快速拓展,实现了企业与客户的共赢发展,展现了供应链金融在大宗商品贸易中的巨大潜力与优势。这就是基于应收账款设计的供应链金融模式,企业抓住了这一风口,发挥得淋漓尽致。该企业 5 000 万元融资额度年周转 12 次,助增近 6 亿元销售额。供应链金融促老客户增购,吸新客,破市场瓶颈。

原难攻客户因供应链金融牵手成功,共赢发展,超越传统媒介,高效促成合作。

相比于其他融资服务模式,供应链金融覆盖产业上下游,形成闭环生态,融合信息、物流、资金流。此模式精准对接中小微融资需求,依托核心企业信用,有效控制风险。作为金融供给侧结构性改革的关键,它有效破解脱实向虚难题,推动经济高质量发展。

资料来源:【案例】网盛生意宝:供应链金融如何解决中小企业融资难融资贵?[EB/OL].(2019-05-22).https://www.163.com/dy/article/EFP9137I0514BOS2.html.

2.1 供应链金融的产生和发展

2.1.1 供应链金融产生的基础

当前,全球经济复苏进程面临诸多挑战,地缘政治紧张、贸易保护主义抬头等因素提高了国际市场的不确定性。同时,国内经济社会发展也面临新情况、新问题,如产业结构调整、科技创新加速等,都要求保持高度风险意识。我国的中小企业是国民经济和社会发展的强大动力,扮演着推动经济高质量发展的关键角色。然而,在面对复杂多变的市场环境时,许多中小企业由于缺乏风险管理意识和能力,往往难以应对各种风险挑战。因此,加强企业风险管理,提升风险防范能力,对于确保中小企业在当下及数字化与人工智能新时期的平稳健康与可持续发展具有重要意义。供应链金融在这样的大环境下应运而生。接下来,本书分别从微观角度和宏观角度出发,对供应链金融的产生基础进行深入分析。

1. 微观基础

随着科技发展与国际开放程度提升,国际分工日益细致,贸易规模持续扩大,合作不断深化。产品供应链现常跨越多个国家和地区,从采购至销售,各企业紧密相连,构成产业供应链系统。在此背景下,企业不仅关注自身竞争力提升,而且重视通过协作增强整个产业供应链的实力。因此,供应链管理的重要性日益凸显,成为企业关注的焦点。

供应链管理旨在优化供应链运作,以最低成本满足客户需求,涉及计划、采购、制造、配送、退货五大环节。企业协作与交易直接影响供应链服务效果和质量。以车辆生产商为例,供应链涉及原材料供应商、零件加工商、部件供应商、生产商、分销商、零售商及消费者。在供应链交易中,资金流发挥着举足轻重的作用,企业支出与收入之间存在的时间差会产生现金转换周期的波动及资金缺口,对企业的现金流造成不利影响,甚至干扰企业正常的经营活动。因此,供应链管理需关注资金流,以确保供应链的稳定性和企业持续发展。

1)结构性融资需求

正是因为资金缺口的存在,结构性融资需求应运而生。结构性融资指的是,企业将未来预期能够产生稳定现金流的特定资产从资产负债表上分离出来,并以此作为主要还款依据,向金融机构申请融资。这种方式使得企业在不改变资产负债率的前提下,完成了表外融资。简单来说,就是企业利用出售商品后获得的资金作为融资的还款来源,而非依赖于企业自身的信用或其他资产作为还款保证。

2)供应链上大企业和中小企业的利益冲突

资金缺口问题同样会引发供应链上大企业和中小企业的利益冲突。以前文的车辆生产商为例,假设该生产商是一家大型的车辆生产企业,它上游有很多小的零部件加工企业,下游同样有很多合作的小规模的零售商,此时就可能会因为这些合作的上下游的中小企业弹性支付而面临由此增加的信用、账单、坏账等成本问题。当然,这些上下游合作的中小企业也可能会因为这家占据主导权的大型车辆生产商的延期支付而面临较为严重的现金流问题。

为了解决供应链上大企业和中小企业因资金缺口而出现的利益冲突问题,目前有三种常见的方式。

1)单方面延长支付

这种方式在下游客户相对于上游客户更为强势的情况下较为常见。常见的情况如:下游客户要求交易的上游客户延长货款支付周期30~60天。这种情况虽然为下游客户节约了资金,提高了资金使用效率,但是会在很大程度上影响上游客户的正常运营,使得上游供应商将更多的关注点从产品质量转移到资金成本问题上。

2)早期支付折扣计划

这种方式在早期贸易过程中较为常见,指的是如果下游客户提前支付货款就可以从上游供应商那里得到相应的支付折扣。但是上游供应商为了自身利益不受损失,可能会通过提高货物价格的方式来弥补自身的折扣损失。此外,因为国际贸易要求报关价格与实际价格保持一致,涉及的手续会更加复杂。

3)供应商管理库存

供应商管理库存是一种供应链环境下的库存管理策略,旨在实现供应商和下游客户成本最小化。双方签订协议,由供应商管理下游企业的库存,所有权在产品被全部使用后才转移。这种方式能有效解决下游客户资金占压问题,保障货物及时供应;同时,供应商通过管理下游客户库存,及时掌握信息,合理规划生产,避免库存积压。然而,该方式也存在挑战,最显著的是向银行融资困难。由于信息不对称,银行监控库存难度大、成本高,因此难以审批此类贷款融资。供应链上不同企业的交易和协作导致了信息流、资金流、物流和商流这“四流”在上下游企业间不断流动,但是,现实生活中这“四流”并不是每时每刻都同步运行的。

上述三种方式虽然在一定程度上解决了实际中存在的问题,但是并不能从根本上解决“四流”运行不同步的问题。如果不能有效地解决上述问题,供应链就难以进一步地发展,而供应链金融的出现有效地解决了这“四流”的整合问题。

2. 宏观基础

除了上述微观层面的因素能够推动供应链金融的产生,宏观层面也存在一些诱发因素。从根本上讲,供应链金融是当前国际贸易全球化的产物,是依托国际贸易新形势对新型组织关系进行的探索与创新,顺应了经济全球化发展的大趋势。

1) 贸易全球化、供应链全球化、金融全球化三方力量加持

经济全球化加速生产全球化,促进生产要素跨国流动,跨国生产成为主流。全球生产体系的构建使得各国生产紧密相连,成为体系的重要组成部分。许多公司在全球范围内设立生产基地,利用各地的资源优势和比较优势,实现生产的最大效益。产品从研发、设计、加工、生产、装配、运输到销售,由不同国家的不同企业参与,企业成为全球产业链上的重要一环。

生产要素的跨国流动促进了国际分工的深化,进一步推动了贸易全球化的发展。商品和劳务在全球范围内自由流动,国际贸易迅速扩大,增长率远超世界经济增长率,促进了全球市场的形成和发展,加强了各国之间的经济联系。跨国公司通过全球供应链和分销网络,将产品和服务销售到世界各地,加剧了市场竞争。在此背景下,供应链金融作为一种创新的金融工具,帮助企业优化供应链管理,提高资金使用效率,降低运营成本,从而增强竞争力。同时,贸易全球化也带来了融资需求的变化,供应链金融为供应链中的中小企业提供了新的融资途径,满足了这些企业在进出口贸易中的融资需求,促进了贸易全球化的进一步发展。

贸易全球化推动了供应链的全球布局,使得供应链也出现全球化的趋势。随着全球贸易的不断发展,企业逐渐将供应链延伸到全球各地,以寻求更低的生产成本、更广阔的市场和更丰富的资源。供应链中的参与者越来越多,涉及的环节也越来越复杂,这就需要一种更加高效和灵活的资金管理方式,以确保供应链顺畅运转。供应链金融通过整合供应链中的资金流、信息流和物流等资源,为企业提供定制化的金融解决方案,帮助企业更好地管理供应链中的资金流动,降低了融资成本,为供应链管理提供了一种创新的解决方案。

贸易全球化也带动了金融的全球化进程。随着生产和贸易的全球化深入,世界各国在金融业务、政策上的协调、渗透与竞争日益增强,促使全球金融市场更加开放,金融体系更为和谐,金融交易也越发便捷。金融全球化推动了金融市场的开放和金融工具的创新。随着金融市场的全球化,资本流动更加自由,金融产品和服务也更加丰富多样,这为供应链金融的发展提供了广阔的空间。

通过上述分析可知,经济全球化使得生产要素出现全球流通的大趋势,新的国际分工体系出现,推动生产的全球化发展。生产的全球化促进贸易的全球化,贸易的全球化推动供应链的全球布局和金融的全球化发展。这些因素必然要求金融市场围绕供应链出发,为企业提供更加便捷灵活、更加低成本和低风险、更加高效率的资金管理方式,而供应链金融正好满足了这种需求。

2) 中小微企业融资难问题亟待解决

2017—2023年,中国社会融资总量实现合理增长,与名义上的经济增速保持一致的步伐,为实体经济的发展提供了坚实支撑,具体数据如图2-1所示。

特别是在2021年,小微企业信贷量迅猛增长,为艰难求生的小微企业提供重要的资金支持。中国人民银行发布的《中国区域金融运行报告(2022)》显示,截至2021年末,全国普惠小微贷款的余额已经达到了19.2万亿元,而授信户数也增加到了4 456万户,分别实现了27.3%和38.0%的同比增长。信贷结构的不断优化,得益于国家精准且有效

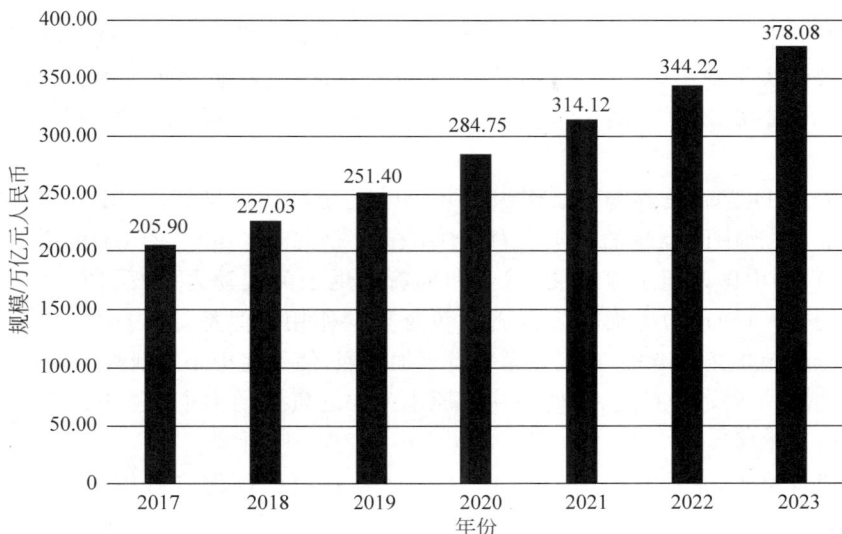

图 2-1　2017—2023 年国家社会融资规模存量

资料来源：国家统计局。

地运用再贷款与再贴现政策，以及持续实施的两项直达实体经济的货币政策工具：普惠小微企业贷款延期支持工具和普惠小微企业信用贷款支持计划。中国人民银行发布的《2023 年金融机构贷款投向统计报告》显示，2023 年末，我国普惠小微贷款余额达到了 29.4 万亿元，同比增长了 23.5％，全年增加了 5.61 万亿元，同比多增了 1.03 万亿元。这一增长体现了金融机构对小微企业的支持力度在持续加大，有助于缓解小微企业的融资难题，促进小微企业的健康发展，具体数据如图 2-2 所示。

扩展阅读 2.1　法律法规体系不健全是融资难、融资贵的成因之一

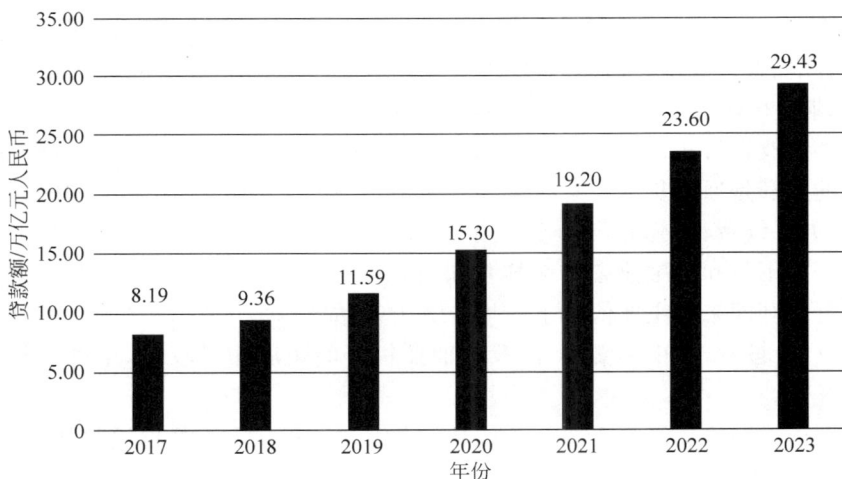

图 2-2　2017—2023 年国家普惠小微企业贷款额

资料来源：中国人民银行。

中小微企业因信用水平普遍不高,往往需更多依赖抵押担保方式进行融资。供应链金融则有效解决了中小微企业"信用弱、周转资金缺乏、应收账款回收慢、贷款担保难"等融资障碍。正是众多中小微企业的融资需求,很大程度上带动了供应链金融市场的发展。

来自OECD(经济合作与发展组织,2022年)的统计数据显示,中国98.5%的企业为中小微企业,作为中国经济的重要支柱,中小微企业贡献了60%的GDP,并提供了3/4的就业岗位,为中国乃至全球发展、就业和创新提供了关键动力,在引领经济转型、实现可持续发展目标(SDGs)方面也发挥着至关重要的作用。但是,国内中小微企业同时会面临来自全球范围内的竞争,市场竞争变得更加激烈,使一些中小企业经营困难、盈利能力下降,从而增加了融资的难度,这使得一些原本就缺乏资金的中小企业在发展的道路上更加举步维艰。

全球供应链中,企业规模差异显著,大企业常利用议价优势占用中小微企业资金。大企业通过赊购上游产品、预付或现货现付下游,保持充裕流动资金,而中小微企业则面临赊销增多、资金缺口扩大的困境,影响正常运营。为求发展,中小微企业亟须贸易融资,但融资难、贷款难问题突出。因此,解决中小微企业融资困境,打破资金恶性循环,成为促进供应链健康运转、助力中小微企业成长壮大的紧迫任务。

在我国银行主导型金融体系中,中小微企业融资渠道受限,多依赖银行贷款。但因规模小、经营不稳、抵押品不足,银行常评估其贷款风险高而谨慎放贷或拒贷。加之信息不对称,银行难获中小微企业全面的财务信息,评估难度大,推高贷款利率,加剧信贷市场摩擦。供应链金融应运而生,针对上述问题提出解决方案:整合产业链资源,构建信息透明、风险共担的融资环境,降低银行风险评估难度;利用核心企业信用背书,为中小微企业增信,助其更便捷、低成本地获得融资支持,有效缓解中小微企业融资难题。为保供应链稳健,需强化金融科技应用、深化供应链金融服务。通过构建协同金融服务体系,精准对接中小企业融资需求,减少信息不对称,增强风险评估能力,以科技赋能金融,拓宽融资渠道,降低融资成本,有效缓解中小微企业融资难题,促进经济健康发展。

3)商业银行业务模式创新需要寻找新的利润点

与国外商业银行相比,我国商业银行的利润来源单一,主要依赖于存贷利差。这意味着银行的盈利是通过贷款利息收入与存款利息支出之间的差额来实现的。虽然中间业务收入(如手续费、佣金等)也是商业银行的重要利润来源之一,但在我国,由于金融市场的相对开放不足和金融业态的多样化缺乏,这一部分的收入占比相对较低。并且,我国商业银行的利润来源主要依赖于一些传统业务,如贷款、存款、结算等。而在新兴业务领域,如资产管理、金融市场交易等,我国商业银行的拓展相对较慢,这也限制了其利润来源的多样化。

随着国内投融资体制与金融改革的持续推进,金融市场竞争越发激烈,金融机构间的差异化竞争趋势也日益显著。这促使了非银行融资模式的出现和发展,为大型企业提供了更多的融资选择。随着金融市场的不断完善和成熟,一些新兴的金融机构和融资模式,如互联网金融、债券市场、股权市场等,逐渐崭露头角,为企业提供了更多的融资渠道。越来越多的企业选择通过股票、债券等直接融资方式进行资金筹集。这种融资方式具有成本低、效率高、灵活性强等优点,因此受到了广大企业的青睐,商业银行在金融体系中的主导地位逐渐受到挑战。为了应对这些挑战,我国商业银行需要继续加强创新,拓展新兴业务领域,提高中间业务收入占比,探索新的发展模式,开展供应链金融的服务,以实现更加稳健和可持续的发展。

4）监管制度的改变和政府政策推动

监管制度的改变和政府政策推动同样有利于供应链金融的出现与发展。

《巴塞尔协议》的出现统一了金融行业尤其是银行业的监管标准,并对融资风险的监管提出了相关要求。《巴塞尔协议Ⅱ》规定贷款的最短期限为一年,并且认为风险监管的重点应为交易对手方的风险。《巴塞尔协议Ⅲ》则更重视银行的流动性问题,在已有的流动性比率监管基础上,引入流动性覆盖率和净稳定融资比率指标,在一定程度上导致了银行信贷供给的减少。正是在这样的大环境下,供应链金融能够有效降低交易对手方的整体风险,为供应链上的交易企业提供了一种比其他传统融资方式更轻量且有担保的融资新模式。

政府政策和相应的激励计划,为供应链金融的产生和发展创造了良好的大环境。2014年,美国的供应商付款计划在英国的供应链金融计划取得成功后也顺利启动。该计划实质上是众多私营企业签署的一项承诺,计划的顺利实施会帮助小规模供应商以更加优惠的价格获得营运资本。2020年以来,我国也出台了一系列与供应链金融发展相关的政策,这些政策的出台,提升了我国供应链金融的战略高度,同时也为供应链金融发展的基础设施建设、数据采集规范、创新发展模式等指明了更加清晰的发展方向,如表2-1所示。

表 2-1　2020 年以来我国供应链金融相关政策梳理

年份	相关文件	主要内容
2020 年	《关于规范发展供应链金融　支持供应链产业链稳定循环和优化升级的意见》	加强供应链金融配套基础设施建设,首次提出通过打造"物的信用"和"数据的信用"助推产业链升级
2021 年	2021 年《政府工作报告》	在解决小微企业融资难题具体举措中首次提到"创新供应链金融服务模式"
	《中华人民共和国国民经济和社会发展第十四个五年规划和 2035 年远景目标纲要》	聚焦提高要素配置效率,推动供应链金融服务创新发展
2022 年	国务院《"十四五"数字经济发展规划》	推动产业互联网融通应用,培育供应链金融、服务型制造等融通发展模式,以数字技术促进产业融合发展
	国家发改委《"十四五"现代流通体系建设规划》	统一供应链金融数据采集和使用的相关标准、流程,确保数据流转安全合规,加快人工智能、大数据、物联网等技术应用,为供应链金融线上化、场景化和风控模式提供技术支持
	国务院办公厅《"十四五"现代物流发展规划》	鼓励银行等金融机构在依法合规、风险可控的前提下,加强与供应链核心企业或平台企业合作,丰富创新供应链金融产品供给

续表

年份	相关文件	主要内容
2023 年	《中国银保监会办公厅关于 2023 年加力提升小微企业金融服务质量的通知》	综合运用动产、供应链票据、应收账款融资推动小微企业综合融资成本逐步降低
	《中华人民银行 国家金融监督管理总局 证监会 财政部 农业农村部关于金融支持全面推进乡村振兴 加快建设农业强国的指导意见》	鼓励供应链金融核心企业通过链条白名单确认、应收账款确权等多种方式为上下游企业担保增信，提升链上企业农户和新型农业经营主体融资可得性
2024 年	《国家金融监督管理总局 工业和信息化部 国家发展改革委关于深化制造业金融服务 助力推进新型工业化的通知》	由国家金融监督管理总局、工业和信息化部、国家发展改革委联合发布。提出要规范发展供应链金融，强化对核心企业的融资服务，通过应收账款、票据、仓单和订单融资等方式促进产业链条上下游企业协同发展
2025 年	《中国人民银行 金融监管总局 最高人民法院 国家发展改革委 商务部 市场监管总局关于规范供应链金融业务 引导供应链信息服务机构更好服务中小企业融资有关事宜的通知》	中国人民银行联合金融监管总局、最高人民法院、国家发展改革委、商务部、市场监管总局六部门印发通知，自 2025 年 6 月 15 日起施行，要求核心企业及时支付中小企业款项、合理共担供应链融资成本，规范付款期限，明确电子凭证付款期限，规范各类主体收费行为

综上所述，供应链金融是在微观因素和宏观因素的共同推动下产生的。在这个经济全球化发展的大趋势下，供应链金融顺应时代发展的潮流，有效地解决了中小微企业融资难、贷款难的问题，降低了企业的融资成本，提高了企业的资金使用效率，实现了金融资源与产业资源的有机融合。

2.1.2 供应链金融的发展历程

供应链金融作为新型金融模式，起源于 20 世纪 80 年代中期，最初在美国等发达国家得到应用，主要服务于汽车、化工等行业的大型生产企业。2008 年国际金融危机之后，传统银行业面临巨大挑战，供应链金融因其较强的前瞻性、适应性和风险防范能力，开始在中国等新兴市场崭露头角。中国政府积极支持实体经济发展，出台了一系列政策鼓励供应链金融的发展，这为中国供应链金融的快速崛起创造了有利条件。

近年来，政府及相关部门频繁发布重要政策性文件，持续加大对行业的扶持力度：2019 年，中国银保监会办公厅颁布了《关于推动供应链金融服务实体经济的指导意见》。2020 年，中国人民银行、工业和信息化部、商务部、中国银保监会以及多个监管机构联合发布了《关于规范发展供应链金融 支持供应链产业链稳定循环和优化升级的意见》等重要文件。中国人民银行公布的统计数据显示，2017—2023 年，我国供应链金融市场规模实现快速稳定增长，年复合增长率高达 10.9%。根据专业预测，该市场在 2023—2027 年将保持快速发展，预计在 2027 年达到 60 万亿元人民币的市场总规模，如图 2-3 所示。

1. 国际供应链金融的发展历程

19 世纪中期之前，国际供应链金融尚处于萌芽时期，业务形式相对简单有限，主要围

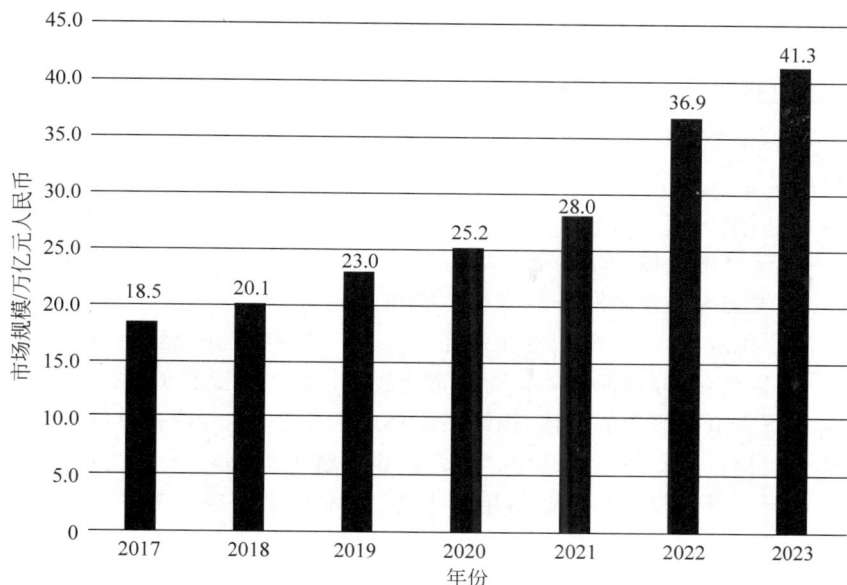

图 2-3 2017—2023 年我国供应链金融市场规模

资料来源：中国人民银行。

绕存货质押贷款模式展开。1905 年俄国沙皇统治时期，农民们会在谷物价格低廉的时候，选择将谷物作为抵押物向银行申请贷款，以此来获取资金支持他们的后续生产活动及日常生活所需，待价高售出后还债，获利高于直接销售。随着时间的推移，供应链金融逐渐展现出巨大潜力。

进入 20 世纪上半叶，国际供应链金融的业务逐渐丰富起来。除了存货质押，承购应收账款等保理业务也逐渐崭露头角。然而，在这一阶段，相关的法规制度并不完善，导致供应链金融市场出现了混乱和不规范的现象。部分金融机构与资产评估机构合谋，以金融掠夺的模式出现，给供应链金融市场带来了严重的冲击。

为了规范供应链金融市场的发展，1952 年美国出台了《统一商法典》，明确了金融机构开展存货质押应遵循的规范。这一法规的出台为供应链金融的健康发展奠定了坚实的基础。从此以后，供应链金融步入正轨，并逐渐拓展到更广泛的领域。尽管在具体业务上仍然以存货质押为主、以应收账款为辅，但这一阶段的发展为后续供应链金融的繁荣奠定了坚实的基础。

20 世纪下半叶，国际供应链金融业务迎来繁荣期，展现出全球化、多方化趋势。随着全球经济的快速发展和国际贸易的日益频繁，供应链金融逐渐繁荣。预付款融资和保险等融资产品的出现，为供应链金融提供了更多资金来源和风险管理工具。同时，物流行业深度参与供应链融资，与银行合作，为中小型企业提供多项附加服务，实现了互利共赢。

在国际市场上，供应链金融逐渐形成了"物流为主、金融为辅"的运作理念。物流企业通过提供全面服务，在供应链融资中发挥越来越重要的作用，帮助企业和金融机构更好地管理风险，提高资金利用效率。总之，国际供应链金融历经从单一到多元、从混乱到规范的过程,将继续为全球供应链的优化和发展提供金融支持。

2. 我国供应链金融的发展历程

1) 1.0 中心化阶段

我国供应链金融起步较晚,但发展迅速。2003 年,深圳发展银行推出的"1＋N"融资模式,标志着我国供应链金融的正式起步。随着产业结构的不断优化升级和科学技术的飞速进步,供应链金融领域迎来显著发展与变革,逐步跨越了多个演进阶段,成熟度日益提升,展现出越发强大的金融服务能力和适应性。

在 1.0 中心化阶段,主要采用的是线下"1＋N"供应链金融模式。这种模式将供应链中的供应商、生产商、分销商和零售商紧密连接,形成一个完整的商业生态,如图 2-4 所示。商业银行作为金融服务的主体,围绕供应链中的核心企业,依托其核心信用,为其上下游的中小企业提供融资服务。其中,"1"是指供应链上的核心企业,"N"是指供应链上下游中小企业。该模式以核心企业信用为中心,通常提供金融服务的主体为商业银行,只基于上下游协作中产生的单笔交易资产提供融资解决方案,实现了由传统银行信贷的"点对点"到"以点带链"的转变。

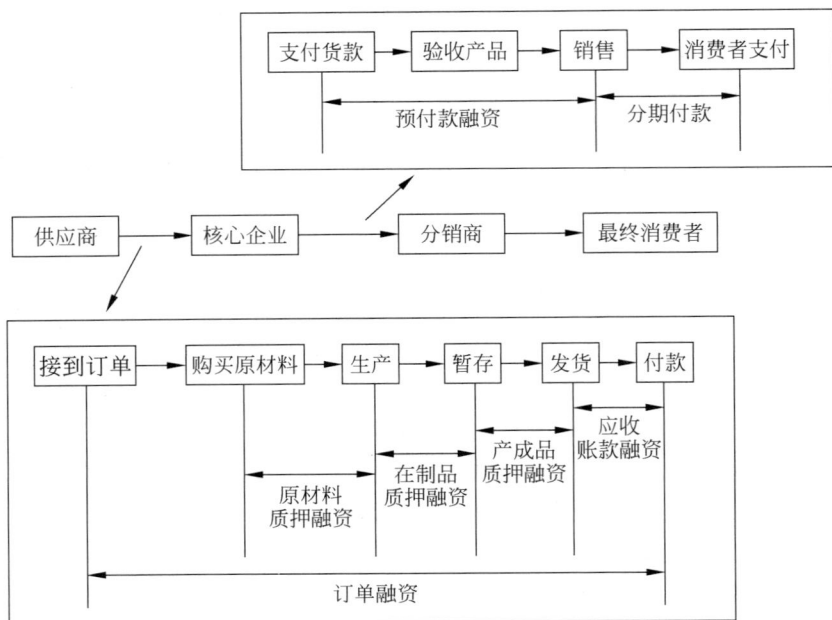

图 2-4　线下"1＋N"供应链金融模式

该模式将银行对企业的信贷业务牢牢根植于真实贸易背景中,促使传统的信用评价体系发生根本性转变。核心企业凭借与上下游企业之间长期稳定的贸易合作关系,奠定了坚实的合作基础,使得其对这些企业的实际运营状态及资金信用状况有更为透彻的了解,在风险控制方面展现出较强的能力。在此模式下,核心企业"1"为核心,众多中小企业"N"围绕其受益,得益于核心企业的信用与风控。商业银行依托核心企业担保及风控,批量开发上下游企业,既增强获客,又降低信贷风险。

然而,1.0中心化模式仍有显著缺陷。商业银行仅扮演资金供给角色,缺乏对供应链的深度参与,难以确保贸易背景的真实性;同时,风险高度集中,若核心企业发生信用违约,银行将面临严重损失。此外,业务流程执行中常出现信息不对称现象,使得操作风险难以管控,阻碍了企业间的信息交流,导致供应链中的商流、物流、信息流与资金流无法实现高效协同。尽管存在这些挑战,但1.0中心化阶段为我国供应链金融的发展奠定了坚实的基础,为后续阶段的创新和优化提供了宝贵的经验。

2) 2.0线上化阶段

随着互联网技术的迅猛发展,供应链金融迈入2.0线上化阶段。此阶段的里程碑事件为2012年平安银行推出的线上"1+N"模式,该模式借助互联网技术,将供应链中的核心企业、上下游企业及相关服务提供商紧密相连,实现了企业信息的线上高效传递与共享。

2.0线上化阶段不仅仅是1.0中心化阶段的简单互联网化升级,也是供应链金融服务的全面数字化转型。在这个阶段,物流、信息流、资金流和商流这"四流"开始通过虚拟平台进行高效运转,形成了线上化的整体服务模式。同时,资金提供主体也呈现出多元化的趋势,除了传统的商业银行,拥有大数据的互联网金融企业、线上物流企业、交易平台等也纷纷加入供应链金融服务的行列中。融资产品也从单一的应收账款拓展到了基于供应链上各企业应收账款信息聚合的"池融资"产品,使得融资服务更加灵活和多元。

这一阶段的融资不再局限于单一链条,而是扩展到整个供应链网络,多个节点的出现为融资服务提供了更多的选择。然而,这一进步也对供应链的管理能力提出了更高的要求。在此背景下,那些能够高效掌控供应链运作的核心企业,或是具备强大竞争力的电商平台、供应链管理企业及物流企业等开始崭露头角,成为供应链金融服务的主要提供者。

尽管银行作为资金提供者地位依然举足轻重,但它已不再是供应链金融中的唯一主体。核心企业凭借其自身的供应链运营系统,通过与商业保理公司、小额贷款机构等的协作,有效地扩展了融资途径,为供应链上下游的企业提供了更多元化的资金获取方式。核心企业通过合作来扩大融资范围,形成了三种主要的线上转型方向:银行的线上操作、核心企业自主开展业务及与金融机构合作。因此,2.0线上化阶段的核心特点可以概括为:核心企业发挥主导作用,多个主体共同参与,以及业务的全面线上化运作。

线上"1+N"模式在克服传统线下模式弊端方面取得了显著成效。它通过网络虚拟平台实现了"四流合一",提高了业务效率和供应链运营效率。同时,银行能够对接核心企业的数据,对供应链运营进行实时监控,有效缓解了银企之间的信息不对称问题。此外,核心企业主导的金融活动有助于降低道德风险和减少机会主义行为,进而实现更为有效的风险控制。

然而,这一阶段也面临新的挑战。尽管银行的风险在一定程度上得到了分散,但仍然过度集中在核心企业身上。此外,随着供应链参与主体的增多和链条关系的复杂化,线上信息的采集和整合变得更加困难。重要企业掌握的核心数据难以统一,导致整体的融资评估并不精准。同时,互联网技术发展的不成熟也带来了潜在的技术风险。

3) 3.0平台化阶段

随着互联网、大数据以及云计算等技术的紧密融合,供应链金融迈入3.0平台化阶段,成功实现了从单一供应链向多维度、跨领域、广覆盖的供应链生态圈的跨越与升级。在供应链金融 3.0 平台化阶段,综合性服务平台的搭建,既赋予了中小企业更全面、高效的金融服务体验,又显著加速了金融产业与实体经济之间的深度整合和协同发展。

供应链金融的 3.0 平台化阶段采用"N+1+N"的创新模式,这一变革标志着供应链金融服务模式的根本性转变,供应链金融服务商通过构建综合性的核心服务平台"1"作为连接点,为众多中小企业"N"提供融资及其他金融服务支持。服务平台不再仅仅围绕核心企业展开,而是引入物流、银行、保险、信托、咨询等多元服务机构,形成了一个庞大的服务网络,如图 2-5 所示。这一变化在运营模式上实现了批量授信与流程化的业务操作,不仅突破了单一供应链的局限,也让中小企业能够更方便地获得跨部门、跨区域及跨链条的金融服务。

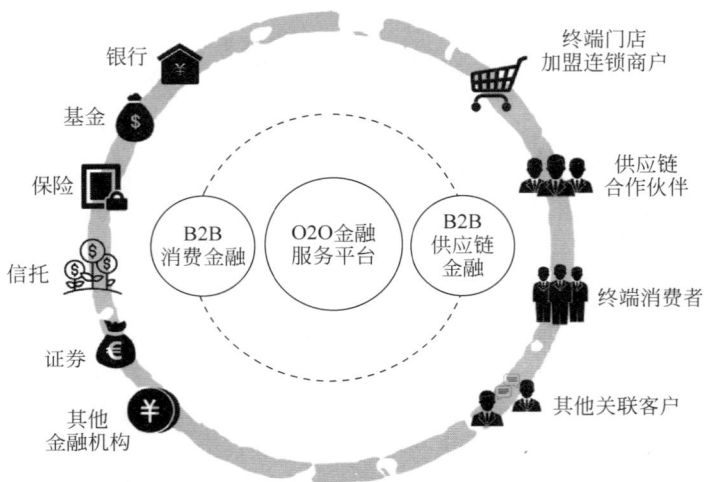

图 2-5 供应链金融的"N+1+N"模式

怡亚通于 2010 年成功推出的宇商供应链金融服务平台,深度融合了"互联网+供应链管理"理念。该平台业务广泛,覆盖了 IT(信息技术)、通信、家电、医药、化工、纺织品等多个行业,提供的金融产品包括商业保理、融资租赁、理财、P2P、资产证券化等,旨在为中小企业和高端个人消费者提供全方位、一站式的金融服务。宇商供应链金融服务平台作为怡亚通全资控股的子公司,通过一站式业务模式,为产业链上下游企业提供了配套资金支持,有效促进了产业链上下游企业的协同发展,完善了供应链管理服务体系。

从供应链金融的角度看,怡亚通供应链平台服务商的天然优势为宇商理财提供了消费品供应链领域的重要保证,在消费品流转过程规模达数千亿元的融资市场中,宇商理财的发展历程就是中国互联网供应链金融发展的缩影。这一平台的成功,展示了供应链金融在平台化阶段的优势,预示着未来以供应链金融为核心的生态圈将成为推动行业发展和壮大的重要力量。

与 2.0 线上化阶段对比,3.0 平台化阶段的供应链金融模式在金融与产业融合、信息对称性及效率上优势显著。首先,金融与产业深度融合,使中小微企业能灵活选取融资产品,提升了供应链金融的普惠性。其次,3.0 平台化阶段由第三方引领,有效减少信息不对称,确保所有参与者更公平地参与供应链金融活动并获取所需信息。最后,3.0平台化模式整合多方信息,实现"四流"(物流、信息流、资金流、商流)跨区域融合,提升供应链效率,强化多链协同,有力支持中小企业发展。蚂蚁金服的"谷雨"计划、京东的"京小贷"及苏宁的"账速融"等,均是我国电商平台供应链金融融资的典型代表。然而,这些基于电商模式的综合服务平台,其金融服务主要局限于各自平台的供应商,且数据质量高度依赖于平台供应商的实力。

综上所述,3.0平台化阶段的供应链金融通过引入多元服务机构、搭建综合性服务平台、实现信息数据的有效整合等方式,为中小企业提供了更全面、更便捷的金融服务。这一模式的成功实践不仅推动了金融与产业的深度融合,也为未来供应链金融的发展指明了方向。

4) 4.0智能化阶段

我国供应链金融已经迈入崭新的4.0智能化阶段,这是一个由金融科技全面引领的时代。在万物互联的大背景下,越来越多的中小企业正积极拥抱数字化转型,银行业也在全面拥抱线上化,交易数据日益标准化。在结构上,通过深度联结跨产业、跨区域、跨部门的资源,与政府、行业协会等紧密合作,利用互联网、大数据、云计算及物联网技术的融合,有效促进金融生态模式高效运作,如图2-6所示。

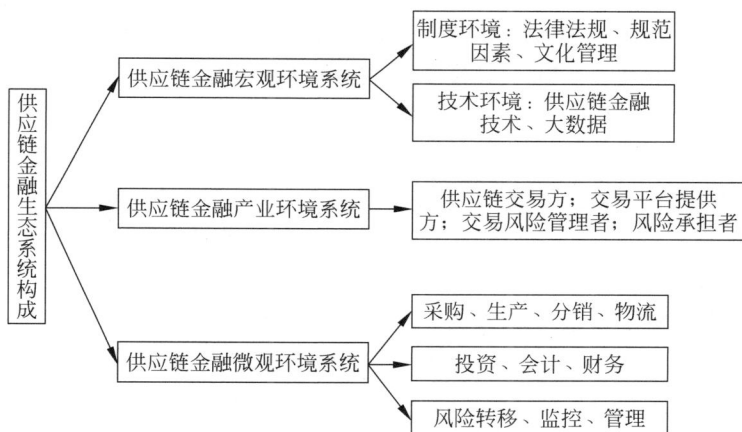

图2-6 供应链金融生态系统

随着大数据、云计算与人工智能等前沿技术的持续应用和发展,供应链业务流程正在逐步实现线上化、自动化、数据化。依托供应链的具体场景设计出相应的供应链金融产品,将供应链业务中产生的资产转换成符合金融机构标准的、合规的数字化资产,以此实现资产后续的高效流通与交易。

随着5G(第五代移动通信技术)时代的来临,大数据、物联网、人工智能等技术的落地应用将更进一步。这一阶段的供应链金融将变得更为智能化、数字化,且效率极高。供应链金融生态圈由上下游、金融机构及核心企业共建,实现互联互通,提高交易透明度与资金流动性,大幅提升融资便利与风控效能,这一阶段的供应链金融是最接近供应链金融发展的理想状态,进一步为中小微企业与民营经济提供助力,激发实体经济活力。

当前,开展供应链金融业务的企业中,绝大多数仍停留在 1.0 阶段或 2.0 阶段,部分实力雄厚的企业可能已发展至 3.0 阶段或 3.5 阶段,而真正达到 4.0 阶段的企业仍属凤毛麟角。路漫漫其修远兮,开展供应链金融需要一个资源积累的过程,不可能一蹴而就,随着科技的不断进步和产业整合的深入,以互联网和信息技术为基础的供应链金融业务模式必将成为主流趋势。无论未来如何演变,发展供应链金融都需要脚踏实地,稳步前行。

伴随供应链金融的进一步发展,供应链金融服务平台将以互联网思维为引领,以信息化、标准化、信用体系建设和人才培养为四大支柱,深度整合供应链与物联网,打造具备高度智能的供应链体系,构建一个以大数据为支撑、网络化、共享化的全球利益共同体与命运共同体,为供应链金融的未来发展描绘出更加宏伟的蓝图。

2.2　供应链金融的相关概念

2.2.1　供应链

马士华教授对供应链的定义是:企业通过对信息流、物流、资金流的控制,从采购原材料开始,制成中间产品以及最终产品,最后借助销售网络把产品送到消费者手中,并将供应商、制造商、分销商、零售商以及最终的客户连成链式结构。虽然国内外学者对供应链的定义各不相同,但其表达的内涵基本一致,都涉及从生产到销售的一系列活动。国家标准《物流术语》(GB/T 18354—2021)将供应链定义为:生产及流通过程中,围绕核心企业的核心产品或服务,由所涉及的原材料供应商、制造商、分销商、零售商直到最终用户等形成的网链结构。供应链就是通过计划(plan)、获得(obtain)、存储(store)、分销(distribute)、服务(serve)等一些活动而在顾客和供应商之间形成的一种衔接(interface),从而使企业满足内外部顾客的需求。

综上所述,供应链是以核心企业为中心,涵盖从零部件供应到中间品及最终产品生产,再经由销售网络送达消费者的全过程。它形成了一个由原材料供应商、生产商、分销商、零售商及消费者等成员,通过上下游连接而成的网络结构,涉及物料获取、加工及成品交付等一系列活动,是由相关企业及部门构成的综合网络,如图 2-7 所示。

2.2.2　供应链管理

供应链管理的兴起,源于传统利润源枯竭,成为企业寻求新增长点的必然选择。惠普、爱立信等巨头通过高效管理,实现了收益增长与成本降低。宝洁公司与零售商紧密合作,制订商业计划,消除供应链浪费,为零售客户节省巨资,彰显了深度合作的重要性。此模式核心在于制造商与供应商携手,共同识别并解决供应链瓶颈,优化资源配置,提升整体效率与竞争力,从而在全球市场中占据优势地位。

供应链管理是一种综合性的管理理念和方法,旨在规划和控制从供应商到最终用户的物流活动,实现供应链的有效运作。关于供应链管理的定义,不同学者和机构给出了不同的解释。Chase 强调其是通过系统的管理方法连接整个过程中的信息流、资金流和

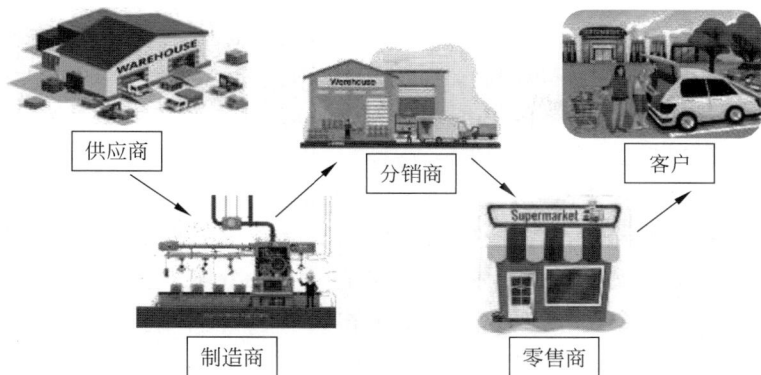

图 2-7　供应链各环节结构

服务流,以抵御风险。Philip 认为,供应链管理是创新策略,强调企业协同以提升供应链效率。美国运输与物流协会指出,其目标是提升单个企业及整个供应链体系的长期绩效,对传统商业活动进行战略协调,并实施跨部门、跨企业的战术控制。国内学者则大多认为供应链管理是通过信息技术对供应链内外部制订完善的管理方案,对其进行计划、协调和管控,使物流、信息流、资金流通过系统的管理方案满足需求的同时降低成本。《物流术语》(GB/T 18354—2021)将供应链管理定义为"从供应链整体目标出发,对供应链中采购、生产、销售各环节的商流、物流、信息流及资金流进行统一计划、组织、协调、控制的活动和过程"。

2.2.3　供应链金融

许多供应链金融中的基础性产品,其诞生时间实际上早于供应链管理理念的兴起。比如保理这一形式,在几个世纪前的西方国家就已经广泛存在。但是,现代意义上的供应链金融概念真正起源却是在 20 世纪 80 年代。其背后的深层原因在于跨国企业,特别是全球巨头们为了追求成本的最小化,开始实行全球性的外采和业务外包策略。在随后的进一步发展中,供应链管理主要聚焦于物流和信息流层面。20 世纪末,离岸外包导致的供应链整体融资成本上升,加之某些环节资金流动受阻引发的"短板效应",逐渐削弱了因生产"成本洼地"配置所带来的成本节省优势,这一现象的出现,使得企业开始重新审视并深化对财务供应链管理的价值认知,供应链金融的概念也由此浮出水面,受到了广泛的关注和研究。

关于供应链金融概念的界定很多,可以归纳为以下四类。

1. 第三方物流服务商对供应链金融的理解

对于第三方物流服务商而言,供应链金融不仅是一种金融服务,也是一种优化供应链流程、提升整体运营效率的重要手段。其深知,在供应链中,物流、信息流和资金流是紧密相连、相互影响的。因此,其积极参与供应链金融的实践,通过提供物流、仓储、配送等服务,与金融机构共同构建供应链金融生态系统。

在这个过程中,第三方物流服务商利用自身的专业优势,对供应链的各个环节进行精细化管理,确保货物按时、按质、按量地到达指定地点。同时,其还与金融机构紧密合作,通过信息共享、风险共担等方式,降低融资风险,提高融资效率。这种合作模式不仅有助于解决供应链中的资金瓶颈问题,还能促进供应链协同发展,实现共赢。

以京东物流为例,作为知名的第三方物流服务商,京东物流对供应链金融的理解深入且独到。它不仅提供高效的物流服务,还通过整合供应链资源,为供应链中的企业提供融资解决方案。京东物流通过其庞大的物流网络,实现了对货物信息的实时追踪和更新。这使得金融机构准确掌握货物的流动情况,为融资决策提供了有力支持。同时,京东物流还利用大数据和人工智能技术,对供应链中的各个环节进行精细化管理,提高了整体运营效率。通过与金融机构的合作,京东物流推出了"京保贝"等供应链金融产品,为供应商提供了便捷、低成本的融资服务。这种合作模式有效地缓解了供应商的资金压力,同时也增强了京东与供应商之间的合作关系,促进了供应链的协同发展。

2. 金融机构对供应链金融的理解

金融机构是供应链金融的重要参与者,它们对供应链金融的理解主要体现在风险控制和金融创新两个方面。

在风险控制方面,金融机构通过深入了解供应链的运作模式和各个环节的特点,制定针对性的风险评估和监控机制。它们与第三方物流服务商、核心企业等建立紧密的合作关系,共同构建风险防控体系,确保资金安全。

在金融创新方面,金融机构不断推出适应供应链特点的金融产品和服务。例如,它们根据供应链的融资需求,设计灵活多样的融资方案,满足企业不同阶段的资金需求。同时,它们借助大数据、人工智能等前沿技术,提升了金融服务的智能化程度,优化了客户的体验。

以平安银行为例,作为领先的金融机构,其在供应链金融领域有着丰富的实践经验。平安银行通过深入了解供应链的运作模式和特点,为供应链中的企业提供量身定制的金融解决方案。在风险控制方面,平安银行与核心企业和第三方物流服务商建立了紧密的合作关系。它们通过共享信息、共同制定风险评估标准等方式,构建了一个完善的风险防控体系。这使得平安银行准确识别和控制风险,确保资金安全。在金融创新方面,平安银行不断推出适应供应链特点的金融产品和服务,利用人工智能,提高金融服务的智能化水平。例如,其针对供应链中的应收账款问题,推出了应收账款融资产品,帮助企业快速回收资金。

扩展阅读2.2 金融在促进产业链供应链绿色发展中的作用

3. 供应链中的核心企业对供应链金融的理解

供应链中的核心企业深知供应链金融对于提升整条供应链的竞争力和稳定性具有重要意义。它们希望通过供应链金融,实现资金的快速流转和有效利用,降低运营成本,提高运营效率。

同时,核心企业也意识到,供应链金融不仅关乎自身的利益,还关乎整条供应链的协同发展。因此,它们积极与金融机构、第三方物流服务商等合作,共同推动供应链金融发展。它们愿意分享自身的资源和信息,帮助其他企业解决融资难题,促进供应链均衡发展。

以华为技术有限公司(以下简称"华为")为例,作为供应链中的核心企业,华为深知供应链金融对于提升整条供应链的竞争力和稳定性具有重要意义。华为积极与金融机构和第三方物流服务商合作，共同推动供应链金融发展。华为通过与金融机构合作，实现了对供应商的快速融资支持。这不仅缓解了供应商的资金压力，还提高了供应链的运营效率。同时，华为还利用自身的技术优势和资源优势，为金融机构提供数据支持和风险评估，帮助金融机构更好地控制风险。此外，华为还积极分享自身的供应链管理经验和最佳实践，与其他企业共同探讨供应链金融的发展前景和机遇。这种开放、合作的态度促进了整条供应链的协同发展，也提升了华为在供应链中的领导地位。

4. 学术界对供应链金融的定义

在国际上，Timme（2000）首次引入供应链金融的概念，将其界定为一种融资模式，该模式建立在链条上核心企业、中小企业与外部金融服务机构之间的合作关系之上。Hofmann（2005）还给出了供应链金融的一个具有代表性的定义，即供应链金融可以被视作供应链中两个或更多组织（包括外部服务提供者）通过规划、执行及调控金融资源在彼此间的流通，来共同创造价值的一个过程。Michael Lamoureux（2011）提出供应链金融新定义，强调构建生态圈及财务优化，将其视为提升资金获取便捷性与降低成本的系统过程，由核心企业引领生态圈。杨绍辉（2005）将供应链金融视作商业银行专为中小企业设计的一种融资模式，旨在根据供应链中各环节的资金需求，精准匹配资金供给，以缓解这些企业的短期融资难题。闫俊宏和许祥泰（2007）提出了三种供应链金融融资模式，分别是应收账款融资、存货融资及预付款融资。

2019年7月，银保监会办公厅发布的155号文件《中国银保监会办公厅关于推动供应链金融服务实体经济的指导意见》明确指示，金融机构应依据供应链上的真实交易情况，针对链上的核心企业，为中小企业提供切实有效的融资解决方案。而在2020年，中国人民银行携手其他八部委共同发布的《关于规范发展供应链金融 支持供应链产业链稳定循环和优化升级的意见》（银发〔2020〕226号）文件中，将供应链金融定义为一种集物流、信息流与资金流于一体的金融活动，该活动以实际交易为基础，超越了单纯的融资范畴，实现了产业与金融的深度融合。通过整合信息、物流等多维度资源，供应链金融有效调控企业间的财务资源配置，旨在解决中小企业面临的融资困难、成本高昂及融资秩序混乱等问题。在结构化融资的环境下，供应链金融是基于真实交易，以核心企业信用等级为支撑，与金融机构或技术提供商合作，为供应链中有资金需求的企业提供融资的新型金融服务模式。

2.3 供应链金融的模式和业务流程

2.3.1 供应链金融的特点

供应链金融和银行等传统金融之间的逻辑是不一样的。从传统角度来看，银行的间接融资体系主要依赖于主体的信用状况，因此可以被称为主体金融。相比之下，供应链金融则侧重于对整个交易过程的管控,它构建了一个以过程管理为核心的体系,有时被称为过程金融,也有专家倾向于称之为交易金融。无论如何称谓,其核心都是围绕供应链的运行过程来开展金融活动。传统金融强调了主体信用,这就导致银行因为无法判断一些中小企业的还款意愿和还款能力,从而拒绝为其融资。而供应链金融强调的是过程信用,通过对"四流"的管控来对仓储、物流等方面进行控制,在这种情况下,供应链系统中参与主体众多,企业运转环环相扣,一方面可以反映出中小企业的还款能力,另一方面可以有效地抑制供应链系统中企业的违约行为。供应链金融的特点如下。

1. 现代供应链管理为供应链金融的诞生奠定基础

供应链金融是随着时代的发展、融资需求的升级而出现的,是基于现代供应链管理系统而衍生的一种新型的融资方式。现代供应链管理强调整体观念,它认为供应链中的各个环节是紧密相连的,一个环节的问题可能直接影响到整条供应链的运作效率。这种以整体为导向、强调协同合作的思想,是供应链金融业务得以开展的基础。通过整合供应链上下游的资源,实现物流、信息流和资金流的协同管理,可以提高整条供应链的运作效率,降低运营成本,从而为供应链金融业务提供有力的支持。此外,现代供应链管理还注重信息共享。在供应链中,信息起着至关重要的作用。通过实现信息共享,各个环节可以及时了解需求和变化情况,作出相应的调整和决策。这种信息共享机制有助于减小信息不对称带来的风险,提高供应链的透明度和可预测性。在供应链金融业务中,信息共享有助于金融机构更准确地评估供应链的风险和收益,为融资决策提供更可靠的依据。

2. 信息技术和大数据分析为供应链金融提供技术支持

首先,信息技术为供应链金融提供了高效的信息处理手段。通过应用互联网、物联网、云计算等现代信息技术,可以实现供应链各环节信息的实时采集、传输和处理。供应链分析和行业分析、企业分析不同,它不再是只侧重于一个角度的分析,而是一个全方位、多角度的整体性分析。它会分析整条供应链系统所处的行业背景、发展前景,以及市场竞争状况,系统中每一家企业,尤其是需要融资的企业所处的位置、与其他企业的协作情况,这大大提高了信息的准确性和时效性,有助于金融机构更快速、更准确地了解供应链的运行状况,为风险评估和融资决策提供有力支持。其次,大数据分析为供应链金融提供了深度的数据洞察。供应链系统中企业的每一次交易、每一项物流活动都是数据的体现。通过对海量供应链数据进行挖掘和分析,金融机构可以识别出供应链中的潜在风险点、优化融资方案、提高资金使用效率。大数据分析还可以帮助金融机构发现供应链中的价值点和增长点,为金融创新提供新的思路。最后,信息技术和大数据分析有助于提升供应链金融的风险管理能力。通过对供应链数据的实时监测和分析,金融机构可以及时发现潜在风险并采取应对措施,降低风险损失。

3. 闭合式资金运作是供应链金融服务的刚性要求

供应链金融的闭合式资金运作是指在供应链金融服务中,资金的流动被严格限制在可控的范围内,并且按照具体的业务逐笔进行审核和放款。在供应链金融中,资金流是核心要素之一,通过闭合式资金运作,可以确保资金在供应链内部按照预定的路径和规则流动,避免资金被挪用或滥用。这种运作方式有助于降低资金风险,提高资金的使用效率。通过对供应链中各个环节的资金流动进行严格的监控和管理,可以及时发现潜在的风险点,并采取相应的风险控制措施。这有助于降低供应链金融的风险水平,提高业务的安全性。

假设有一家电商平台 A,它与众多供应商、生产商、物流商和终端消费者形成了一个庞大的供应链网络。为了优化这条供应链的资金流动,A 平台决定引入供应链金融服务。首先,A 平台与金融机构合作,为供应商提供应收账款融资服务。当供应商向 A 平台供货后,会产生一笔应收账款。这时,供应商可以选择将这笔应收账款转让给金融机构,从而获得即时的资金回笼。其次,金融机构在审核了这笔应收账款的真实性和合法性后,会向供应商发放融资款项。这些资金并不是直接进入供应商的口袋,而是按照供应链金融的闭合式资金运作原则,通过 A 平台的账户进行托管。最后,当 A 平台销售商品并收到终端消费者的款项时,这些资金同样不会直接进入 A 平台的自有资金账户,而是首先用于偿还之前供应商转让的应收账款。这样,资金就在供应链内部形成了一个闭环流动,确保了资金的安全性和可追溯性。同时,A 平台还可以利用这些资金来优化自身的运营,比如提前支付供应商的货款,以获得更好的采购条件;优化库存管理,降低运营成本。在这个例子中,供应链金融的闭合式资金运作不仅为供应商提供了及时的资金支持,缓解了资金压力,还确保了资金在供应链内部的高效流动和利用,促进了整条供应链的优化和协同发展。这也是供应链金融服务中闭合式资金运作的核心价值和意义所在。

4. 多元化的参与主体在供应链金融中发挥重要作用

供应链是一个复杂的网络,涉及多个环节和多个参与者,从上游供应商到下游最终消费者,每一个环节都可能涉及资金流动和融资需求,这就导致了供应链金融多元化主体的特点。供应链金融的主体包括商业银行、保理公司、保险公司、担保公司等金融机构及核心企业、上下游企业、物流服务商等多方参与者。多元化的参与主体可以促进信息共享和协作,实现对供应链资金流、物流和信息流的全面掌控,提高整条供应链的运作效率。另外,多元化的参与主体有助于分散风险和增加资金供应。在供应链金融中,不同的参与主体具有不同的风险承受能力和资金实力,可以分散单一主体承担的风险,提高整条供应链金融体系的稳健性。同时,多元化的参与主体也可以提供更多的资金来源,满足供应链中不同规模、不同需求企业的融资需求。随着金融科技的不断发展,供应链金融的参与主体也在不断扩大。一些新兴的金融科技公司和平台,利用大数据、人工智能等技术手段,为供应链金融提供更加高效、便捷的服务,进一步丰富了供应链金融的参与主体。

5. 风险的可控性为供应链金融发展提供保障

资金的闭合运作使得供应链金融的风险相对可控,风险的可控性又为供应链金融的发展提供了保障。供应链金融服务要求资金专款专用,资金按照业务流程逐笔发放和回收,其运用被有效地控制在可控范围之内,风险也能得到有效的控制。此外,相对于传统的融资方式,供应链金融的信用评估不仅仅是针对单一企业的财务状况和信用记录,而是对供应链上的企业进行综合性分析与评估,这种评估方式通过综合考虑企业的运营状况、市场前景、行业地位以及与其他企业的合作关系等因素,能够更好地反映企业的真实情况,从而更准确地判断企业的还款能力和风险水平。同时,供应链金融依托供应链系统的链条式结构,使信用可以在供应链中进行传导。这意味着某个企业的信用变化会通过整条供应链的经营活动变化或其他节点企业的经营活动改变而得以体现。这样的传导机制可以让金融机构及时发现潜在风险,并采取相应措施进行防范和控制。

2.3.2 供应链金融的参与主体

随着全球化和经济的发展,供应链变得越来越复杂,涉及更多的参与者和环节,这种复杂性要求供应链金融服务更加灵活和全面地满足供应链中不同企业的需求。同时,大数据、云计算、人工智能等技术的应用使金融机构能够更准确地评估供应链中的风险,提高融资效率,降低运营成本,科技公司也利用这些技术优势,为供应链金融提供创新的解决方案,进一步丰富了参与主体的类型。此外,政策环境也为供应链金融参与主体的多元化提供了支持。供应链金融的参与主体不再局限于以往传统的商业银行、核心企业、融资企业、物流企业,电商平台、第三方支付企业、供应链系统软件供应商、信息技术和大数据支持企业也纷纷加入,在供应链金融的业务开展中扮演着重要的角色。

1. 商业银行和其他金融机构

商业银行和其他金融机构通过贷款、保理、信用证等方式,为供应链中的企业提供融资支持,满足其生产、运营和扩张的需求,根据供应链的特点和需求,开发定制化的金融产品和服务,提高供应链的融资效率和便利性。同时,金融机构可以利用自身的专业知识和经验,对供应链中的风险进行识别和评估,设计合理的风险控制机制,确保资金安全。

2. 核心企业

核心企业凭借其强大的信用背景和稳定的经营表现,为供应链中的上下游企业提供信用背书,帮助它们获得更优惠的融资条件。此外,核心企业通常掌握着供应链中的关键信息,通过信息共享,可以推动供应链各环节的协同管理,优化资金流、物流和信息流,提升整条供应链的竞争力,有助于金融机构更准确地评估风险,提高融资效率。

3. 上下游企业

上下游企业是供应链金融服务的主要对象,是供应链金融的直接受益者。上下游企业,特别是小微企业,通常面临资金短缺和融资困难的问题。由于它们往往缺乏足够的抵押物,且会计制度不健全,经营信息不披露,传统的银行融资方式对其来说具有较大的难度。然而通过供应链金融模式,这些企业可以借用核心企业的信誉来获取银行授信,降低融资成本,解决融资难题,它们的需求和反馈也是推动供应链金融产品与服务不断创新的重要动力。

4. 物流企业

物流企业是供应链金融的重要参与者,它们与供应链中的上下游企业有着紧密的合作关系。物流企业通过提供专业的物流服务,如运输、仓储、配送等,帮助供应链中的企业实现物流效率的提升和成本的降低,这种服务不仅增强了供应链的稳定性,也为供应链金融提供了更好的运行环境。此外,物流企业在供应链金融中还扮演着信用增强的角色。由于物流企业具备对货物与供应链进行深入了解和掌握的条件,它们能够为银行和其他金融机构提供关于供应链企业信用状况的可靠信息,这使金融机构能够更加准确地评估风险,并作出更明智的融资决策。

5. 电商平台

电商平台的出现促进了线下实体经济与线上互联网经济的有机融合。电商平台作为交易撮合方,拥有大量的交易数据和信用信息,能够实时掌握供应链中各个环节的运行情况。它们可以通过搭建在线融资平台连接供应链中的上下游企业、金融机构和投资者,实现资金的快速流通和有效配置。同时,电商平台还可以根据企业的实际需求,提供个性化的融资解决方案,满足企业不同阶段的资金需求。以阿里巴巴的供应链金融服务为例,其通过电商平台积累了大量的交易数据和信用信息,为供应链金融提供了有力的数据支持。同时,阿里巴巴还搭建了在线融资平台,为供应链中的企业提供便捷的融资服务。通过与金融机构的合作,阿里巴巴为供应链企业提供了多种融资产品,如订单融资、应收账款融资等,有效解决了企业的资金问题。

6. 第三方服务机构

随着信息技术的发展和大数据的应用,信息系统和数据库在供应链金融中发挥着越来越重要的作用。例如,金融科技公司、科技信息服务商可以为供应链金融提供大数据分析、区块链(blockchain)等技术手段,提高供应链金融的透明度和可追溯性。律师事务所、会计师事务所等可以为供应链上的企业提供法律咨询、财务审计等专业服务,确保供应链金融的合规性和稳健性。同时,为了满足国际贸易发展的需要,各种外贸综合服务平台也随之出现。外贸综合服务平台主要针对开展国际贸易业务的中小企业的融资需求,有针对性地提供相关供应链金融服务,促进国际物流资源的有效整合,推动供应链金融生态圈的发展。

7. 政府及监管机构

政府为供应链金融生态系统提供政策导向,创建良好的政策环境。政府出台相关政策,鼓励和规范供应链金融的发展,确保其健康、稳定地运行,为供应链金融提供良好的市场环境。政府政策的引导和调控能够促进供应链金融的创新与发展,提高供应链金融的运作效率。监管机构在供应链金融中承担着监管和风险防范的职责。监管机构通过制定相关法规和标准,规范供应链金融市场的运作,加强对供应链金融市场的监管,能够确保其合规运行,防范系统性金融风险的出现。

2.3.3 供应链金融基本模式与业务流程

我国传统的供应链金融业务模式由供应链内部的核心企业所主导。这些核心企业依据与供应链内其他企业的交易数据及其他相关信息,为有融资需求的企业提供信用保证。在此基础上,以商业银行为代表的金融机构会参考这些信用担保信息,为相应的企业提供融资支持。

在我国,供应链金融的三种主流模式分别是:应收账款融资、预付账款融资及动产质押融资。从权益性质的角度来看,应收账款融资和预付账款融资均属于债权范畴,而动产质押融资则属于物权范畴。这三种模式各具特色,为供应链中的企业提供了多样化的融资选择,促进了供应链金融的稳健运行和高效发展。

1. 应收账款融资模式

应收账款融资是指企业将赊销而形成的应收账款有条件地转让(质押)给银行或其他融资机构,从而获得所需资金,加强资金的周转的一种融资形式。对于上游的中小微供货商而言,应收账款融资是一种极具实用价值的融资途径。当这类企业遇到资金需求时,它们能够选择将和核心企业交易所产生的应收账款作为质押品,递交给银行或其他融资机构。随后,融资机构会对应收账款的单据进行严格审查,并与核心企业提供的交易信息进行核对,以验证其真实性和可信度。确认无误后,融资机构即向中小微企业放贷,到期由核心企业归还贷款。常见的融资形式有保理、保理池、反向保理、融资租赁保理、票据池融资、出口信用保险项下融资等。应收账款融资模式流程如图 2-8 所示。

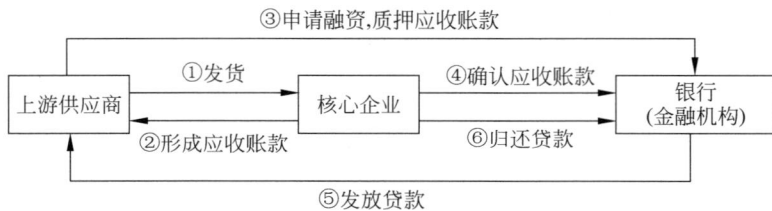

图 2-8 应收账款融资模式流程

注:
① 上游供应商向下游核心企业赊销商品;
② 因赊销形成应收账款;
③ 上游供应商将应收账款质押(转让)给银行(金融机构),申请融资;
④ 核心企业向银行(金融机构)确认应收账款真实性;
⑤ 银行(金融机构)根据核心企业的信用状况,向上游供应商提供信用贷款;
⑥ 贷款到期,核心企业按约支付账款,归还贷款。

应收账款融资模式在现实业务中的应用如下。

京保贝是京东 2013 年推出的创新金融产品,标志着京东首次运用自有资金为供应链的中小微企业提供融资。该产品依托应收账款融资模式,专为与京东合作超 3 个月的自营供应商打造。供应商仅需上传采购、销售等核心财务数据至京保贝平台,即可在无担保、无抵押的情况下快速完成融资。整个流程仅需短短3分钟,极大地提升了融资效率,为供应商解决了资金回笼的燃眉之急。对于供应链内的中小微企业而言,京保贝无疑是一款极具吸引力的融资产品。它不仅免去了烦琐的担保和抵押手续,还大大缩短了融资时间,使供应商能够更快速地获得所需的资金支持,从而稳定经营、扩大规模。京保贝融资模式流程如图2-9所示。

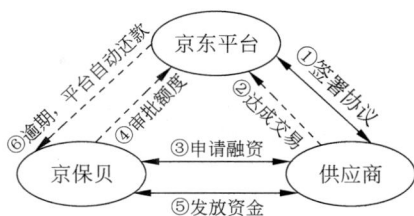

图2-9　京保贝融资模式流程

注:
① 供应商与京东平台签署采购协议;
② 达成3个月及以上的真实交易;
③ 供应商在京保贝系统中提交申请材料进行融资;
④ 京保贝将已批准额度与京东平台通知确认;
⑤ 京保贝系统自动审批融资申请并发放资金;
⑥ 供应商若逾期还款,京东平台结算款自动用于还款。

2. 预付账款融资模式

预付账款融资是银行向处于供应链下游、经常需要向上游的核心企业预付账款才能获得企业持续生产经营所需原材料的中小企业所提供的一种融资模式,这种融资模式通常以上游企业承诺回购为前提。预付账款融资模式既保证了银行或融资机构的风险控制,也为下游分销商提供了更加灵活和便捷的融资方式,促进了供应链金融的健康发展。常见的融资形式有先款后货融资、保兑仓融资、国内信用证融资、国内信用证项下打包贷款融资等。预付账款融资模式流程如图2-10所示。

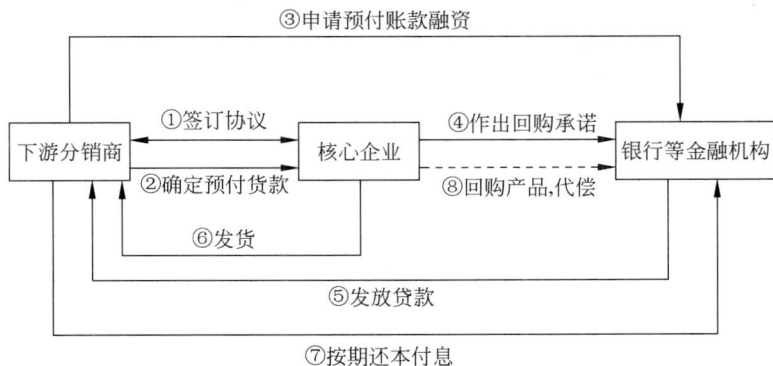

图2-10　预付账款融资模式流程

注:
① 核心企业与下游分销商签订销售协议;
② 约定交易采用预付账款模式形成预付账款;
③ 分销商向金融机构申请预付账款融资,约定以未来存货质押作为担保;
④ 核心企业向金融机构作出承诺,保证若将来下游分销商无力归还贷款将由核心企业对产品进行回购;
⑤ 金融机构根据核心企业的信用状况为经销商提供信用贷款,核心企业获得预付款;
⑥ 核心企业发货给下游经销商;
⑦ 贷款合同到期,下游分销商按约还本付息;
⑧ 若分销商到期无力偿还,核心企业回购产品,代为偿还贷款。

预付账款融资模式在现实业务中的应用如下。

泸州老窖股份有限公司(以下简称"泸州老窖")坐落于四川泸州,主营酒精及饮料酒制造。其销售模式重心在于线下经销商授权。作为白酒业的领军企业,泸州老窖拥有庞大的供应链体系,涵盖了众多中小型供应商及多级经销商。为确保供应链顺畅运行,泸州老窖需预先支付供应商货款或为经销商提供赊销支持,以缓解其资金压力。因此,泸州老窖需具备强大的融资能力,以便及时向供应链伙伴提供必要的资金支持。

泸州老窖的预付账款融资业务主要面向其下游经销商,特别是那些规模较小、资金有限的经销商,它们往往难以一次性购入大量酒品以供销售。为此,金融机构采用了预付账款融资模式:在泸州老窖承诺回购的前提下,商品被交付至指定的仓储物流公司;经销商在缴纳一定押金后,获得提货权;随后,它们以商品销售所得作为主要还款来源,提前清偿银行贷款。蚂蚁链-泸州老窖预付账款融资模式具体流程如图 2-11 所示。

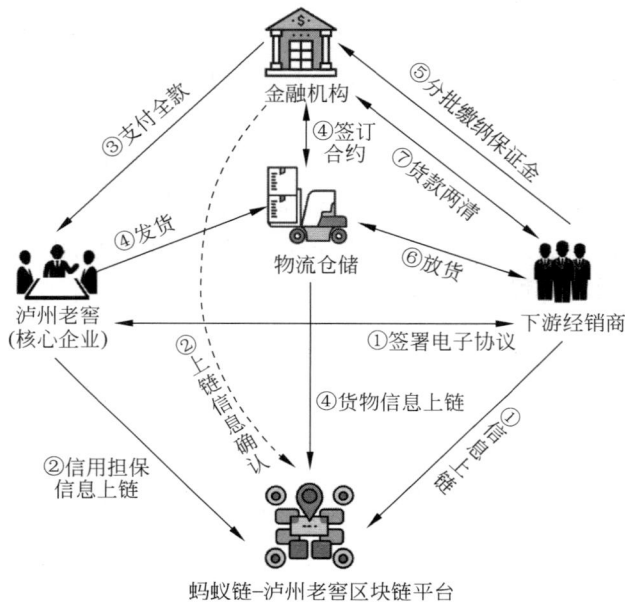

图 2-11　蚂蚁链-泸州老窖预付账款融资模式具体流程

注:

① 下游供销商和泸州老窖签订购销合同,并通过区块链平台申请贷款和完成信息上链。

② 金融机构审核确认泸州老窖的信用状况和回购能力,双方签订回购协议并上传协议至平台。

③ 金融机构向泸州老窖发放贷款。

④ 金融机构与仓储物流公司签合约,将商品发往物流公司的指定仓库,并将仓单上链。

⑤ 金融机构接收仓库单据后向泸州老窖开承兑汇票,由经销商支付保证金等有关的费用。

⑥ 平台形成智能合约,银行下达放货指令。

⑦ 以下游经销商缴纳的押金为准分配提货权,直至将所有的商品都取完。若预付款合约到期仍未完全收回,泸州老窖须履行回购条款。

3. 动产质押融资模式

动产质押融资是中小微企业借助自身动产(如存货资产)实现资金流转的一种策略。在这一过程中,企业将动产作为抵押品,向银行提出融资需求。为了保障抵押动产的安全,这些动产会被转移到银行指定的第三方仓库进行妥善监管。在受理融资申请时,银行会对抵押的动产进行全面评估,包括数量、质量等多个方面。同时,银行还会参考核心企业提供的与中小微企业的交易信息,以更准确地评估企业的还款能力和风险状况。综合这些信息后,银行会为企业确定一个合理的授信额度。若中小微企业未能按期还款,银行有权变卖质押于第三方仓库的动产,以收回贷款。这种机制确保了银行在提供融资服务时的风险控制,同时也为中小微企业提供了更加灵活和高效的融资方式。动产质押融资模式的具体流程如图 2-12 所示。

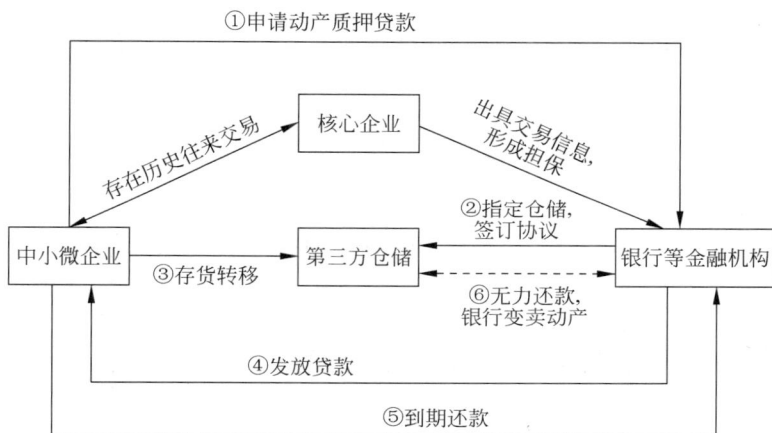

图 2-12　动产质押融资模式的具体流程

注:
① 中小微企业向金融机构申请动产质押贷款;
② 将动产转移至第三方仓储进行妥善监管并签订仓储监管协议;
③ 中小微企业按要求将动产转移至第三方仓储;
④ 监管企业对动产进行验收并通知金融机构发放贷款;
⑤ 合同到期中小微企业按约支付账款。
⑥ 若企业无力偿还资金,银行可变卖动产。

动产质押融资模式在现实业务中的应用如下。

京东凭借其强大的仓储和自营物流能力,以及与其他仓储物流企业的紧密合作,为融资企业提供了极大的便利。这些企业可以享受到就近移仓质押物的服务,大大简化了融资流程,提高了融资效率。京东动产质押融资模式以其多样化的质押物种类为特色,涵盖了电脑、办公用品、家用电器、手机及数码产品等众多动产,这一宽广的质押物范围使更多类型的企业能够有机会利用动产进行融资,从而大大增强了动产融资的适用性和可及性。这种模式的灵活性使更多企业能够申请到融资,从而促进了整条供应链的健康发展。京东的这些举措不仅彰显了其强大的综合实力,也为广大中小微企业提供了更为全面和贴心的金融服务,帮助它们解决了融资难题,实现了更快速的发展。京东动产质押融资模式具体流程如图 2-13 所示。

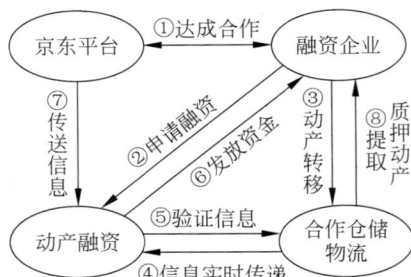

图 2-13　京东动产质押融资模式具体流程

注：

① 融资企业与京东平台产生合作关系；

② 融资企业提出融资申请；

③ 进行动产转移（指定合作仓储）；

④ 合作仓储对动产信息进行实时传递；

⑤ 对质押物信息进行交叉验证；

⑥ 系统审核，发放资金；

⑦ 京东平台传送动产销售信息至动产融资系统；

⑧ 仓储方解除对动产的监管，允许提取质押动产。

2.4　物流金融与供应链金融的关系

物流金融和供应链金融之间存在着紧密而复杂的关系。物流金融作为供应链金融的初步形态，致力于通过创新多样化的金融产品，来优化并促进物流行业内资金的高效流动。这些服务广泛，包括存贷款业务、投资活动、保险保障等多种金融服务。在此模式下，物流企业、客户（即需要物流与金融支持的企业）及金融机构构成了三大核心参与主体。物流企业通过与金融机构的紧密协作，不仅继续提供传统的物流服务，还为客户提供了融资解决方案，实现了物流与金融服务的深度融合。这种融合不仅显著提升了商品的流通效率，还为整个流通体系的改革与发展注入强大的动力。物流金融和供应链金融都是解决企业融资问题的手段，都离不开第三方物流企业的支持，两者都是通过银行等金融机构向需要资金的企业提供融资服务来解决企业贷款问题的。但是，两种模式在服务对象、担保模式、物流企业作用、金融机构的要求等方面存在一定的区别。

（1）服务对象不同。供应链金融主要致力于为供应链中的核心企业及其上下游企业提供金融服务。它更侧重于整条供应链的资金优化和风险管理，通过优化资金流，降低运营成本，提高供应链的整体竞争力。而物流金融的服务对象主要是物流企业及其客户，关注点在于物流过程中的资金需求和流动。物流企业在这里既是服务提供者，也可能是资金需求者。

（2）担保模式不同。供应链金融业务的开展更依赖于供应链中核心企业的信用和整条供应链的运营状况。通过核心企业的信用担保，金融机构可以为上下游企业提供更灵活的融资服务。而物流金融则是以融资企业的自有资产进行担保,这些担保物通常与物流过程紧密相关,例如存货在仓库中的流动和监管。

（3）物流企业作用不同。在供应链金融中,物流企业的作用可能更加侧重于物流信息的提供和共享,帮助金融机构更好地了解供应链的运营状况,降低融资风险。而在物流金融中,物流企业不仅是物流服务提供者,还是金融服务的参与者和担保者。它们通过掌握物流过程中的货物信息,为金融机构提供风险评估和担保支持。

（4）金融机构的要求不同。对于供应链金融,金融机构则更关注供应链的运营效率和核心企业的信用状况。随着上下游企业与核心企业生产经营的异地化趋势日益增强,不同地区的金融机构需加强业务协作与信息共享,需要投入更多资源来全面分析并评估供应链运营风险,同时设计更为灵活的融资产品,以精准满足各类企业的差异化需求。而物流金融一般只涉及贷款企业所在地的金融机构,金融机构需要更深入地了解物流过程和货物情况,以便准确评估风险。它们需要与物流企业建立更紧密的合作关系,共同管理担保物和风险。

案例讨论

齐商银行"e"齐惠农贷

从 2010 年开始,齐商银行逐步发力供应链金融领域。2013 年,齐商银行整合了包括物流、快消品等在内的十大供应链体系,覆盖了生产、销售、物流等多类别的供应链环节,走出了一条批量化服务小微企业的特色化道路。2015 年,齐商银行在省内率先上线了"在线供应链平台",将互联网技术与供应链金融全面结合,为供应链融资业务插上了"互联网＋"的翅膀。2018 年,齐商银行推出了"齐银 e 链"智慧供应链体系,融合齐银 e 账通、e 货通、e 融通、e 票通四大线上产品,结合电子签章、电子合同等创新模块,实现了时间戳证据固化和电子化流程审批,为实现微贷业务的纯线上化操作奠定了基础,线上化发展提质增速。2019 年,齐商银行上线"e"齐惠农贷,2020 年实现批量化投放。

齐商银行研发的"e"齐惠农贷,通过线上放款解决了养殖户的资金问题,打破因为地域限制导致的农贷业务"效率低、成本高"的困局,实现了农户自主操作、批量授信、远程放款。该产品突破了时间、地域限制,坚定保障"菜篮子"及农副产品供给。该项目产品基于农业供应链的真实交易场景,自动读取交易链条中的数据信息,根据齐商银行多年深耕农业供应链的业务经验,打造了智能决策引擎。系统通过与核心企业的闭环操作,及时获取核心企业与农户的真实交易数据,使客户经理全面掌握核心企业的经营情况,从而预防系统性风险的发生。同时,该项目产品引入 OCR（光学字符识别）及人脸识别技术、电子签章技术、反欺诈智能识别技术,打破传统业务局限性。农户可利用与齐商银行合作的农业龙头核心企业的真实交易订单数据,申请变为信贷资金。核心企业、担保公司均可在齐商银行线上供应链平台完成电子签章签订合同,实现担保合同、确权手续、资料传递等业务手续的全线上操作。农户仅凭一张身份证即可线上申请,系统自动审批、实时反馈结果,线上自主签约放款,个人贷款无须新开立银行卡,凭本人任意银行卡绑定齐商银行线上开立的直销银行账户即可实现放还款。整个流程操作简单、快捷,能为农户提供良好的金融服务。

资料来源：中国物流与采购联合会物流与供应链金融分会. 中国物流与供应链金融发展报告（2021—2022）[R]. 北京：中国财富出版社有限公司，2022.

思考：

1. 试分析农业产业融资成本的影响因素。

2. 试分析国家大力发展农业现代化、强调供应链金融对农业发展的推动作用对于巩固脱贫攻坚成果的意义。

即测即练

第3章

物流领域的金融业务

本章学习目标

1. 了解物流企业代收货款的起因；
2. 掌握物流领域的金融业务类型；
3. 理解动态质押效力的认定；
4. 理解各类物流融资业务模式的优缺点。

引导案例

中国物流金融市场蓬勃发展，跨界融合引领新趋势

市场调研显示，中国物流金融市场规模近年来持续增长。此增长得益于政策扶持、技术进步及市场环境优化。物流金融作为物流与金融深度融合的产物，有利于为物流企业拓宽融资渠道、提升资金运作效率，同时为金融机构开辟新业务增长点。

物流金融市场需求强劲，主要是因为物流企业对资金流动性和融资效率的高标准，以及金融机构寻求降低信贷风险、拓展业务的需求。随着物流行业迅猛发展，企业对物流金融服务的依赖加深，特别是在资金结算、融资担保、库存管理等关键环节，物流金融服务已成为企业运营的重要支撑。

物流融资业的扩张获取了国家策略的大力扶持。近些年，国家推行了一系列政策举措，意在促进物流融资范畴的创新与进步。举例而言，《"十四五"现代物流发展规划》清晰指出要大致构建成供需匹配、内外畅通、安全可靠、智能环保的现代物流系统，为物流融资业的扩张提供了政策后盾。另外，央行、交通运输部等部门也携手发布了相关通告，强调需增加对交通运输物流领域的金融扶持与服务强度，创新并丰富满足交通运输物流行业需求特性的贷款产品，改进相关服务程序。这些政策的施行为物流融资业的扩张营造了优越的政策氛围。

资料来源：2024年物流金融行业市场发展现状及未来发展前景趋势分析[EB/OL]. (2024-08-28). https://www.chinairn.com/news/20240827/1659359.shtml.

3.1 物流结算金融业务

结算是指各经济单位之间因商品交易、劳务供应、资金转移等所引起的货币收付行为。结算主要包括两类：一类是现金结算，是指以现金收付方式结清往来款项的业务，该业务必须在现金管理条例规定的范围内进行。在直接现金交易中，买卖双方均需在场，货物的交付与款项的支付在同一时刻、同一地点完成，交易双方即时完成，钱货两讫，流程相对简便。另一类是电子转账结算，它涉及通过银行系统将资金从付款方的账户转移到收款方的账户，其核心在于以银行账户中的货币流转替代实体货币的流通。在银行的货币收付总量中，电子转账结算占比超过95%，成为货币结算的主导方式。物流金融结算则是指利用多样化的结算手段为物流企业及其客户提供资金融通的金融服务，当前主要包括代收货款、垫付货款及承兑汇票融资等业务模式。接下来，将逐一解析这三种模式。

3.1.1 代收货款业务

1. 代收货款的概念

物流中的代收货款（COD）指的是，由物流服务的提供商，代替卖家（大多为各类邮购公司、电子商务公司、商贸企业）将货物交付给买家后，将货款收回并从中抽取一定服务费的结算形式。代收货款是零担物流企业的一项增值业务，而且除了代收手续费，货款结算期也是可获得无成本的流动资金来源之一。

2. 代收货款的流转路径

举个例子，假设发货地在山东临沂，收货地在天津蓟州区。其服务过程是这样的，通常物流服务合同是直接跟采购方签的，假设是物流公司 A（设在天津外环外的某个物流园 Q 中）。那么，首先，A 物流公司会委托临沂当地的物流公司 B 去供货方那边提货，然后负责将货物从临沂运输至天津某个物流园，交给 A 物流公司，然后，A 物流公司负责将货物运送至末端的采购方处。交货完成后，采购方支付物流费用，同时，把货款交给 A 物流公司，A 物流公司把钱再转交给 B 物流公司，由 B 物流公司转给供货方。本案例中代收货款的业务流程如图 3-1 所示。

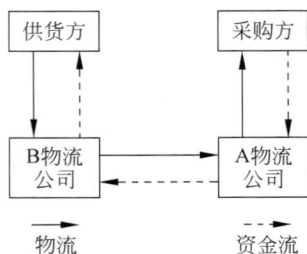

图 3-1 代收货款的业务流程

3. 代收货款和到付之间的区别

（1）适用的商业环境不同。代收货款常见于传统商业模式中，尤其是线下买卖的场景中。比如，像传统的货物批发商和零售商之间的交易，或者生产工厂和贸易商之间的交易。而货到付款，常见于现代商业环境中，比如网上购物，在客户签收后付款；又比如，快递的包裹或者快件由收件方付款，这里面不涉及货款的事宜。

（2）资金流转不同。代收货款的资金流转方向通常是,货款先由买方转交给物流公司,然后由物流公司再转交给卖方,其中,链条上的物流公司可能不止一家。如果是网上购物的话,通常是资金直接由买方付给卖方,很少会再从物流公司转手。如果到付的是快递费的话,快递费直接支付给快递公司,资金跟快递的寄件人没有任何关系了。收件人不付到付的运费,东西不给收件人,退回给发件方,由其付运费(顺丰收一次单程,其他快递收双倍往返的钱)。

4. 代收货款的起因

1) 销货方全方位的服务需求

在我国物流行业中,代收货款服务的主要应用者包括采用直销模式的邮购企业、电子商务企业、电视购物平台以及商贸公司,此外还包括少数进行在线交易的个人。其对物流服务的需求远不止简单的送货服务,而是期望获得集快递、金融、保险、代理等功能于一体的综合供应链解决方案。对于发货商来说,由第三方物流公司承担代收货款服务,意味着它们只需专注于网络营销、订单接收和商品供应,而物流公司则负责解决商品配送和资金结算不便、不及时的问题。通过将货款回收的任务交给物流公司,发货商可以在享受高效、安全且覆盖全国的物流网络的同时,加快资金回笼速度,改善财务状况,从而实现因资金快速回笼而带来的资金利用效率提升。

2) 交易双方的彼此不信任

近年来,随着远程交易、线上交易的日益增多,供应方与需求方往往多数时间并不直接会面,仅通过电话沟通或网络交流。因此,双方之间的信任度相对较低。在双方不见面的情境下,"货到付款"成为其推崇的交易原则。这时,物流公司扮演了中介的角色——卖方将货物交给物流公司,待货物运达后,买方检查货物并支付款项,物流公司则负责收款并释放货物。物流公司代收货款的机制,实现了交货与付款在时间与空间上的同步,有效降低了买卖双方的经营风险。某卖灯具的客户从某供货商手里进了一批灯具,准备安装在某车站,在物流有代收的情况下,按照正常程序办理提货。然而待客户将这批灯具安装完毕后,其发现灯具因存在质量问题而造成亮度不够,强烈要求退货,而供货商拒绝退款和换货,最后僵持不下,终止了合作关系(其中该客户扬言要投诉到市场监督管理局)。试想一下,这样的纠纷中如果没有代收,供货商的损失是不言而喻的。由此可见,代收的最大的目的就是降低商品供货商的风险。

3) 物流市场的发展

在物流行业发展的初期阶段,由于运输规模较小,采购方通常会携带货款随行采购。随着交易范围的持续扩大和客户群体的显著增加,货运量已激增至以往的数十倍乃至上百倍,多数情况下需依赖货运公司来承运货物并代为收取货款。随着物流市场竞争的白热化,货运的利润空间越发狭窄,代收货款成为支撑物流企业存续与发展的关键因素。物流企业会根据回款时间的长短,收取一定比例(通常为 5% 左右)的手续费。在民营物流企业领域,代收货款几乎与主营业务并驾齐驱,成为其主要利润来源之一。代收货款在为物流企业增添更多盈利的同时,更给物流企业带来了可观的资金。

此外,不少物流企业采取了代收货款"免"手续费的竞争策略,旨在通过构建代收货款的合作关系,吸引客户、增加货源、扩大业务规模,从而扩大物流企业在市场中的份额。

4）消费者图方便、图便宜

银行对于跨地汇款会收取一定比例的手续费，这一比例通常为 3％～5％。发货方由于发货频繁，每天可能需要进行十多次跨地汇款，这些手续费虽然单次不多，但累积起来也是一笔不小的开销。相比之下，货运公司提供的代收货款服务不仅费用更低，而且更为便捷，因此成为许多消费者的首选。

代收货款业务发展到如今，其来源已经不仅限于早期的电视购物、电话购物等模式，网络购物已经成为代收货款业务的主要驱动力。消费者熟知的电商平台，如淘宝等，都提供了代收货款服务，区别主要在于是否收取手续费以及手续费的费率高低。从事代收货款业务的物流企业，也早已不再局限于最初的邮政速递独家经营，而是发展成为众多物流品牌激烈竞争的局面。顺丰速运、宅急送、中通快递、韵达快递等大型物流企业均涉足代收货款业务，而从事该业务的中小型物流企业更是数不胜数。

3.1.2 垫付货款业务

1. 垫付货款的概念

垫付货款的物流金融服务是指，当物流企业为供应商承运一批货物时，如果采购商提出融资需求，物流企业根据采购商的信用额度代采购商预付部分货款或全部货款给供应商，待物流企业将货物送达采购商，收取采购商货款之后，结清全部货款。采购商的信用额度会随着企业信用记录的不断增多而累积，这类似于个人信用卡。

垫付货款模式常用于 B2B 交易中，供货商指派物流服务商进行配送，物流服务商会预先支付扣除运输成本后的部分货款或全部货款，之后将货物交给买方，并依据供货商的指示，同时从买方那里收取供货商的应收款项，最终物流服务商与供货商结算货款。

物流企业通过为采购商垫付货款及为供应商代收货款，加深了对买卖双方关系的渗透，凭借其特色服务扩大了市场份额，同时也促进了传统物流服务量的增长，并获得了新业务的利润。对于供货商而言，一旦货物交由物流服务商运输，即可获得一笔预付款，这笔资金能直接用于生产经营活动，降低了在途物资对资金的占用，提升了运营效率。

2. 垫付货款业务的模式

垫付货款业务是指在物流企业为托运方承运货物的过程中，物流企业会先行代替收货方预付部分货款；待收货方提取货物，其再向物流企业结清全部货款。为了减轻预付款对物流企业资金流的压力，垫付款服务还有另一种运作方式：托运方将货物的所有权转移给银行，银行根据市场行情按比例提供资金支持，当收货方向银行还清货款后，银行会向第三方物流企业发出放货指令，将货物所有权归还给收货方。在这种模式下，物流企业的角色有所转变，从原先的商业信用主体转变为协助银行提供货物信息、负责货物运输及风险控制的支持角色。从经济效益角度来看，制造商通过融资获得了资金，银行则赚取了利息，而物流企业因提供了物流信息、物流监管等服务也实现了盈利。因此，根据是否涉及金融机构的介入，垫付货款业务可分为两种模式，详细如下。

1）由物流企业垫付货款的业务操作模式

在物流企业提供货款垫付服务的运营模式下，供货方与购货方首先会签署买卖合同,同时,物流企业与供货方会签订物流委托合同,并在该协议中明确供货方需无条件履行回购责任。由物流企业代采购商垫付全部或部分货款的业务流程如图3-2所示。

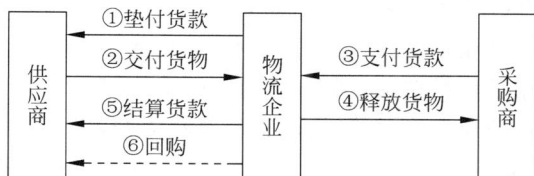

图 3-2   由物流企业代采购商垫付全部或部分货款的业务流程

注:
① 物流企业在承运货物时,会预先支付扣除物流成本的部分或全部货款;
② 供货方将货物转交给物流企业;
③ 物流企业将货物运送到购货方,并由购货方结清货款;
④ 物流企业向购货方交付货物;
⑤ 在一定时限后,物流企业与供货方完成货款的结算;
⑥ 若购货方拒绝付款,物流企业有权要求供货方回购货物。

A 集团是一家全资国有公司,隶属于国内知名的白酒生产商 W 集团,是一家业务多元化的综合物流服务集团。在白酒供应链的体系中,经销商通常处于核心企业的附属地位。在白酒销售流程中,W 集团要求经销商按公司要求提前支付款项,并在一段时间后才能收到货物。通常情况下,从经销商向 W 集团支付款项到收到货物,大约需要 3 个月的时间;而经销商在收到货物后,又通常需要大约 3 个月的时间才能将这些货物销售完毕,同时,根据与 W 集团签订的经销协议,经销商还需在此期间继续按期向 W 集团支付款项。显然,白酒经销商不仅承受着巨大的市场销售压力,还面临巨大的资金需求,才能确保供应链的资金顺畅流转。

针对白酒供应链下游企业的金融需求,A 集团推出了"预付款融资"模式,即由母公司 W 集团与 A 集团签订销售合同,W 集团将其产品销售给 A 集团,再由 A 集团与经销商 S(简称 S)签订销售合同,并将 W 集团的产品定向销售给 S。由 A 集团垫付货款的业务流程如图3-3所示。

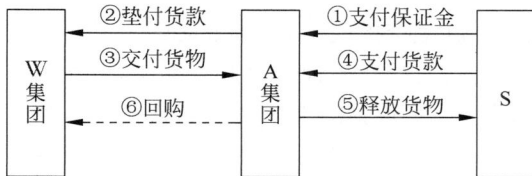

图 3-3   由 A 集团垫付货款的业务流程

注:
① S 根据一定比例(通常为货款总额的 30%)向 A 集团缴纳预付款,以采购 W 集团指定的商品;
② A 集团收到预付款后,会全额向 W 集团采购指定的商品;
③ S 将其在 W 集团享有的提货权利转移给 A 集团,A 集团取得商品后,将其运输至自身的仓库进行存储;
④ S 向 A 集团支付剩余 70% 货款;
⑤ A 集团根据 S 支付货款比例向其释放货物;
⑥ 如果 S 拒绝支付货款,A 集团有权要求 W 集团回购货物。

S 根据销售状况和资金需求,运用两种发货模式:①"灵活还款,即时发货"模式,这与动产质押业务中的总量控制模式相似;②"定期还款取货",即依据 A 集团与 S 签署的购销合同条款,S 需按约定时间向 A 集团采购商品。

在此机制下,A 集团利用销售协议的方式,代替 S 预先支付货款,这一举措既减轻了供应商 W 因部分应收账款累积造成的资金负担,也缓解了 S 因预付货款而产生的资金压力。同时,这也给 A 集团带来了包括运输、仓储等在内的物流服务收益。其盈利的核心在于将客户利益与自身利益紧密结合,从而加深了与上下游客户之间的业务合作关系。

2)由金融机构垫付货款的业务操作模式

若物流企业的资金规模不足以支持其开展预付款服务业务,那么就需要引入金融机构作为预付款项的提供者。由金融机构垫付货款的业务流程如图 3-4 所示。

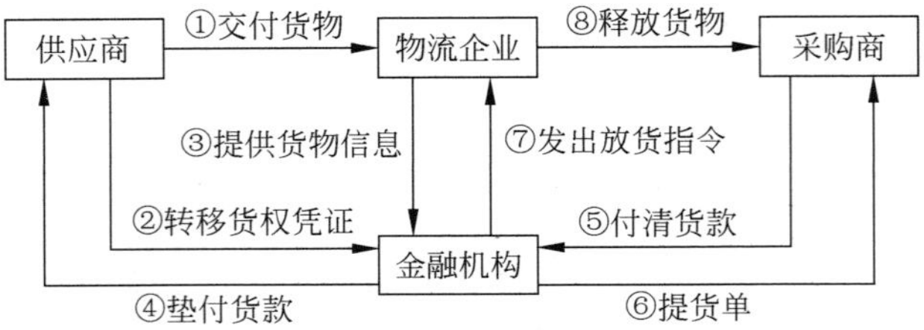

图 3-4　由金融机构垫付货款的业务流程

注:
① 供应商向物流企业交货并支付配送费及服务费;
② 在货物运送的过程中,供货方将货物的所有权证明转移给金融机构;
③ 物流企业向金融机构提供有关货物的详细信息;
④ 金融机构根据市场行情,按一定比例提供资金支持,为采购商垫付货款;
⑤ 购货方向金融机构结清货款;
⑥ 金融机构为购货方出具提货凭证;
⑦ 金融机构向物流企业发出放货指令;
⑧ 物流企业向采购商释放货物。

若购货方未能在约定的时间内向金融机构偿还货款,金融机构有权在市场上通过拍卖等方式将货物变现,或要求供货方无条件履行回购责任。

在金融机构参与的预付款融资模式中,供货方实际上是将货物作为质押物交给金融机构。货物的市场价格波动将直接对质押金额及金融机构的利益产生影响。因此,在签订相关协议时,应明确约定:一旦货物的市场价值下跌幅度达到贷款发放日市场价值的10%,金融机构即有权要求供货方在接到通知后的 3 个工作日内,提前偿还部分贷款,以确保质押率维持在双方约定的最高水平。若供货方未能满足此要求,金融机构有权自行处置质押货物,且供货方应无条件向金融机构开具相应的增值税专用发票。

扩展阅读 3.1　代收代垫应签合同,物流企业应尽谨慎义务

在金融机构参与的垫付货款模式中,物流企业在提供运输和储存保管的基本服务之外,还扮演了信息提供者和监管者的角色。首先,为了有效管理风险,在提供预付款融资之前,金融机构需要全面掌握质押货物的详细信息,包括

规格、型号、品质、原始价值及净值、销售地域、承销商等,并需核实货权凭证的真实性,这些工作超出了其常规业务范围,且自行调查成本高昂。此时,物流企业可以凭借其专业优势,协助金融机构在贷款发放前获取这些关键信息。其次,由于货物常处于动态流转中,金融机构难以实时追踪货物的进出变动,而确保一定的安全库存是金融机构提供融资的基本前提。如果物流企业能够掌握货物的分销情况,并向金融机构提供实时的货物流动信息,这将极大地帮助金融机构降低贷后的风险。此外,商品销售网点的布局、单个销售点的销量、平均进货周期、结算信用等级等信息的获取,很大程度上依赖于身处市场前线的物流企业。如果物流企业具备完善的信息系统,就能使货物的流动和资金的流转过程变得透明,从而让金融机构和生产商随时了解货物的当前状态,更精准地控制风险。由此可见,在由金融机构参与的垫付货款模式中,物流企业为金融机构提供的信息对后者控制贷款风险极为重要。

3. 垫付货款业务的优缺点

1) 垫付货款业务的优点

物流企业通过向银行提供商品信息及商品流通状况,给其带来了全新的增值服务项目,这也成为物流企业新的盈利来源。融资企业因此能够更便捷地获取所需资金,这对企业的长远发展大有裨益;同时,融资企业得以将更多精力集中在生产和销售环节,从而促进了整条供应链效率的提升。而银行凭借物流企业提供的商品信息,显著降低了业务操作中的风险,进而更有效地为融资企业提供融资支持。

2) 垫付货款业务的缺点

垫付货款融资业务的缺点主要是资金占用时间较长,无论是由物流企业还是金融机构垫付货款,都需要经历供应商备货、交货、采购商(融资企业)销售回款、归还贷款的过程,这对资金提供方的流动性管理是一个挑战。此外,垫付货款融资的效果很大程度上依赖于整个供应链的稳定性。如果供应链中的某个环节出现问题,比如供应商延迟交货或质量问题,买方可能无法按时销售回款,进而影响其偿还能力。这种情况下,作为资金提供方(物流企业或金融机构)的风险也会相应增加。

3.1.3　承兑汇票融资业务

1. 承兑汇票融资业务的概念和业务流程

承兑汇票业务,亦称保证提货业务,涉及借款企业与供应商之间的购销协议。在借款企业向银行提交保证金后,银行会先行开具承兑汇票给借款企业。借款企业则利用这张承兑汇票从供应商处采购商品,并将这些商品交由双方共同指定的第三方物流企业进行监管。待承兑汇票到期,银行会与供应商进行最终的结算。保兑仓融资模式的核心流程如图 3-5 所示。

2. 承兑汇票融资业务的优缺点

1) 承兑汇票融资业务的优点

从收益角度来看,买方企业通过向银行申请承兑汇票,实际上获得了间接的融资,有效缓解了其流动资金的紧张局面。供方企业在承兑汇票到期时即可从银行获得支付,无

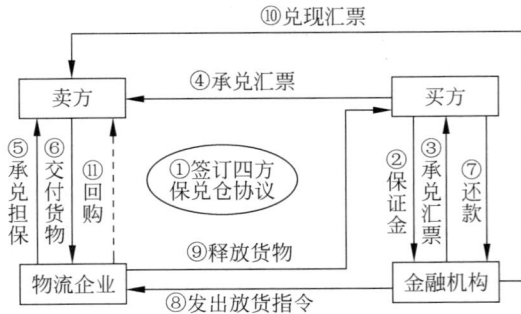

图 3-5　保兑仓融资模式的核心流程

注：

① 买方、卖方、物流服务商及银行共同签署"保证提货协议书"，物流服务商提供承兑保证，买方以货物为物流服务商提供反担保，同时卖方承诺对货物进行回购；

② 有材料采购需求的借款企业，向银行申请签发承兑汇票，并缴纳一定比例的保证金；

③ 银行先行开具承兑汇票；

④ 借款企业凭此承兑汇票向供货方采购商品；

⑤ 物流服务商为承兑汇票提供担保；

⑥ 供货方将商品交由物流服务商评估后入库，作为质押物品；

⑦～⑨ 物流服务商根据金融机构的指令，在借款企业完成还款责任后，解除对质押物品的监管；

⑩ 当承兑汇票到期时，金融机构进行兑现，并将款项转至供货方账户；

⑪ 若借款企业未能履约，则质押物品可由供货方或物流服务商进行回购。

论买方是否已向银行支付款项，这实际上是将因赊销产生的商业信用风险转嫁给了银行信用。

对于物流企业而言，在参与保兑仓业务的过程中，一方面，提供了融资担保、质押物监管、价值评估以及质押物市场价格变动的信息通报等服务，从而提升了物流运作的效率；另一方面，通过与银行合作，能够获取更多的物流业务机会，进而提升自己的信用评级。物流企业的收入来源主要有两个方面：一方面，向买方企业收取存放与管理货物的费用；另一方面，为银行提供价值评估与质押监管的中介服务，并据此收取一定比例的服务费。

对银行而言，引入第三方物流企业参与保兑仓业务，可基于后者提供的融资担保、质物监管、价值评估、质物市场价格变动的信息通知等服务，降低银行放贷风险；同时，银行通过为买方企业开出承兑汇票而获取了业务收入。

2）承兑汇票融资业务的缺点

保兑仓业务的缺点主要包括对货物质量的检验和监管要求较高、交易双方要求信用度高、交易周期较长。

（1）对货物质量的检验和监管要求较高。保兑仓业务作为一种以货物仓单为基础进行融资的交易方式，对货物的质量检验和监管要求较为严格。这是因为银行需要通过确保货物的质量和价值来控制风险，这提高了业务操作的复杂性和成本。

（2）交易双方要求信用度高。保兑仓业务的顺利开展要求交易双方（即供应商和经销商）具有较高的信用度。对于银行而言，潜在的危险来自生产商和经销商可能的联合欺诈。尽管经销商提供了保证金,生产商也提供了差额担保,但关于提货权的法律定义成为一大争议焦点。如果提货权被视为物权,银行有权追索并拥有排他权,但若仅为债权,银行的保障力度就会大大削弱,仅能通过一般债权的方式进行追偿,这无疑提高了银行的不确定性。对于生产商,其面临的风险主要源于经销商的不诚信和销售业绩不佳。当银行承兑汇票到期,如果买方支付的保证金不足以覆盖全额,即销售未能完全实现,生产商便需填补保证金与银行承兑汇票金额之间的差额,直接以现金支付给银行。

(3)交易周期较长。保兑仓业务的操作流程相对复杂,涉及多个参与方和多个环节,因此整个交易周期较长。这对于追求效率的企业来说,可能会成为一种不便,从而影响业务的吸引力。

综上所述,虽然保兑仓业务具有风险低、费用较低、支持国际贸易等优点,但其对货物质量的检验和监管要求较高、交易双方信用度高以及交易周期较长等缺点也不容忽视。

3.2　库存类融资业务

由于产品生产周期不断缩短、需求市场波动频繁,缺乏良好的融资渠道,中小企业会陷入两难的境地:一方面,为确保生产销售的稳定性,企业不得不保有大量库存应对市场变动;另一方面,企业也渴望迅速将存货转化为现金流,以确保其运营的连续性。存货融资能有效加速库存资金的周转,减少库存所占用的资金成本。在这种情况下,存货融资对于中小企业而言具有极其重要的意义,特别是在众多中小企业难以提升供应链管理水平的情况下,存货融资成为提升资金流动性的关键途径之一。

库存融资是指企业利用自有或第三方合法持有的库存商品作为抵质押物,从银行或其他金融组织获取资金支持。在执行存货融资时,银行会委托第三方物流服务商来执行监管职责,或者由第三方物流服务商提供信用担保,这为那些缺乏担保资源的借款企业提供了极大的便利。这种融资通常是企业为了获得短期流动资金而采用的一种方法,可以用于采购原材料、支付工资、缴纳账单等。库存融资作为供应链金融的一部分,旨在解决中小企业因库存占压资金而导致的融资难题。将库存作为融资抵质押物,为中小企业提供了一种新的融资方式,缓解了其资金压力,促进了中小企业的发展和市场的稳定。

库存融资,亦称存货融资,依据我国存货融资的实际操作,主要可以划分为以下三种模式:静态抵质押融资、动态抵质押融资、仓单质押融资。其中,仓单质押融资又可进一步细分为普通仓单质押和标准仓单质押两种类型。

3.2.1　静态抵质押融资

1. 静态抵质押融资的概念和业务流程

静态抵质押融资是指企业或个人利用自有或第三方合法持有的动产作为抵质押物来获取信贷的业务。在此业务中,银行会委托第三方物流企业对抵质押的商品进行监管,且不允许进行货物替换,客户需通过追加保证金的方式来赎回货物。静态抵质押融资主要适用于那些除存货外缺乏其他合适抵质押物的企业,特别是那些采用批量进货、分次销售或批量采购、分批生产的购销模式的企业。它是货押业务中对客户条件要求较为严格的一种形式,更多地适用于贸易型企业,同时也适用于采取批量进货、分批投产模式的制造型企业。通过这种融资模式,企业能够将原本沉淀在存货中的资金释放出来,进而扩大经营规模。此外,该业务的保证金派生效应尤为显著,因为只允许通过保证金来赎回货物,不允许以货换货,所以赎货后所释放的信贷额度可以重新被使用。

静态抵质押授信融资的业务流程如图 3-6 所示。

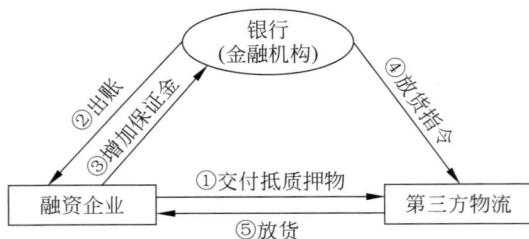

图 3-6 静态抵质押授信融资的业务流程

注:
① 融资企业向第三方物流交付合法拥有的存货为抵质押物;
② 银行获得该货物的担保权益,并向融资企业提供融资资金;
③ 融资企业需向银行增加保证金以赎回货物;
④ 银行向第三方物流服务提供商发出放货指令;
⑤ 第三方物流服务提供商在收到指令后,向融资企业释放货物。

2. 静态抵质押融资的优缺点

1)静态抵质押融资的优点

静态抵质押融资业务适用门槛较低,对客户而言,在没有其他抵质押物品的情况下,能够从银行获得授信,激活因存货占压的资金,有利于扩大经营规模。

对银行来说,静态抵质押融资可以扩大目标客户群体,获得变现能力较强的抵质押物,获取保证金,扩大收入来源,并利用贸易链切入客户的上游企业。

2)静态抵质押融资的缺点

(1)可能限制融资企业的生产活动。由于抵质押物在贷款清偿前不能自由使用,如果抵质押物是企业生产所需的关键原材料或半成品,静态抵质押融资可能会限制企业的正常生产活动。

(2)可能影响融资企业的资金流动性。静态抵质押融资限制了抵质押物的流动性,即使抵质押物的市场价值可能较高,但由于合同条款的限制,企业无法在需要时将其变现,从而影响了资金的流动性。此外,因为需要部分资金用于赎货,所以也影响了这部分资金的流动性。

(3)银行存在一定的抵质押物变现的风险。在静态抵质押融资中,如果融资企业无法按期偿还贷款,银行(金融机构)需要承受抵质押货物贬值和变现损失等一系列后果。

3.2.2 动态抵质押融资

1. 动态抵质押融资的概念和业务流程

动态抵质押融资是静态抵质押融资的延伸产品。银行对客户抵质押的商品价值设定最低限额,允许在限额以上的商品出库,客户可以"以货易货"。动态抵质押融资与静态抵质押融资不同,这种融资方式是一种"以旧换新"的抵押方式,这时候融资企业与第三方物流企业是一种广义的"租用"受监管库房的合作模式。其支持"以新货易旧货"的"更新"。

这种所谓"动态"的融资方式主要适用于生产制造型企业,这一类企业需要有稳定的库存量以应对销售渠道及时供货,而且进出货非常频繁,库存相对稳定,货物的类型比较单一,抵质押物的价值可以通过单价和总量的乘积轻松核定。

比如,某个汽车制造企业就生产五种汽车,这五种汽车分别对应第三方物流公司的五个仓库,而银行则可以对每个仓库都做一份动态抵质押融资。这份动态抵质押融资的合同规定了一个 threshold,即"商品价值最低限额",这个限额规定在第三方物流公司的这个库房内充当"抵押品"的汽车总价值不得低于 5 000 万元,而汽车的单价 20 万元,所以库房内不得少于 250 辆车。若某个时间点库房内总共有 300 辆车,当某家 4S 店需要过来提 100 辆车,这时候汽车生产商就需要把新生产的 50 辆车放到这个库房内,然后让 4S 店提走它需要的 100 辆车,最后库房内还剩 250 辆车。

动态抵质押融资中的第三方物流仓库相当于一个"池子",生产商(汽车生产商)从注水口不断放入新生产的产品,销售商(4S 店)则从排水口不断地提走存货,只要维持这个池子的"水位"在这个"商品价值最低额"之上就可以了。

动态抵质押融资的业务流程如图 3-7 所示。

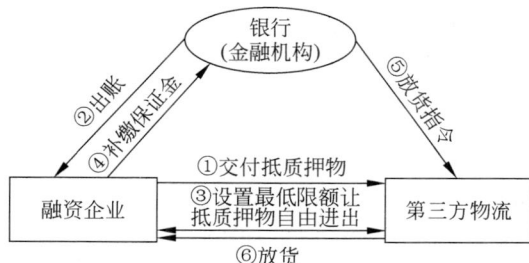

图 3-7 动态抵质押融资的业务流程

注:
① 融资企业向第三方物流交付合法拥有的存货为抵质押物;
② 银行获得该货物的担保权益,并向融资企业提供融资资金;
③ 第三方物流为融资企业设定最低库存阈值,允许抵质押物在限定范围内自由流动;
④ 融资企业需向银行补缴保证金以完成货物赎回;
⑤ 银行向第三方物流服务提供商发出放货指令;
⑥ 第三方物流服务提供商收到指令后,向融资企业释放相应货物。

2．动态质押如何进行效力认定

动态质押效力认定从以下三个方面进行。

1）质物的所有权认定

动态质押虽然是一种新的担保方式，没有过多的明文规定，但它仍然以传统的质押为基础，那么就会有质物所有权的问题。动态质押的质物流动性大、数量多、变化频繁，对于这一类质物要想质权能够成立，就要确认出质人是否拥有所有权，即是否完全地占有该质物并享有处分权。尤其在一些买卖合同中，金融机

扩展阅读3.2　动产融资统一登记公示系统

构审核时往往仅凭商品采购单等收据就相信所有权的归属。这就容易导致质物权属不明，进而使动态质押的效力难以认定，引起连环诉讼。

2）质物是否已经实际转移

出质人交付质押财产是质权设立的标志。动态质押中出现的一个新的主体就是受金融机构委托的第三方监管机构。动态质押的效力是否能够成立还要看第三方机构与出

视频3.2　动态质押监管模式下的质权设立标准

质方是否配合，换言之，出质方是否已经实际将质物转移交付给第三方监管机构。在动态抵质押融资的实践中，会出现双方为了方便行事，只签订了书面的合同而并没有实际交付，最后因盘点质物数量、价值不对等而导致动态质押无效的情形。在融资实践中这样的情形比比皆是。因为质物的流动性大，其每天出入库的变化统计也是一项烦琐的工作，出质方为了方便提取、置换质物而没有实际交付，仅仅只是签订合同，第三方监管机构为减轻负担也睁一只眼闭一只眼，最后导致质物盘点不清、数量混乱、价值不对等情况，在这样的情形下，法院会更倾向于认定该动态质押无效。

3）质物是否确定

第三方监管机构作为质权人的代理人，需要盘点每一次质物出入库的情况，根据合同做好记录并审查是否可以提取、置换，以便将来在实现质权时确定质物。如果监管机构没有根据监管合同做好审查、记录的工作，很容易导致质物混同、数量不清的情况，那么在实现质权时就难以认定动态质押的效力了。

3．动态抵质押融资的优缺点

1）动态抵质押融资的优点

对融资客户而言，动态抵质押融资下由于被允许以货易货，只要银行设定的最低限额得到保证，货物就可以在一定限额内自由进出库，这对于生产经营的正常活动影响较小。特别是对于库存保持稳定的客户而言，在合理设定抵质押物价值下限的基础上，几乎无须触发补缴保证金赎回货物的程序，从而极大地促进了存货资金的流转。

对于银行来说，尽管在动态抵质押融资下的保证金要求相较于静态抵质押融资低，但从操作成本的角度来看，动态抵质押融资的成本却低于静态抵质押融资。这得益于银行可以赋予第三方物流企业进行货物替换的权限。

2）动态抵质押融资的缺点

动态抵质押融资的缺点主要体现在对货物真实性和价值核定的严格要求上。银行

需严格检验抵质押货物,确保无产权纠纷、无购销合同中的所有权保留或财务争议。尽管操作成本较低,且可授权第三方物流企业换货,但银行的保证金效应相应减弱。

总之,动态抵质押融资在供应链金融中至关重要,尤其适合库存稳定、货物品类统一、价值易核定的客户。它使企业存货管理更灵活,也为银行拓宽了客户基础和收入来源。然而,此融资方式对双方的操作能力和管理能力提出了较高要求,需有效管控风险。

3.2.3　普通仓单质押融资

1. 普通仓单质押融资的概念和业务流程

普通仓单质押融资是指客户利用仓库或其他第三方物流服务商开具的仓单作为质押标的,通过对仓单进行质押背书并由银行提供短期信贷支持的一种融资模式。

普通仓单是指由第三方物流服务商自行签发的,代表仓储货物权益的凭证,非用于期货交割的仓单。在某些情况下,融资企业也会采用商品出库单作为质押物进行仓单质押融资。商品出库单是由生产商签发的,作为提取仓储货物的唯一凭证。普通仓单质押融资是静态抵质押融资的"升级版",这种融资方式也是以"存货"作为质押物,但是跟静态抵质押融资有所不同的是,融资企业可以跟任何一个第三方物流企业进行合作,只要这个物流企业有较高的资质,并可以出具受到银行认可的"仓单",然后融资企业对仓单进行背书,就可以拿着这个仓单找银行进行质押授信并融资。赎回也比较简单,直接向银行归还融资款项进行赎单就行了。

视频3.3　仓单融资

普通仓单质押授信流程如图 3-8 所示。

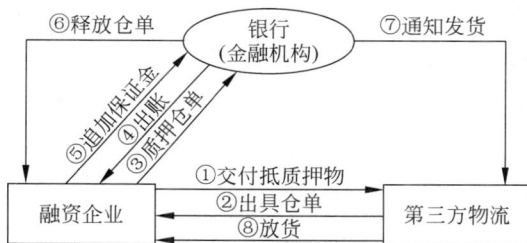

图 3-8　普通仓单质押授信流程

注:
① 融资企业向第三方物流企业送交仓储物,并向第三方物流企业申请普通仓单;
② 第三方物流企业向融资企业出具普通仓单;
③ 融资企业向银行交付仓单,并将仓单作为质押物;
④ 银行向融资企业进行授信,发放融资款;
⑤ 融资企业向银行存入赎货保证金或归还融资款;
⑥ 银行将质押的仓单交回融资企业;
⑦ 银行向第三方物流企业发出放货指令;
⑧ 第三方物流企业向融资企业放货。

2. 普通仓单质押融资的优缺点

1) 普通仓单质押融资的优点

借助仓单质押获取银行贷款,可缓解借款企业的运营资金压力,增加运营资本,有助于企业扩大业务规模,提高经济效益。

仓单质押业务的推行不仅为银行提供了更多的放贷机会,带来了新的经济增长点,而且由于仓单担保的存在,降低了银行的贷款风险。

对第三方物流服务商而言,办理仓单质押贷款可吸引更多企业合作,确保稳定的货物存储量,提高仓库利用率。同时,这也为其加强基础设施建设、完善配套服务、提升整体竞争力提供了契机。

2) 普通仓单质押融资的缺点

(1) 存在动产质押物选取的风险。受市场价格波动和金融汇率变动的影响,动产质押物的价值和质量可能随时在一段时间内发生变化,从而导致其变现能力产生波动,因此并非所有商品都适宜作为仓单质押的标的。

(2) 存在质押权无法有效行使的风险。在此类融资业务中,仓单是质押贷款和货物提取的凭证,具有有价证券和物权证明的双重属性。然而,目前仓库开具的仓单在规范性方面尚有不足,有的仓库甚至以入库单作为质押凭证,以提货单作为提货依据。此外,还可能存在部分第三方物流企业为了争取业务,与借款人共同进行虚假操作,对质押物进行不实资产评估的风险;个别借款人勾结第三方物流企业的相关人员,出具无实际货物的仓单向银行申请贷款,从而形成质押权无法有效行使等情况。

仓储企业与存货客户的关系本质上是基于仓储合同的"保管人"和"存货人"关系,而存货人有时并不拥有对仓储物完整的占有、使用、收益和处分权利,特别是在存货人仅有占有权、无其他权利的情况下,仓储企业如果贸然开立仓单,就会存在卷入货权纠纷的风险。所以就仓单而言,除非有其他的文件佐证,否则它不是货权凭证。

3.2.4 标准仓单质押融资

1. 标准仓单质押融资的概念和业务流程

标准仓单质押融资业务,是指企业利用自身持有的标准仓单作为担保物,向银行(或金融机构)申请按一定比例质押率发放的信贷资金,旨在满足短期运营资金需求或期货标准仓单交割的财务需求的一种短期融资服务。此业务可接受的标准仓单,既可以是企业按规范将商品存入指定交割仓库后由该仓库签发的,也可以是企业通过交易所交割流程获得的。

标准仓单是期货市场中流通的仓单,特指作为期货合约交割标的物的标准交割仓单。依据《中华人民共和国期货和衍生品法》第四十五条的相关规定:标准仓单,是指交割库开具并经期货交易场所登记的标准化提货凭证。国内标准仓单特指大连商品交易所、郑州商品交易所或上海期货交易所制定的,交易所指定交割仓库在完成入库商品验收、确认合格后签发给货主并在交易所注册,可在交易所流通的实物提货凭证。标准仓单隐含了第三方物流服务商的信用背书,当银行以此作为质押物开展业务时,必须验证标准仓单的真实性和有效性,并为第三方物流服务商设定相应的信贷额度。鉴于标准仓单具备类似有价证券的特性,因此,出具标准仓单的第三方物流服务商需要具备极高的信用评级。

标准仓单质押融资的业务流程如图3-9所示。

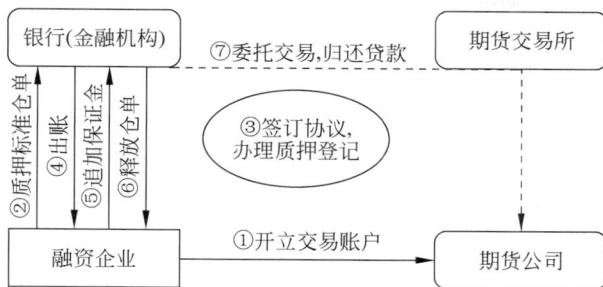

图 3-9　标准仓单质押融资的业务流程

注：

① 融资企业在符合银行(金融机构)要求的期货公司开立期货交易账户；

② 融资企业向银行(金融机构)提出资金需求,并提交包含质押标准仓单相关凭证、企业基本信息资料等在内的申请材料；

③ 在银行(金融机构)审核通过的基础上,由银行(金融机构)、申请融资的企业以及期货公司三方共同签订贷款协议、质押协议、合作框架协议等法律文件,同时,在期货交易所协同下完成标准仓单的质押登记流程,以确保质押权的有效设立；

④ 银行(金融机构)向融资企业发放信贷资金,用于企业正常的生产经营；

⑤ 融资企业追加保证金,归还融资款项；

⑥ 银行(金融机构)向融资企业释放标准仓单；

⑦ 如融资企业无力归还贷款,也可与银行(金融机构)协商处置标准仓单,将处置资金用于归还融资款项。

在整个融资过程中,期货经纪公司需要全程参与,起到服务的作用,主要是：① 与银行合作,出现违约的时候协助银行处理,包括处置货物和通知融资企业补充保证金等；② 与融资企业合作,收取管理费,帮助融资企业管理第三方物流公司仓库中的货物。[①]

2. 标准仓单质押融资的优缺点

1) 标准仓单质押融资的优点

标准仓单质押融资的主要优点是融资风险较低。由于标准仓单是一种流通工具,因此它可以用作借款的质押品或用于金融衍生工具如期货合约的交割。标准仓单由于其标准化,并通过交易所注册和验收,风险较低,所以融资成本也相应较低,而且由于其标准化,在客户违约的情况下处置成本也较低,进一步降低了风险。

因为标准仓单流通性好、融资风险低,所以银行(金融机构)提供标准仓单质押融资的意愿更强,融资比例高,最高质押率达 80%,普遍高于普通仓单质押率。而且,其可提供包括远期、掉期、跨市、价格/利润锁定等商业模式构造咨询及流动性支持,以及大宗商品、套期保值、融资结构安排、跨市交易等咨询顾问服务。

2) 标准仓单质押融资的缺点

(1) 存在一定的质押品风险,这包括质押品价值波动风险和质押品灭失风险。质押品价值波动风险指的是在标准仓单作为质押品期间,标准仓单的市场价值下降,可能导致银行面临质押品价值不足以覆盖贷款的风险。为了应对质押品价值波动风险,银行需要建立对质押仓单市场价值变动的日常监控机制,以便及时发现并应对仓单价值下降的

---

① 国家市场监督管理总局,国家标准化管理委员会.仓单要素与格式要求：GB/T 30332—2024[S].2024.

风险,确保银行信贷资产的安全。

(2)存在质押品处置风险。当借款人无法按时偿还贷款本金和利息,或者因其他违约行为导致银行需要处置质押仓单时,银行可能面临无法顺利将质押物转化为现金以全额收回贷款的风险。标准仓单的市场价值和贷款质押比例是银行发放贷款的重要依据,也是决定能否全额收回贷款的关键因素。通常情况下,质押率统一规定为不超过70%,但是由于商品期货价格的影响因素较多,期货价格具有很强的波动性,其走势未必能完全与现货市场的实际情况一致。在实际市场运行中,标准仓单这种金融资产的未来价格变化几乎是不可预测的,可能导致银行(金融机构)处置标准仓单后无法足额收回贷款。

3.3 物流授信业务

3.3.1 替代采购业务

1. 替代采购的概念和业务流程

替代采购供应链金融业务模式是指,物流服务企业代借款企业向供货方购置商品并取得其所有权,随后依据借款企业所缴纳的保证金比例逐步释放商品。在物流服务企业的采购流程中,其一般会向供货方出具银行承兑汇票(或进行转账支付),并依据借款企业的具体要求签订商品购销协议。物流服务企业还需负责商品的运输、存储、拍卖转换现金,以及辅助客户进行商品的流通加工与市场销售。除了借款企业与供货方之间的购销协议,物流服务企业还需与供货方签订物流服务协议,在此协议中明确要求供货方无条件承担商品的回购责任。

替代采购业务授信流程如图 3-10 所示。

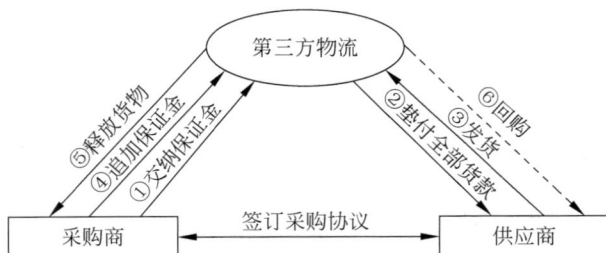

图 3-10　替代采购业务授信流程

注:

① 采购商向第三方物流服务商缴纳押金(例如,商品总价款的 30%);

② 第三方物流服务商代采购商向供应商结清全额货款;

③ 供应商发货,货物的所有权转移至第三方物流服务商;

④ 买家向物流服务商追加保证金;

⑤ 第三方物流服务商根据采购商已缴纳押金的比例,分批释放货物给采购商;

⑥ 如采购商不能足额追加保证金,则由供应商向第三方物流服务商回购货物,以归还垫付货款余额。

2. 替代采购业务的应用实践

A 集团是一家全资国有的多元化集团企业,隶属于国内知名的白酒生产商 W 集团,专注于提供综合物流服务。首先,A 集团拥有显著的物流竞争实力,已荣获国家 4A 级物流业务认证;在四川及整个西南地区,A 集团拥有稳固的客户群体,为其发展物流金融服务提供了坚实的市场支撑。在人力资源、市场拓展、运营管理等关键领域,A 集团已打下坚实基础,完全具备开展物流金融业务的各项条件。

其次,A 集团与供应链伙伴建立了紧密的合作关系。A集团的业务主要围绕母公司 W 集团及其相关产业展开,涵盖传统的运输、仓储及配送服务。鉴于 W 集团在中国白酒行业的领先地位,其对上下游企业具有强大的影响力,从而构建了一条紧密相连的白酒供应链,如图 3-11 所示。

扩展阅读 3.3　中储股份物流金融业务发展阶段

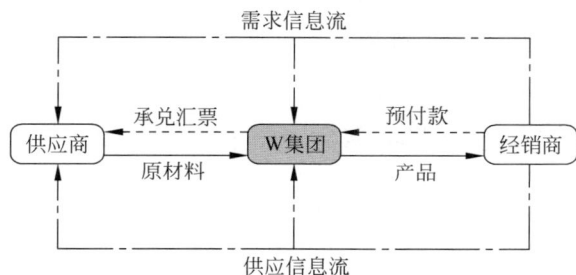

图 3-11　W 集团白酒供应链

扩展阅读 3.4　白酒企业的物流业务

白酒供应链的物流金融需求正持续扩大。在 W 白酒的供应链体系中,资金流动显著地向核心企业集中。对于上游的供应商,W 集团实行季度结算,主要使用承兑汇票作为结算工具;而对于下游的经销商,W 集团则要求预付款,即所有经销商需提前向 W 集团支付款项以采购其产品。随着宏观经济增速的放缓,以 W 集团为核心的借款企业遭遇了资金紧张的问题,资金流动已成为供应链中的核心要素。同时,A 集团在提供物流服务时,其议价能力逐渐减弱,常面临客户流失和客户违约不按时结算等问题。此外,供应链上下游企业在选择物流服务提供商时,更加看重价格,这不仅导致 A 集团的物流服务需求总量减少,还使其应收账款不断增加,从而在客观上推动了物流金融服务的开展。

受国家宏观经济下行趋势的影响,A 集团的物流业务增长速度放缓,客户对物流成本控制越发重视,使得传统物流业务的利润空间不断压缩。因此,如何拓展物流服务范围、创造物流增值服务,对于提升 A 集团的市场竞争力具有重要意义。早在 2009 年,A 集团就已涉足物流金融领域,通过与战略合作伙伴 B 公司及当地 M 银行的合作,共同签署了首份仓单质押监管业务合同,标志着 A 集团全面启动了物流金融业务。2010 年,A 集团与 L 公司、母公司 W 集团共同实施了"预付款融资"模式;同年,A 集团还与 J 公司和 C 工厂合作,推出了"委托采购"模式。

近年来,A 集团紧密围绕核心企业 W 集团,全面开展金融物流服务,主要服务于 W 集团的子公司及酒类经销商,提供原材料代购、仓单质押、物流监管等服务,形成了基于供应链合作关系的典型物流金融服务模式。经过努力,A 集团的物流金融业务收入占比持续提升,累计实现营业收入超过 3 亿元,创造利润达 1 000 万元。A 集团根据自身实际情况,在动产质押监管业务模式的基础上,进一步创新性地推出了"委托采购"和"预付款融资"业务模式,为物流企业开展物流金融业务提供了有益的借鉴和参考。

"委托采购"模式聚焦于采购环节。W 集团与小麦供应商 G(以下简称 G)签订的采购协议明确规定,采用承兑汇票作为付款方式,付款周期为 6 个月(或更长),且无须预付款。通常,W 集团每季度向 G 采购价值 1 000 多万元的小麦,双方约定每季度首月首日将所采购的小麦运至 W 集团指定地点,而货款则在次季度首月首日支付上一季度的款项,并采用 6 个月承兑汇票的支付方式。

实际上,G 在将小麦运至 W 集团 9 个月后,才能收到上一个季度的 1 000 多万元货款,因此面临巨大的资金压力。基于供应链合作关系,A 集团针对供应链上游的供应商开展了"委托采购"物流金融服务,主要目的是协助 W 集团采购白酒酿造所需的原材料,以 G 向 W 集团供应小麦为例,替代采购的业务流程如图 3-12 所示。

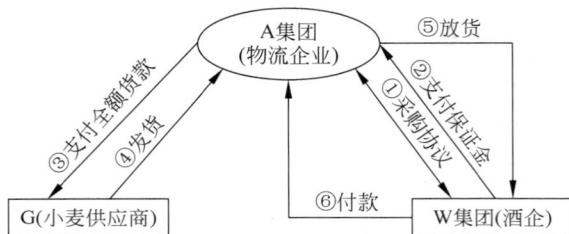

图 3-12　W 集团替代采购的业务流程

注:

① W 集团与 A 集团签署购货合同,其中 W 集团为买方,A 集团为卖方,W 集团的付款期限与支付方式维持原状;

② W 集团向 A 集团缴纳一定比例的预付款(通常为购货总额的三成);

③ A 集团在收到预付款后,通过银行转账的方式全额支付给 G 货款;

④ A 集团与 G 签订运输合约,由 A 集团全权负责 G 的所有运输事务,涵盖采购货物的运输,G 在收到货款后,将货物转交给 A 集团;

⑤ A 集团接收货物后,根据 W 集团的生产需求,将货物运送到 W 集团;

⑥ 当 W 集团与 A 集团签订的购货合同到期时,W 集团依据合同约定向 A 集团支付余款。

3. 替代采购业务的优缺点

1) 替代采购业务的优点

对借款企业而言,第三方物流企业通过替代采购的途径加入供应链,避免了上游供应商因赊销产生的应收账款回收压力,解决了下游采购商现款采购的资金压力,缓解了借款企业融资难的问题,改善了信用缺失环境。结果促成了上下游企业的交易,提高了供应链的稳定性和竞争力。

对物流企业而言,通过供应链开展物流金融服务,深化了客户关系,扩大和稳固客户群,尤其是培育出更多优质物流客户,稳定的客户源意味着稳定的利润源。物流企业除了提供运输、仓储等物流服务,还会提供货物监管、估值、拍卖变现等服务,获得更多收益,以及利息和价差。此外,在替代采购融资业务中,物流企业因为控制了货物所有权,且把控物流过程,能够很好地防控融资风险。从这个角度看,物流企业对融资风险的防控更直接,反应更敏捷。

2)替代采购业务的缺点

替代采购业务最大的威胁是货物变现环节。如果物流企业采购商品后,借款企业自身偿债能力不足,无力或不愿进行后续采购,而导致商品无法顺利销售,物流企业必须考虑货物的变现。所以,物流企业开展此项业务时对商品种类就应该有所选择,必须选择那些市场销路好、价格相对稳定的商品。这样即使出现上述风险,物流企业也能将库存商品按自己的销售渠道销售出去,从而将损失减到最小;物流企业还能在借款企业的销售过程中,协助借款企业进行销售。

3.3.2　委托授信业务

1. 委托授信业务的概念

委托授信业务是指物流园区与金融机构携手合作,其中金融机构将质押品的价值评估、运送、存储、监督、风险管理及处置等流程全面委托给物流园区来执行。物流园区则依据金融机构的具体要求,结合融资企业的实际需求,来设计并实施相应的物流解决方案,同时挑选合适的第三方物流服务提供商来提供相应的服务。在此过程中,物流园区负责对第三方物流服务提供商及融资企业进行有效的监督与管理。

委托授信业务多数依托物流园区开展,从事物流园区经营的企业可以依托园区内的物流管理和服务从事物流金融业务。其详细的运作流程包括:首先,将园区内企业的概况以及质押物的属性、价值等详细信息通报给金融机构,金融机构则通过信息交换平台将这些质押物信息传递给物流园区。物流园区在接收这些信息后,会根据不同的服务内容和项目需求,对业务进行整合与拆分,并通知园区内的第三方物流服务提供商。随后,第三方物流服务提供商向物流园区提交服务承接申请,园区经过审核后,选定合适的第三方物流服务提供商来执行相关服务。其次,企业将货物送至园区指定仓库,由第三方物流服务提供商验收清点。货物合格后,物流园区会出具质押物价值评估证明。企业凭此证明可向金融机构申请融资,获取所需资金。企业偿还融资款项后,物流园区将解除质押,注销合同。最后,金融机构会评估物流园区的表现,为未来信贷业务审核提供参考。

2. 委托授信业务的应用实践

某国际物流有限公司是一家专注于保税仓储、进出口代理服务及运输配送的综合性物流企业,总投资额高达 4.5 亿元港币。其旗下的物流园品牌项目占地面积超过 30 万平方米(约 330 亩),已建成的园区面积逾 20 万平方米。目前,该物流园已转型为专业的电器物流中心,吸引了三菱重工、康佳集团、奥克斯空调、科龙空调等众多知名品牌入驻,并有众多制造商及第三方物流服务提供商进驻园区。

该物流园不仅为客户提供仓库管理系统信息平台对接、直观的监控系统和全天候安保服务,还配备了各种装卸设备及搬运工具,并代理客户执行提货、入库、检验、库存管理、出货、退货处理、盘点、运输以及区域城市配送等一系列业务。此外,该物流园还与建设银行达成了"物流金融"业务战略合作协议。根据协议,凡是在该物流园存储货物的企业,在享受高品质的仓储服务的同时,还可以其存储的货物为质押物,在物流园的担保下向建设银行申请融资。

具体而言,该物流园目前所采用的物流金融模式主要包括两种:委托贷款模式和统一授信模式。物流园区委托授信模式如图 3-13 所示。

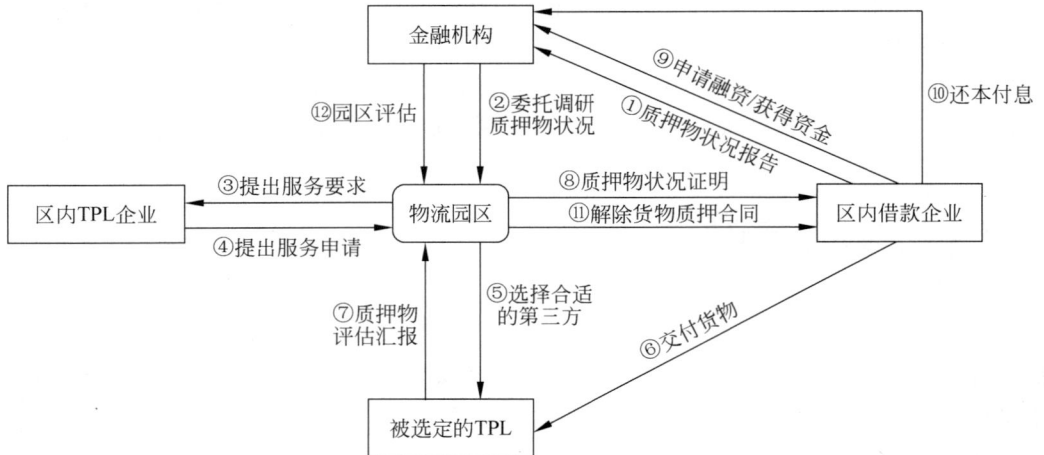

图 3-13　物流园区委托授信模式

注:

① 园区内申请贷款的企业将质押物的状况、属性、价值等详细信息通报给金融机构;

② 金融机构借助信息平台,将质押物的相关信息传递给物流园区;

③ 物流园区在接收这些信息后,根据具体的服务内容和项目需求,对业务进行拆分与整合,并通知园区内的第三方物流服务提供商;

④ 有意承接服务的物流企业向物流园区提出服务承接申请;

⑤ 物流园区经过审核,挑选合适的第三方物流服务提供商来执行相关服务;

⑥ 融资企业将货物运送到园区指定的仓库,由选定的第三方物流服务提供商进行验收清点;

⑦ 接收质押物的第三方物流服务提供商向物流园区提交质押物价值评估报告;

⑧ 在确认质押物合格后,物流园区向企业出具质押物价值证明(例如仓单);

⑨ 融资企业凭借这份价值证明向金融机构申请融资,并获得相应的资金支持;

⑩ 融资企业在贷款到期时偿还本金和利息;

⑪ 物流园区在收到还款后,解除对货物的质押,并注销相关合同;

⑫ 金融机构对物流园区的运营情况进行评估,以此作为未来信贷业务审核的参考依据。

3. 委托授信业务的优缺点

1) 委托授信业务的优点

对园区内的融资企业而言,由物流园区为其提供质押品状况证明,安排园区内第三方物流企业提供质押品储存保管及监管服务,简化了贷款程序,提高了融资效率,降低了交易成本,减小了对其正常生产运营的不良影响。

对园区里的物流企业而言,基于仓储基本服务和质押物价值评估的增值服务参与到区内企业的存货融资活动,增加了利润来源,激发了其开展库存融资业务的动力。如果物流园区为区内企业提供融资担保,还可获得担保服务收益,园区服务的多元化有助于园区吸引更多企业入驻。

对银行(金融机构)而言,委托授信业务中,银行(金融机构)模式与物流园区合作,后者为其提供质押品的价值评估、运输、仓储、监管、风险控制及拍卖等服务,大大降低了前者的资信调查成本,简化了银行(金融机构)基于存货质押放贷的操作过程,如果园区为区内企业贷款提供担保,则可进一步降低融资风险。

2)委托授信业务的缺点

委托授信业务增加了物流园区的管理难度和业务内容,对园区管理水平要求更高,如果园区为区内企业贷款提供担保,则存在一定的担保风险。

3.3.3　统一授信业务

1．统一授信业务的概念和流程

统一授信业务是指金融机构依据物流企业的规模、经营成效、运营现状、资产负债比率及信用评级,向物流企业授予一定的信贷限额,随后由物流企业根据借款企业的具体需求和条件来安排质押融资及最终结算。而统一授信仓单质押融资则是银行基于第三方物流企业的规模实力、管理水平及运营状况,直接向该第三方物流企业提供授信,然后该第三方物流企业利用借款企业存放在其监管仓库中的货物作为质押品,进而向借款企业提供信贷服务。在实施统一授信仓单质押融资时,第三方物流企业可以依据借款企业的运营情况,灵活地提供质押贷款服务,而银行则较少介入质押贷款的具体操作流程。统一授信融通仓业务流程如图 3-14 所示。

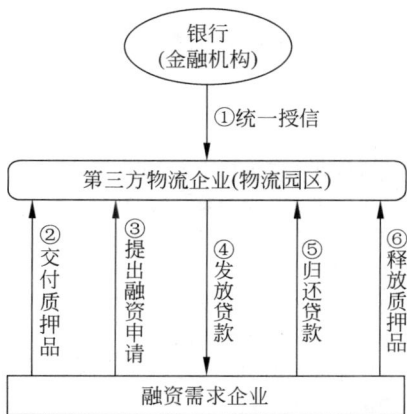

图 3-14　统一授信融通仓业务流程

注:

① 第三方物流服务商(物流园区)向金融机构提出信贷申请,金融机构对前者进行信用评估,并授予其一定的信用贷款额度;

② 区内企业将存货交付为物流服务商,存放于物流园区内仓库;

③ 当区内企业有融资需求时,即可以其存货为质押,向物流服务商提出信贷额度申请;

④ 物流服务商依据融资需求企业的信用状况,分配相应的信贷额度给该企业;

⑤ 融资企业向物流服务商偿还贷款本息;

⑥ 物流服务商在收到还款后,释放质押的货物给融资企业。

2. 统一授信业务的应用实践

物流园区获得金融机构的统一信用授予后,直接与园区内有融资需求的借款企业进行协商,并根据企业的实际情况和质押品的具体情况,挑选合适的第三方物流服务提供商。物流园区利用其信息共享平台对第三方物流服务提供商和融资企业进行实时监控(图3-15)。该模式的具体操作方式是:金融机构统一向物流园区提供信用额度,园区选择合作的第三方物流服务提供商,园区内的企业将货物存放到指定的仓库中。第三方物流服务提供商对质押品进行验收和评估后,出具相应的评估报告,物流园区根据这份报告给予企业相应的信贷额度。企业归还贷款后,物流园区解除对货物的质押,并终止相关合同。

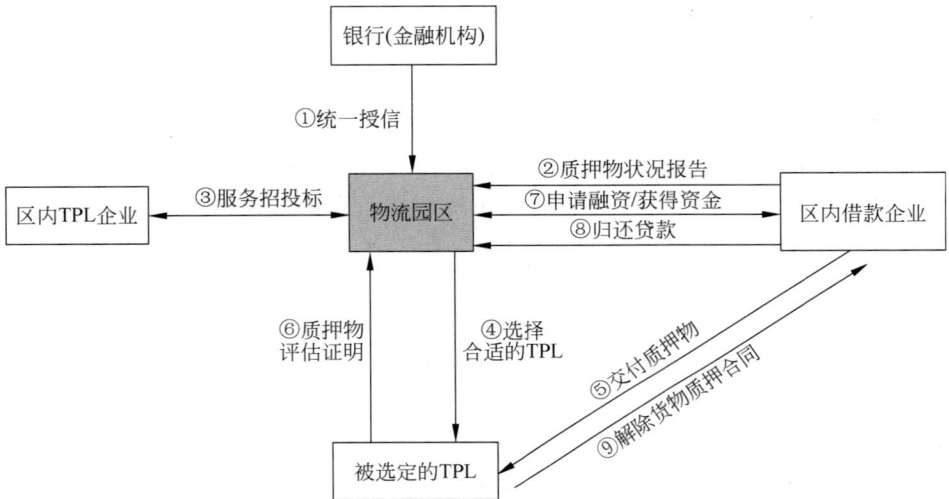

图 3-15　物流园区统一授信业务流程

注:

① 金融机构对物流园区进行信用评估,并授予其一定的信用贷款额度;

② 当园区内企业有融资需求时,向物流服务商报告质押物状况;

③ 物流园区向区内第三方物流(TPL)发出储存及其他相关服务招标,TPL进行服务投标;

④ 物流园区选出合适的 TPL 服务商;

⑤ 区内借款企业将存货交付给选定的 TPL 服务商,存放于物流园区内仓库;

⑥ TPL 服务商向物流园区出具质押物评估证明;

⑦ 区内借款企业根据质押物评估情况向物流园区申请融资,物流园区提供贷款;

⑧ 借款企业到期向物流园区偿还贷款本息;

⑨ 物流园区收到还款指令,TPL解除货物质押合同,释放货物给借款企业。

3. 统一授信业务的优缺点

1)统一授信业务的优点

对园区内的借款企业而言,其简化了贷款程序,由物流企业直接审核中小企业的资信状况,便于给资信状况良好的企业提供便捷、高效的贷款服务,提高了融资效率,降低了交易成本。

对园区里的物流企业而言,其整合了物流企业的仓储和贷款等业务,拓宽了物流服务的品种和规模,为物流企业创造更多利润,激发了物流企业开展库存融资业务的动力。物流企业能够实时追踪物流和信息流动态,获取更全面的市场信息,减少了信息不对称的情况。通过深入参与库存融资业务,物流企业能更充分地发挥自身优势,有助于扩大质押品的选择范围,以更优的服务支持中小企业,还可使物流园区获得利息差,提升招商效果。

对于银行(金融机构)来说,在统一授信模式下,金融机构通常不直接介入质押融资项目的具体操作,这样既简化了银行审核文件的过程,又帮助银行规避了因申请融资企业规模偏小、信用状况不佳或数量众多而难以通过银行授信审批的困境。

2)统一授信业务的缺点

统一授信业务的缺点主要是物流园区对银行承担无限责任,降低了银行的贷款风险,但物流园区自身的信贷风险增加了。此外,统一授信业务增加了物流园区管理难度和业务内容,对园区管理水平要求更高,需要同时具备物流知识和金融知识的专门管理人才。

在上述两种业务模式——委托授信与统一授信中,物流园区不仅充当了地区物流运作与信息管控的枢纽,还通过与第三方物流、园区入驻企业及金融机构的协作,成为资金融通的信誉媒介与流程改良的驱动者,能够更加有效地管理物流金融活动中的潜在风险。此举同时有助于增强物流园区的招商吸引力。

3.4 国际物流金融业务

3.4.1 国际海运提单质押融资

1. 海运提单的相关知识

1)提单的概念

根据《中华人民共和国海商法》第七十一条的规定,提单是用以证明海上货物运输合同和货物已经由承运人接收或者装船,以及承运人保证据以交付货物的单证。提单上所注明的,无论是向记名收货人交付货物,还是遵照指示人的指令进行交付,或是向提单的实际持有人交付货物等条款,均构成了承运人交付货物的法定依据。

2)提单的法律特征

提单是海上货物运输乃至整个国际贸易流程中的关键文件,它具备以下三项法律特性。

(1)提单具备收据的功能,能够证明货物已被承运人接收或装船。作为收据的提单,其证据效力会因持有人的不同而有所差异。在托运人手中,提单仅作为初步证据,承运人可提供更有力的证据来反驳提单上的记载与实际情况不符。然而,在托运人以外的第三方手中,提单则被视为确凿证据,承运人无法再通过其他证据来推翻提单上的内容。

(2)提单是海上货物运输合同的书面证明。作为合同证明的提单,在不同持有人手中的证据效力亦有所不同。在托运人手中,提单同样是初步证据,承运人可以通过举证来证明实际运输合同与提单上的记载存在差异。但一旦提单转让至托运人以外的第三方,承运人和该第三方的权利与义务将严格依据提单上的记载来确定。

（3）提单是承运人交付货物的唯一凭证。一旦提单被签发，承运人就必须向提单持有人交付货物。同时，对在途货物的控制权也转移到了提单持有人手中。

3）提单的金融属性

提单是有价证券。作为有价证券，提单既是物权证券又是债权证券，同时它还是要式证券、流通证券、设权证券和缴还证券。海运提单在法律上具有物权证书的效用。提单具有财产属性，提单的所有人可以通过提单控制货物，也可以对提单进行转让和质押。根据国际贸易惯例，海运提单具有金融属性，可作为信用凭证融资押汇，如货主用 10% 的资金和信托收据即可从银行借走提单预先提走货物。

2. 出口融资押汇

出口融资押汇是指出口商（即信用证受益人）在货物发运后，向银行提交信用证要求下的单据以进行议付时，银行（即议付银行）依据企业的请求，以其提交的全套与信用证要求相符的单据（尤其是提单）作为质押品进行审核。审核确认无误后，银行会参照单据上的金额预先垫付给企业款项，随后向开证银行寄送单据要求索回款项，并向企业收取融资利息及银行手续费，同时保留追索权的短期出口融资服务。出口企业若拥有进出口经营权、具备独立法人资格，并以信用证作为出口结算手段，即可凭借信用证项下的出口相关单据向银行申请进行出口融资押汇。需注意的是，出口融资押汇是银行向出口商提供的保留追索权的融资服务，但当银行作为保兑行、付款行或承兑行时，则不能行使此追索权。

出口融资押汇的流程涵盖以下步骤：出口商根据业务需求向银行提出融资押汇申请，银行审核并同意后，与出口商签订《出口融资押汇总质押协议》；每次货物出口后，出口商需填写《出口融资押汇申请书》，向银行提出融资请求，并提交信用证或贸易合同规定的全部单据；银行对相关单据进行审核无误后，向出口商发放融资款项；接着，银行向境外寄送单据以索回款项；待收到境外汇款后，押汇行和出口商结清货款。

3. 进口垫款融资

进口垫款融资是指开证行在响应开证申请人（即进口商）的请求对外开出进口信用证后，一旦收到议付行寄来的跟单汇票及议付通知，并经过审核确认单据无误，便以货运单据（特别是提单）作为抵押，迅速对外垫付进口货款及其相关费用的一种资金融通安排。若开证申请人在开证时已预先缴纳部分保证金，银行在进行进口垫款融资时，会将这部分保证金抵扣货款，剩余部分则记为进口垫款，待开证申请人筹集资金赎回单据，再依据规定的利率和银行垫款的天数来清偿进口垫款的本息。

视频 3.4 国际保理、进出口押汇和福费廷该怎样选择

进口商通过开立信用保证文件，能够延长付款期限，无须在出口商发货前即支付货款，甚至在出口商发货后，也可等到单据抵达自己手中再履行付款责任。这样一来，进口商的资金占用时间得以减少。出口商之所以愿意接受这种延长的付款期限，是因为开证行承诺到期付款。因此，进口垫款融资实质上是开证行向进口商提供的一种资金融通服务。

例如，银行根据进口商 A 公司的申请开立了一份金额为 500 万美元的即期信用证。当信用证项下的单据到达后，A 公司向银行提出进口垫款融资的申请。经过审查，确认

所收到的单据为信用证项下的全套物权单据,且完全符合信用证的要求。鉴于 A 公司是银行的贸易融资重点客户,且银行已为其核定了 1 000 万美元的进口垫款客户授信额度,按照银行的规定,可直接办理此笔业务,无须再进行信贷审查。在此情形下,A 公司向银行出具了信托收据,并与银行签订了进口垫款融资协议。完成上述手续后,银行将单据释放给 A 公司,并先行对外付款。信托收据是开证申请人向银行出具的,用以确认银行对有关单据及其项下货物拥有所有权的文件。同时,信托收据也构成了银行和开证申请人之间的信托合同,客户作为银行的受托人,代替银行处理信用证项下的货物。

3.4.2　国际铁路联运物流融资业务

随着"一带一路"倡议的不断深化,以中欧货运列车为典范的国际铁路运输迎来了新的发展契机。截至 2024 年 11 月,铁路部门在国内已铺画时速 120 千米图定中欧班列运行线 93 条,联通中国境内 125 个城市;中欧班列已通达欧洲 25 个国家的 227 个城市以及 11 个亚洲国家的超过 100 个城市,服务网络基本覆盖亚欧大陆全境。[①] 随着班列带动进出口贸易额的不断增长,贸易企业的融资需求扩大并日益多元化。然而,陆路跨境运输特别是跨境铁路联运规则不统一、铁路出具的运单不具备物权属性。基于现有国际贸易规则,铁路运单不像海运提单能够背书转让,传统金融服务难以介入,限制了贸易企业通过单证获得结算、融资等金融服务,阻碍了资本要素自由进行市场调配。这不仅干扰了商品流通和交易速度,还在某种程度上妨碍了陆地贸易的持续兴盛。

2017 年 3 月,国务院发布了《中国(重庆)自由贸易试验区总体方案》,指示重庆凭借中欧国际铁路联合运输通道,加强运输安全,提升运输效率,削减运输成本,打造中欧陆地国际贸易走廊与规则框架,推动国际铁路联合运输的发展。2018 年 11 月,国务院又发布了《国务院关于支持自由贸易试验区深化改革创新若干举措的通知》,明确指示鼓励符合条件的自贸试验区探索并研究将国际铁路运单作为物权证明的功能,允许其作为信用证结算的依据。2020 年,我国政府向联合国提交了关于创新和完善陆上贸易规则的立法提案,推动贸法会开展《可转让货物单证》公约的起草和试点,对内不断出台各项政策,鼓励开展铁路运输单证的物权化探索。地方政府、金融机构和国际铁路联运的参与企业纷纷尝试铁路运输单证的物权化,并进行了一系列基于铁路单证和运输业务的融资实践。如 2024 年 2 月 21 日,中国国家铁路集团有限公司(以下简称"国铁集团")与中国建设银行签署《推进铁路现代物流高质量发展金融服务合作协议》,双方合作在部分地区开展铁路物流金融服务试点,依托铁路货运 95306 平台,推出以下三种铁路物流金融产品。

1. "以铁路运单为付款凭据"的信用证业务

中国建设银行与国铁集团推出"以铁路运单为付款凭据"的信用证,分国内、国际两种模式,具体操作流程为:采购方向中国建设银行申办以铁路运单为跟单凭证的信用证,销售方发货后通过铁路货运 95306 平台向中国建设银行推送电子运单(发货证明),中国建设银行办理审单议付。同时,销售方(托运人)向铁路承诺不取消托运、不变更到站、不

① 中欧班列开行突破 10 万列[EB/OL].(2024-11-15). http://scdfz.sc.gov.cn/gzdt/zyhy/content_163528.

变更收货人,铁路 95306 系统做好运输卡控,以保障采购方(付款人)到货。以铁路国际联运纸质运单作为国际信用证跟单凭证的,托运人需在国际联运纸质运单的"发货人的声明"栏注明信用证单号及"不变更收货人、到站"字样。纸质运单向银行线下提交,银行审单后向销售方付款。①

2. 多式联运"统一单证制"

多式联运"统一单证制"是"单一承运实体、一次性结算、一份运输文件"的全链条多式联运体系,它摒弃了传统运输方式中的单证传递与复杂流程,在成本控制、运作效率以及环保节能等方面展现出显著优势。四川自由贸易试验区青白江片区选取多式联运"统一单证制"改革作为切入点,进一步推动资本要素市场配置机制的深化改革。其开展丰富多样的"一单制"金融模式创新,探索多式联运"提单"物权凭证属性功能,实现"一次委托、一口报价、一单到底、一票结算",推动建立内陆港"通道+枢纽+金融"的供应链金融生态,为促进贸易企业高质量发展提供更优化的融资环境。四川自由贸易试验区于 2020 年9 月率先开出首张公、铁、海结合的跨亚欧大陆桥多式联运提单。以陆港"提单"为基础,与中国国际货运代理协会合作,共同设计完善多式联运 CIFA 提单(《中国国际货运代理协会多式联运提单》),义乌、西安等各平台持续开展提单试验,为国家层面打造多式联运标准体系、健全多式联运各项规则提供实践经验。

四川自由贸易试验区探索赋予多式联运运单物权化属性,实现一单融资。①首创"一单制+银担联合"模式。陆港运营公司与中国银行、新怡担保合作,设计银担联合体产品,构建银行、担保等多方协同、风险分担的陆上贸易融资新机制。②首创"一单制"打通国际国内贸易环节。陆港运营公司与农业银行联合设计多式联运"提单"为议付单据的国内信用证质押开立国际证试点规则流程,银行认定"提单"作为该票货物货权凭证,并作为国际信用证议付单据,进口企业无须额外获批授信即可开展跨境贸易融资。③创新"一单制+供应链平台"模式。陆港运营公司与供应链平台企业合作,通过多式联运"提单"质押为符合条件的平行进口车企业提供预付款类融资。④落地全球首个基于多式联运"一单制"的跨境区块链平台。与工商银行合作,打造全球首个基于中欧班列"一单制"的跨境区块链平台——中欧 e 单通,并在第二届进博会发布。在进口信用证、进口代收和汇款等场景下,通过核碰"一单制"单据和收发货人、集装箱号、起运时间等核心要素,对结算单据进行溯源查询与验真,可减少传统方式下的寄单时间,并通过大数据分析为银行评级授信服务。⑤落地"一单制+保险全程"模式。联合平安财险,首创"一单制+保险全程",服务重汽王牌生产的自卸车搭乘成都"中老班列"出口至老挝万象。

自签发全国首张基于国际铁路联运的多式联运"提单"以来,四川自由贸易试验区青白江片区不断丰富改革试点,累计办理企业融资超过 54.38 亿元。② 2024 年 6 月,青白江片区成功签发首张"空铁联运"提单,延伸"一单制"服务范围,通过创新推出空铁全程联

---

① 为货主"解渴"!广铁集团推出物流金融产品[EB/OL]. (2024-06-20). https://baijiahao.baidu.com/s? id=1802390338568889318&wfr=spider&for=pc.

② 银企合作 成都青白江 27 个重点项目获银行意向授信[EB/OL]. (2024-08-06). http://www.qbj.gov.cn/qbjq/c137725/2024-08/06/content_761b8f1f0e8c441bbd61ab7cb8c655da.shtml.

运"全程负责"的全链条服务模式,实现全程运输"一次委托、一舱受理、一单到底",有效衔接多式联运体系;联合重庆签发中欧班列(成渝)统一提单,探索中欧班列数字提单标准,围绕企业需求持续推动区块链电子提单金融产品创新,引导金融机构扩大跨境跨贷、运费贷等产品服务范围[①],应用场景由中欧班列扩大到多向度铁、公、海联运,试点主体由省内扩大到全国,系统解决了内陆跨境贸易企业交易便利性、融资可获得性问题,市场主体认可度不断提高。

3. 铁路运费贷

铁路运费贷是一款为铁路 95306 货运平台注册客户打造的专项信贷产品。银行通过客户授权,将平台的历史运输数据建模作为辅助信用证明,向货运客户提供专项贷款,用于客户支付铁路运费等物流费用。运费贷产品由金融机构针对 95306 有稳定货运记录的活跃中小微企业,依据历史货运数据提供融资服务,共建铁路信用体系的同时,助力中小微企业成长。从前期试点情况看,"铁路运费贷"操作便捷,受到广大客户青睐,涵盖煤炭、钢铁、建材、化肥、粮油、商贸物流等多个行业,其中小微企业客户占比为 80% 以上。在昆明、北京、上海等路局试点期间,已帮助超过 50 家货运企业成功实现无抵押融资,融资金额户均超过 500 万元。2024 年 6 月 20 日起,"铁路运费贷"在全国铁路推广实施。

案例讨论

中储京科的物流金融业务

1. 中储京科简介

中储京科供应链管理有限公司(以下简称"中储京科")成立于 2019 年 10 月 17 日。中储京科的股东为中储发展股份有限公司(以下简称"中储股份")、京东科技控股股份有限公司(以下简称"京东科技")、北京中储创新供应链管理有限公司。

中储股份是具有中外合资性质、国有控股的 A 股上市公司。公司实际控制人为国务院国有资产监督管理委员会直属的中国物流集团有限公司,第二大股东为全球领先的物流和工业地产商普洛斯。基于股东的专业化能力,中储京科的定位是以科技能力、业务模式创新为基础,做最专业的大宗商品供应链服务公司。中储京科的目标是降低大宗商品行业的成本,提升全行业的效率,最终做到整个市场的模式升级。

中储京科要打造的核心能力是数字科技在大宗商品行业的应用能力、生态资源整合能力、一体化解决方案设计能力和线上运营能力。

货兑宝平台由中储京科投资研发构建,集成中储股份在供应链管理上的丰富经验与京东科技在金融科技上的领先技术能力,以大宗商品的交易、交付为切入点,独创"天网＋地网"的产品模式,集成 ABCDI 高科技手段——人工智能、区块链、云计算、大数据、物联网,打造大宗商品领域仓储智能管理体系。货兑宝平台于 2020 年 4 月 17 日正式上线金融模块。

---

① 2024 青白江经济盘点③:涌动对外开放的澎湃活力[EB/OL]. (2025-01-06). https://mp.weixin.qq.com/s?__biz=MzAwNjU5OTIxNg==&mid=2650864978&idx=4&sn=c2ffa1a2e2feba08785e739324f5ce14&chksm.

货兑宝平台提供三种服务。①在线仓储服务。通过货兑宝平台把仓储客户和仓库打通,实现了仓储客户在线办理出入库,在线查询库存,在线查看仓储物资库存状态,在线进行仓储物资过户等,完全实现仓储业务的线上化办理,将单据通过区块链进行存证,实现仓库的信息化改造和升级,有效提高了仓储服务水平和服务效率。②在线交易交付服务。货兑宝平台基于仓库的现货物资,满足客户的在线交易交付需求,实现在线看货、在线签合同、在线收付款、在线货物交付的全过程,并将交易的单据通过区块链进行存证。平台的挂牌交易功能,满足了不同交易模式的需求。平台的"保兑货"功能,可以实现"一手钱、一手货"交易,有效解决了交易中的不信任问题。③金融服务。货兑宝平台基于京东科技区块链 BaaS(区块链即服务)平台,搭建大宗商品现货电子仓单系统,电子仓单的全生命周期管理平台通过区块链技术,将用户的关键操作和关键单据记录在区块链上,直连广州互联网法院和北京互联网法院天平链,保障电子存货仓单的安全性、唯一性、开放性、防篡改、可追溯,进而与银行系统对接,使电子存货仓单融资成为可能。

2. 中储京科供应链金融业务模式

中储股份青岛分公司、中国建设银行青岛自贸区支行、青岛诺顿进出口有限公司(以下简称"青岛诺顿")与货兑宝平台合作的首单基于区块链技术的电子存货仓单质押融资在"海陆仓转现货仓"的业务模式中放款成功。此举标志着货兑宝平台金融服务解决方案开始在实际业务中应用,更标志着由中储仓库在货兑宝平台线上化出具的区块链电子存货仓单获得了金融机构和行业内借款企业的认可,完成了从"0"到"1"的突破。中储京科供应链金融业务模式如图 3-16 所示。

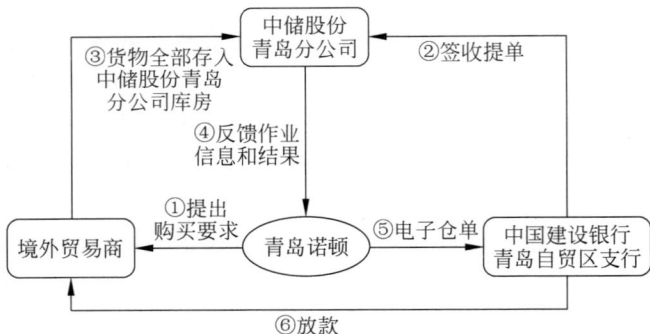

图 3-16　中储京科供应链金融业务模式

注:

① 青岛诺顿向境外贸易商提出购买要求;

② 中储股份青岛分公司从中国建设银行青岛自贸区支行处签收提单;

③ 中储股份青岛分公司办理换单、报关、配合查验、背箱、入库等一系列操作,货物全部存入中储股份青岛分公司库房,纳入有仓库管理系统(WMS)+物联网支持的数字化仓库管理;

④ 中储股份青岛分公司通过货兑宝平台将作业信息和结果反馈给青岛诺顿;

⑤ 青岛诺顿操作人员按规定的流程向货兑宝平台提出开具区块链电子存货仓单的申请,青岛诺顿操作人员通过货兑宝平台将该电子存货仓单交给中国建设银行青岛自贸区支行,中国建设银行青岛自贸区支行的操作人员在货兑宝平台上完成该电子存货仓单的接收,中储股份青岛分公司的操作人员在货兑宝平台上完成保管方记载;

⑥ 中国建设银行顺利放款,支付款项给青岛诺顿的境外贸易商,实现业务落地,出于谨慎考虑,业务在中国动产融资统一登记系统(中登网)做仓单质押登记。

3. 中储京科供应链金融取得的成果

货兑宝平台在大宗商品数字化的应用上已取得阶段性成果,如完成中储山东四家仓库及山东国储29万平方米的仓储上线工作,客户的在线作业比率达到65%;货兑宝与中国建设银行开展基于"数字化仓库＋区块链仓单"的合作,帮助青岛自贸区的一家民营橡胶贸易企业成功融资。在货兑宝平台上,公司可以以仓库里的货物做质押,直接从银行获得贷款,年化利率为3%,融资成本下降一半。

4. 中储京科供应链金融的创新点

中储京科具备物流行业和金融科技双重基因,其核心平台货兑宝通过区块链等互联网技术,能够实现基于区块链的电子仓单,对大宗商品仓单融资进行有益的探索和实践。

中储京科供应链金融的主要创新点如下。

对于货主(包括生产商、贸易商、套利商和下游企业等)来说:①货兑宝可以提升货主的风控能力,降低工作难度,使其将重心放在业务上。②货兑宝可以提升货主的资源获取能力,降低货主的获客成本。③货兑宝可以让货主有更多的融资产品选择,通过比较不同的融资产品,降低融资成本,最终实现提升交易效率、降低交易成本的目标。

对于资金方来说:①货兑宝作为银行进行风控的手段和工具,提升了银行的风控能力。②货兑宝可以重塑供应链金融模式,从银行单一的对核心企业集中授信转向去中心化,不要中介,回归真正的供应链金融模式。③货兑宝可以帮助资金方通过数字化资产,不断地创新融资产品。

对于仓储企业来说:①货兑宝可以帮助仓储企业降低仓库的经营管理难度,提升仓库的效率、响应速度和服务质量,降低仓库的操作难度和运营风险。②货兑宝的在线管理功能会带来全新的客户体验,提升客户的黏性,同时在线化运营可以衍生更多的功能场景,比如远程看货、区块链电子仓单融资等,解决仓库收费单一的问题,增加仓库收入,减轻经营压力。③货兑宝可以提升仓储节点在整个产业链中的价值,从单一的仓储功能向关键功能转化,让仓储的货物种类更科学,货源更稳定。

资料来源:冯耕中,李健,赵绍辉,等.供应链金融[M].北京:中国人民大学出版社,2023:152-154.

思考:

1. 中储京科物流金融的创新给供应链运营参与各方带来了哪些好处?
2. 货兑宝平台能提供哪些服务?

✎ 即测即练

第4章

农业领域的供应链金融业务

本章学习目标

1. 了解农业供应链金融的基本概念及特点；
2. 了解农业供应链金融的相关主体和逻辑基础；
3. 掌握传统农业供应链金融的三种模式；
4. 熟悉数字化农业供应链金融模式。

引导案例

创新模式"三农"金融服务质效持续提升

"三农"与乡村振兴话题，在2024年的全国两会上备受关注。2024年的《政府工作报告》强调"完善粮食生产收储加工体系，全方位夯实粮食安全根基""各地区都要扛起保障国家粮食安全责任"。同时，2024年中央一号文件发布，排在首位的也是确保国家粮食安全。中国社会科学院金融研究所副研究员张珩在接受《金融时报》记者采访时表示，保障粮食安全是一项长期系统性工程。金融支持粮食安全具有一定的公益性，需要加强金融政策的扶持和引导。

全力以赴保障粮食安全

2023年，我国粮食生产遭遇了频繁、极端的自然灾害，在党中央、国务院坚强领导下，有关部门和广大农民共同努力，全年粮食产量达到13 908亿斤（1斤＝0.5千克），比上年增产177.6亿斤，人均粮食占有量达到493千克，继续高于国际公认的400千克粮食安全线。

眼下，春耕备耕已由南向北逐渐展开。"2024年的《政府工作报告》提出主要预期目标，明确粮食产量1.3万亿斤以上。这让我们全年金融工作有了更加明确的目标。这次活动的主旨也是为农业经营主体'春耕备耕'提供综合金融服务方案，切实解决当前农户面临的融资难点。"邮储银行天津分行三农金融事业部副总经理王宇锋表示。

"新的一年,金融支持'三农'和乡村振兴,首先要着力做好粮食和重要农产品稳产保供的金融服务。"张珩表示,接下来,国有大行的服务重心要进一步下沉到"三农"领域。一方面,要结合当地经济产业发展的具体情况,学习运用"千万工程"经验,不断创新金融服务模式,当好服务实体经济的主力军和压舱石;另一方面,要加强与涉农龙头企业、农民专业合作社的战略合作,不断将金融服务向首贷户和乡村振兴的薄弱领域延伸,适当扩大中长期涉农信贷规模。

供应链金融潜力尚待挖掘

多位受访专家表示,目前,金融支持"三农"工作还存在着一些短板。"例如,创新性信贷业务的风险防范机制存在短板。"张珩告诉记者,近年来,尽管农地抵押贷款和生物资产抵押贷款等创新性农村金融信贷能在一定程度上缓解涉农企业和农村居民贷款难问题,但尚未达到预期效果,这背后既与农村金融市场固有的信息不对称、抵质押物缺乏以及信贷契约不灵活等客观原因有关,也与银行业金融机构固有的"嫌贫爱富"等主观原因有关。

记者在采访中了解到,目前,对农地价值或生物资产价值,要么是金融机构自行评估,要么是参考当地农地流转市场的租金价格或经验评估,缺乏公信力,这在一定程度上影响了涉农信贷业务的创新发展。

值得一提的是,供应链金融或在解决信息不对称问题、抵质押物缺乏方面发挥重要作用。

2024年全国人大代表鲁曼建议,供应链金融可以在研究农业供应链的基础上,利用供应链上核心企业的信用优势,向产业链上下游延伸,打通整个链条的物流、资金流、信息流,将分散孤立、高风险、低收益的农户和小微企业与实力雄厚的大型企业捆绑在一起,实现利益共享、风险共担,改变传统金融机构与农户"一对一"的授信模式,解决借贷双方信息不对称的问题。

创新农村金融服务模式

全国两会之后,金融支持"三农"工作的目标和方向已经明确,专家认为,接下来,银行业金融机构应进一步提升服务"三农"质效,保障粮食全产业链信贷投放,创新农村金融服务模式,发展农村数字普惠金融,在全面推进乡村振兴中持续发力。

近年来,银行业金融机构探索形成了不少金融助力乡村振兴的有益经验,持续推动农村金融产品和服务模式创新,以金融服务创新促进信贷资金等金融要素和资源流向农村,进入乡村产业。

工商银行与农业农村部合作开展"兴农撮合"活动,为国家现代农业产业园、优势特色产业集群和农业产业强镇及下辖经营主体提供精准高效的产销对接、招商引资和金融服务。农业银行鼓励农业大省有条件的网点设立"春耕备耕"服务专柜、适当延长营业时间,指导推动县域支行成立服务小分队、党员先锋队、流动服务组等外拓团队。交通银行提供差异化的专属权益,定制"新市民安心意外保障计划"保险产品,不断丰富县域新市民金融产品及服务。

"要充分发挥数字普惠金融机构的向善效应。"张珩表示,一方面,要充分合理利用云

视频 4.1　聚焦"三农"|金融支持产业链 大有可为

计算、大数据、人工智能、区块链、遥感卫星等数字技术,精准识别当前尚未触及的"非活跃用户"的有效金融需求,解决需求端的信用缺失和抵押物缺乏等难题;另一方面,要强化数字治理,改进和完善金融产品与服务模式,提升供需两端之间的适配性,降低对普惠金融群体的信息搜寻成本,简化交易流程,实现量的合理增长和质的有效提升。

资料来源:创新模式"三农"金融服务质效持续提升[EB/OL].(2024-03-19).https://www.financialnews.com.cn/yh/shd/202403/t20240319_289263.html.

农业融资具有高成本、高风险、低收益的弱点,而金融机构具有厌恶风险的天性,这一矛盾使我国农业融资长期存在瓶颈制约。伴随着农业现代化、产业化进程和农村进行的金融体制改革,我国农业领域也开始应用供应链金融。它是一种全新的信贷理念和商业银行风险控制技术。发展农业供应链金融,是突破农业融资瓶颈,深化和推动现代农业发展的重要内容。

4.1 农业供应链金融概述

4.1.1 农业供应链金融的内涵

农业供应链金融就是以农业供应链龙头企业为核心,运用科学、合理的方法评估农业供应链的发展前景和紧密程度,以及核心企业对上下游企业、合作社和农户的控制能力,将上下游中小企业、合作社和农户与龙头企业的利益捆绑,通过科学评估供应链信用等级,合理设计金融产品和服务,满足供应链各环节融资需求和金融服务,推进农业供应链整体协调运转的系统性金融解决方案。农业供应链的发展既为农村金融服务的延伸拓展创造了条件,也对金融服务理念、方式和手段的创新提出了新的更高的要求。

扩展阅读 4.1 农业供应链金融与非农业供应链金融的区别

农业供应链金融模式的产生和发展改变了传统融资授信准入标准的制约。它的本质是从动态经营角度而不是从静态经营角度来对融资方进行信用评级,弱化传统贷款的抵质押担保方式;风险防范方式从实物担保转向供应链中债权、物权控制,有效地增强农业供应链的整体融资能力。商业银行将整条农业供应链纳入信用评价对象,把在农业生产中不同环节形成的互联交易充当"抵押担保",尤其是利用龙头企业和组织的信用条件,对链条上信用等级较低的中小企业或农户进行信用增级,保证贸易背景真实、信贷资金在供应链中封闭运行。

4.1.2 农业供应链金融相关主体

农业供应链金融需要商业银行以业务稳定、效益良好的农业供应链作为坚实平台,以核心企业的资产规模、财务状况、信用状况作为后盾,通过对供应链中的物流、资金流、信息流的监控,为农业供应链上的核心企业、上下游企业、农业合作社、农户等资金需求方提供系统化且符合各个环节资金需求特点的金融系列产品及服务。农业供应链金融各参与主体必须协同合作,主要包括以下几个。

（1）金融机构。金融机构在农业供应链金融中是信用中介和资金提供者。核心企业、上下游相关企业、合作社和农户是其潜在目标客户群体。

（2）核心企业。核心企业是供应链的组织领导者。在农业供应链金融中，金融机构找出核心企业是关键。金融机构利用核心企业的信用外溢效应，为供应链各经济单位，包括合作社和农户，提供全面的金融服务。客户的筛选、贷款资金的运行，都需要核心企业的参与。

（3）上下游配套企业、合作社和农户。农业供应链金融将核心企业的良好信用延伸到其上下游配套企业、合作社和农户，使其成为供应链金融服务的最大受益者。

（4）物流企业。物流发生在农业供应链中的生产和销售环节之间，物流企业提供运输、分拣、仓储、装卸搬运、包装、配送、流通加工等基础服务，还提供预付款、转账结算、物流保险等金融保险增值服务。物流企业管控着作为抵质押物的客户有效资产，对客户的生产经营状况和产品销售情况等信息都比商业银行掌握更多，因而可以帮助银行解决信息不对称问题，降低信贷违约风险。

4.1.3　农业供应链金融的逻辑基础

1. 农业发展的产业化、规模化

随着我国农业技术水平的不断提升，农业生产方式发生了很大变化，家庭农场、大型种植养殖户、农民合作经济组织等新型农业经营主体迅速发展，正逐渐取代小农经济，产业化和规模化成为农业发展大趋势。市场上涌现出一大批拥

视频 4.2　农业供应链金融特性、场景、趋势的 7 个核心问题

有完整产业链和市场竞争力的大中型农业企业，这些企业涵盖产业链的多个环节，其典型特征是规模大、产业整合能力强，为供应链金融的开展提供了有力支撑。同时，新型农业经营主体的生产方式、制度框架等更容易与大中型龙头企业对接，再加上规模化农业经营组织对接小农户的能力也在逐步增强，这都为供应链金融的实施提供了产业组织基础。

2. 农业生产组织的有序性、协同性

随着我国农业产业化和农业要素市场化的持续推进，农业生产组织的有序性和协同性大大提升，农业经营主体间交易日益频繁，经济联系越发紧密，逐渐形成一种相互信任、相互依赖的经济和社会关系，农业企业命运共同体逐渐形成。农业产业链上的各主体在信用增进、风险分担和利益共享方面具有一致的意愿，金融机构可以利用产业链上下游企业之间、企业与合作社以及农户之间的经济、社会关系纽带，为各经济主体提供经济支持，从而为供应链金融的实施创造了市场基础。

3. 金融科技的发展和应用

传统的农业产业链条中，由于信息技术应用较少，自然生产与小农经济使各经营主体之间存在着严重的信息不对称。而随着信息技术的应用和金融科技的发展，农业产业链各主体之间的信息交流更加充分，金融机构可以获得更加全面和准确的农业经济主体信息，信息管理、信用评估和风险处置能力显著增强，在缓解农业主体信贷约束的同时改

善了农村地区信息传播的效率和方式,为农业供应链金融的健康发展提供了技术支撑。

4．农村产权交易体系的完善

农业供应链金融体系的有效运转离不开健全的资产交易市场。近些年,我国各地建立了很多农村产权交易所,农业经营要素的产权交易机制正在逐步形成并完善,为农村农业要素合理流动和有效配置创造了良好条件,有利于商业银行和其他参与者开展正常的产权交易,解决了金融机构抵押物处置难的后顾之忧,从而为供应链金融的实施奠定了制度基础。

4.1.4　农业供应链金融的特点

1．多方参与

农业供应链金融涉及多个主体,包括农户、合作社、核心企业、物流企业、金融机构等。其通过合作、共享信息和资源,实现了供应链上下游各环节的无缝衔接。

2．风险共担

农产品的生产和销售过程中存在较大的不确定性与风险,如自然灾害、市场波动等。在农业供应链金融中,各参与方共同承担相应的风险,并通过金融工具进行风险分散和管理,降低了风险对整条供应链的影响。

3．信息共享

农业供应链金融模式依托信息技术的发展,实现了企业和金融机构间的信息共享与数据流动。通过互联网、物联网、区块链等技术手段,实现了信息的实时更新和准确传递,提高了农业供应链的透明度和效率。

4．融资便捷

传统的农业融资方式受到了融资难、融资贵、融资周期长等问题的困扰。而农业供应链金融通过整合供应链上下游的企业和金融机构,利用信息技术实现了线上融资、快速审批和迅速到账的目标,降低了融资成本、缩短了融资周期。

5．利益共享

农业供应链金融模式促使供应链各参与方更加紧密地合作。通过合同、合作社、联盟等形式,实现了核心企业、农户和金融机构的利益共享,最终实现供应链的共赢与发展。

4.1.5　现阶段农业供应链金融的发展趋势

1．数字化

当前数字技术的快速发展及其与农村金融的日趋融合,为农业供应链金融提速增质注入新的动力。农业供应链金融不但可以利用大数据、云计算等数字技术,有效降低金融服务成本,也可以通过建立数字化信用评价体系,优化风险控制机制,提高金融供给效率。

2. 竞争化

随着乡村振兴战略的全面实施,我国农业已经步入高速发展时期,与之相匹配的农业供应链金融领域也呈现竞争化发展趋势。与一般企业间竞争不同的是,农业供应链之间的竞争不但存在于龙头企业间或金融机构间,也存在于农业供应链系统中的不同链条、不同要素之间,或者是不同的供应链系统之间。竞争打破了平衡状态,实现了农业供应链金融的有序演化,企业在提高自身竞争能力的同时也能提高经济效益。

3. 平台化

未来,传统商业银行将不再是农业供应链金融的主要推动力,代替它们的将是直接参与供应链运营过程的产业企业或信息化服务平台。农业供应链金融平台将供应链上下游企业、资金提供者、交易平台融合在一起,整合信息流、物流、资金流和商流,从而进一步优化农业供应链内部资金配置。利用金融科技手段建立的农业供应链金融平台让融资企业信息更为透明,有效地在农业主体之间以及农业主体与金融机构之间传递信用,快速满足融资需求。

4. 普惠化

长期以来,融资难、融资贵问题一直制约着农村经济发展和农民增收,而农业供应链金融把实力雄厚的核心企业的信用注入整个产业链条中,并对资金流、信息流、物流进行整合,将不可控的单个企业风险转变为可控的供应链整体风险,从而增强了金融机构信贷投放的积极性,提高了农村弱势群体的融资可得性,契合了国家和市场对金融普惠性的发展要求。因此,供应链金融成为普惠金融的重要形式,普惠性也是农业供应链金融发展的重要趋势。

4.2　传统农业供应链金融模式

传统农业供应链金融借助核心企业的信用为农户贷款信用增级,核心企业、农户和金融机构三方组成了最简单、最基本的"农户＋核心企业＋金融机构"的农业供应链运作模式。但在实际运作中,由于各地的条件千差万别,对供

视频4.3　金融支农八大创新模式和十大典型案例

应链金融的需求也各不相同,因此,各地往往会根据具体情况融入监管、担保、科技、财政等多种元素,引入农业园区、农村合作社等第四方的参与,形成灵活多样的农业供应链金融模式,为农业生产增效和信贷资金安全运行提供更多的保障。

4.2.1　"农户＋核心企业＋金融机构"模式

1. 模式介绍

由农户、核心企业和金融机构三方组成的"农户＋核心企业＋金融机构"模式,是基于未来农产品收入账款的最基本模式。其中,农户经由核心企业推荐,向金融机构提出贷款申请;核心企业为农户贷款提供担保,并对贷款资金进行统一的调控与管理,通过资

金的封闭式流动而提升贷款的安全性。

扩展阅读 4.2 寿光蔬菜打造"核心企业＋农户"的产业链担保模式

以个体农户为融资主体，以核心企业为融资核心，个体农户利用农产品未来销售收入作为金融机构贷款的担保，金融机构审核农产品合格后，直接将农贷转入核心企业专门的银行账户，并且核心企业将对农户使用农业贷款进行监督和管理。核心企业对农户的生产情况和信用信息有一定的了解，也会帮助农户在线上进行农产品销售，并辅助金融机构从农产品销售收入中扣除农业贷款所需偿还的本金和利息，最终形成"农户＋核心企业＋金融机构"的供应链金融模式。

2. 运作原理

在农业生产开始前，如图 4-1(a)所示，核心企业根据当时的农业生产信息以及对农户资信状况、生产能力的了解，将具有一定资格的农户推荐给相应的金融机构，由农户向金融机构提出贷款申请。金融机构经过贷前调查之后，与农户、核心企业签订三方协议：农户以农产品未来的收入账款作为抵押物向金融机构申请融资；银行将贷款发放到农户在核心企业的专门账户中，农户逐步申请提取贷款用以支付生产过程中的合理支出，并每日报备支付明细；核心企业负责回收部分或全部农产品并规定保护价格，协助金融机构从农产品收入中预扣贷款本息。

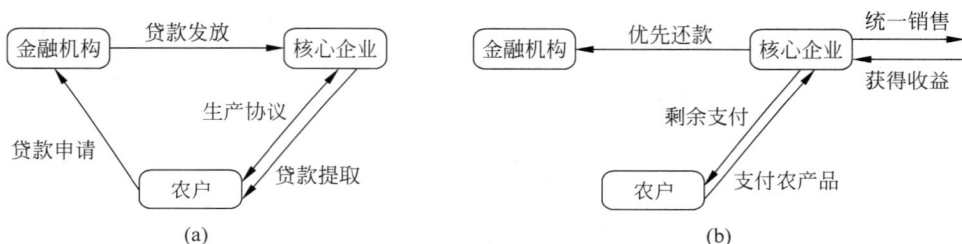

图 4-1 "农户＋核心企业＋金融机构"模式运作
(a)农业生产开始前；(b)农业生产开始后

在农业生产开始后，如图 4-1(b)所示，核心企业向农户提供关键性的生产资料和各种产中服务(包括播种、生产过程中的技术指导以及定期发布病虫害等灾难预警等)，农产品收获之后，核心企业统一进行销售并取得农产品收入，在扣除农户贷款的本息后将剩余的资金支付给农户。在整个运作过程中，资金封闭流动，降低了银行和核心企业的资金风险；同时，由于分批次地连续生产，不仅资金回收速度快，而且可以大幅简化信贷审核流程，提高银行贷款效率。

3. 模式应用

普惠担保是较早成立的专门从事农业融资担保业务的公司，多年来不断完善业务模式并逐步成熟，针对供应链上的不同用户推出多种融资产品。普惠担保的模式是以核心企业为中心，将其作为担保方，与多家银行合作为供应链上下游中小微企业以及养殖户提供融资服务。在此过程中，普惠担保可以使用产业链上的信息，以对融资企业进行信用评价。同时，普惠担保可以在到期时代偿，而客户在取得销售回款后再偿还给普惠担保,解决了生产周期与还款期限不匹配的问题。最后,为了保障资金的使用,普惠担保采取定向支付的方式,金融机构直接将款项支付给供应商,用于购买生产要素,保障生产工作,从而也降低了一定的违约风险。

在此模式下,银行将核心企业作为增信方,核心企业的信用水平将会作为对其供应链上的中小农企进行信用评级的重要参考,可以使中小农企缺乏抵押以及信用薄弱的问题得到缓解。另外,为了进行更好的风险控制,普惠担保建立了严格的风险防范措施:①建立严格的信用审核程序,对借贷人的信用水平进行严格的调查,安排业务人员现场尽调,建立分级审批制度。②要求客户提供反担保措施。③分解代偿风险。④完备制度,规范业务手续。⑤提供全方位服务。普惠担保采用线下方式对已授信农户进行跟踪服务,通过定期的到场检查实时掌握有关生产及财务状况。

4.2.2 "农户+核心企业+农业园区+金融机构"模式

1. 模式介绍

在农业供应链金融中引入农业园区作为第四参与方,其功能是对农产品的生产与销售进行监管,确保物流、资金流的全封闭运行。农业园区对于农业供应链金融的意义在于:首先,农产品在农业园区统一生产,并在农业园区的统一控制下进行销售,可以避免农户将农产品收入私自留存、恶意拖欠贷款的现象;其次,农业园区内统一的质量标准、技术规程和农资供应,有利于降低生产成本和流通费用,给农业生产带来综合服务效益;最后,农业园区的存在,有助于引进和推广国内外先进的技术、促进各种生产要素的合理配置、建立自然灾害的预警制度、实行企业化的管理组织形式,稳定农产品的产量及质量,降低农业生产的风险,从而也就降低了银行贷款的风险,使银行对农贷款的风险达到可控。

2. 运作原理

在农业生产开始前,如图 4-2(a)所示,金融机构在信用评估基础上,为农户提供融资授信,将贷款发放到核心企业的专门账户中,并与农业园区签订委托监管协议,由农业园区对农产品的生产和销售进行监管与控制;农户利用农业园区的资源与技术优势,在核心企业的统一指导下进行日常的农业生产,逐步申请提取贷款以支付农业生产过程中的费用,产品集中交付核心企业负责销售。

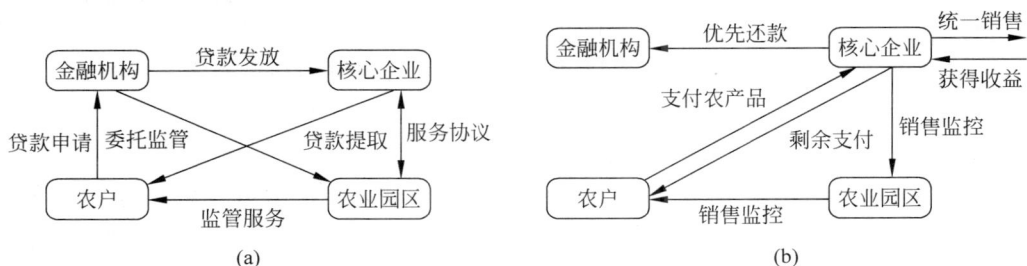

图 4-2 "农户+核心企业+农业园区+金融机构"模式运作

(a) 农业生产开始前;(b) 农业生产开始后

在农业生产开始后,如图 4-2(b)所示,农户在农业园区的统一控制下进行农产品的销售,另外,核心企业也对农业园区的销售行为进行监控。核心企业统一收购农业园区内农户生产的农产品并进行销售获得收益,扣除贷款本息优先还款金融机构,将剩余的资金支付给农户。

3. 模式应用

河南省驻马店市立足当地优势产业,推动现代农业产业园的建设工作,建设市级以上现代农业产业园 16 个,其中国家级 2 个、省级 6 个。现代农业产业园的建设需要金融的支持,产业园区内大多数为涉农中小企业,而供应链金融的支持作用可以满足园区中小企业的融资需求。供应链金融推动驻马店产业园发展的方式是通过金融机构锁定现代农业产业园供应链上的龙头企业,然后再找到有资金需求的涉农中小企业为其服务。供应链金融在实施的过程中基于真实的贸易背景,往往需要龙头企业的配合,如对接财务、确定历史经营结算情况、测算合理额度、对资金受托支付等。供应链金融模式是依附于各现代农业产业园区资源,连接到龙头企业及其众多有资金需求的上下游涉农中小企业,同时向其他相关联的企业延伸,快速形成资产池,确保优质项目与资产的引进,并能对借款企业进行严格的资质审核。这种融资模式缓解了驻马店现代农业产业园涉农中小企业的融资困境。

与传统融资方式相比,银行在现代农业产业集聚区开展供应链金融活动有先天的优势。驻马店市现代农业产业园基于真实的贸易背景,各级涉农企业的相互联系十分紧密,龙头企业方便对涉农中小企业进行信用增级,银行在审核供应链发展状况时更为便利。另外,金融机构立足现代农业产业园开展供应链金融业务,可以深入了解服务对象,在获得客户的能力、理解供应链中经营主体的金融需求等方面具有先天优势,能够更好地为园区内企业量身打造供应链金融产品和服务,将金融资源与产业园区内企业的金融需求精准对接,提高供应链金融效率。

4.2.3 "农户+核心企业+农业生产合作社+金融机构"模式

1. 模式介绍

"农户+核心企业+农业生产合作社+金融机构"模式,是以农业生产合作社为融资核心,个体农户以农业生产合作社为代表申请农业贷款,核心企业为农业生产合作社提供信用担保和承担还款责任,金融机构对农业生产合作社申请情况进行审核合格后,将农贷发放至农业生产合作社专门的银行账户,农业生产合作社根据农户的资金需求和用途进行监管,再将农业贷款发放给农户的模式。农户可以以土地使用权入股农业生产合作社,这样个体农户的生产模式就可以转变为更有利的规模化和集体化生产的农业生产合作社生产模式。

2. 运作原理

在农业生产开始前,如图 4-3(a)所示,农业生产合作社由农户自愿联合,以土地入股,从而将单一的农户生产转变为农业生产合作社的集约化和规模化生产经营。在这一模式下,金融机构与农户、核心企业、农业生产合作社签订四方协议,以农业生产合作社作为承贷主体,核心企业承担连带保证责任;银行将贷款发放到农业生产合作社的账户上,由后者负责农户生产过程中的合理支出,并每日报备支付明细;农业生产合作社负责管理农户的日常生产活动,并提供一定的技术支持。

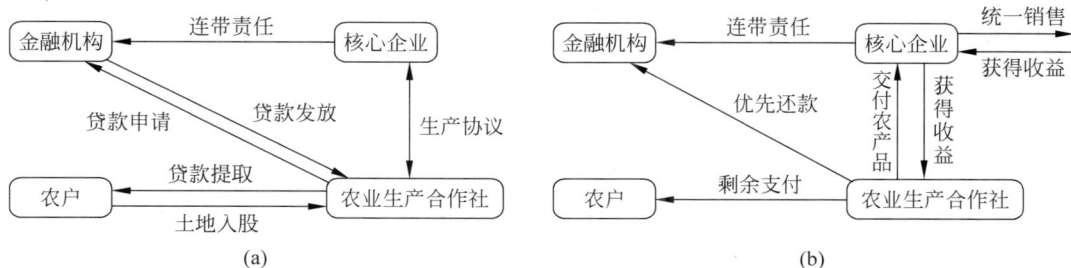

图 4-3　"农户＋核心企业＋农业生产合作社＋金融机构"模式运作
(a) 农业生产开始前;(b) 农业生产开始后

在农业生产开始后,如图 4-3(b)所示,收获的农产品由农业生产合作社交付给核心企业,由后者统一销售,农业生产合作社在优先偿还金融机构贷款之后直接与农户核算利润。这一模式的优势是银行借贷主体由分散化转为批量化,有效降低了银行信贷的成本和风险。同时,原本农户无法抵押的土地事实上起到了抵押品的作用,解决了农户抵押品缺乏的困难。

3. 模式应用

内蒙古自治区土默特左旗供销合作社联合中国工商银行土默特左旗支行,共同推出农资春耕专项贷款计划,旨在解决农户在购买种子、化肥、农药等农资时遇到的资金周转难题,确保农业生产活动顺利进行。该贷款项目具有申请条件简便、贷款额度灵活等特点,最高可提供 300 万元的贷款额度,充分满足农户购买农资的资金需求。同时,农户可根据自身资金回笼情况,选择按月等额本息、按季付息到期还本等多种还款方式,有效减轻还款压力。

截至 2025 年 4 月,在土默特左旗供销合作社与合作金融机构的共同努力下,该贷款项目已取得显著成效。项目已累计为 70 户农户解决春耕资金难题,放贷总额超过 3 000 万元;同时,还为 10 家从事肥料冬储业务的企业提供了 500 余万元的资金支持。土默特左旗供销合作社长期扎根农村,拥有深厚的基层服务基础和广泛的服务网络;中国工商银行则具备专业的金融服务能力、丰富的金融产品体系以及雄厚的资金实力;供销全资企业还能提供贷款贴息及农资供应惠民服务,进一步减轻农户经济负担,助力农业生产。三方通过整合资源、优势互补,共同构建起"三农"服务联动机制,为春耕备耕工作提供全方位、多层次的服务保障,为农业发展和乡村振兴注入新的活力。

4.3　数字化农业供应链金融模式

4.3.1　数字化农业供应链金融的基本逻辑

1. 搭建现代农业供应链网络平台

数字科技介入农业产业链,可利用互联网、物联网等技术,将现代物流与电子商务融入供应链中,建立统一的农产品市场供求、交易、价格及食品安全等信息管理系统。将农户、中间商、新型经营主体及终端客户等供应链各节点成员融入统一系统中,实现对物流、信息流和资金流的实时跟踪监控与全程管理,建立更广义的平台,优化资源配置,实现信息共享。

2. 获得现代农业供应链数据信息

现代农业供应链网络平台的发展,为供应链数据的收集提供了基础,使农业供应链呈现智能化和数字化特征,农业供应链大数据逐步建立。农业生产数据包括土壤、水肥、营养、气候等一系列生长和成长数据信息,农业销售数据记录了从生产者到销售者最终到消费者所有可收集到的农业供应链数据,各环节及各参与主体的数据变成可利用的电子资源。同时采用区块链记账的新模式,保证数据不可篡改,能相互印证数据的可信度,将大大提高农业供应链的运行效率。

3. 构建泛农业供应链服务生态系统

数字科技的发展强化了产业之间的跨界和融合,农业供应链服务范围甚至突破了供应链本身。线上将农产品上行、农资与消费品下行及农民日常生活、社交等连接在一起,通过软件、平台等多种路径,提供一揽子、综合化的服务方案;线下结合生活场景,与金融机构的物理网点、金融便利店以及服务站相连接,形成"线上+线下"的服务模式,延伸服务半径。

4.3.2 数字化农业供应链金融运作模式

传统供应链金融产品的开发围绕核心企业展开,因为核心企业掌握产业链的关键信息,能缓解金融机构与借款者之间的信息不对称问题,且通过应收应付关系,控制资金流与物流,对产业链上下游参与者形成有效制约,降低运营成本。如在产业链金融中,金融机构针对种植养殖户发放贷款时,往往需核心企业提供担保。

在数字科技时代,供应链金融风险控制的手段更加丰富。①在发放贷款前,数字科技能减少与借款人之间的事前信息不对称,有效规避逆向选择。现代农业供应链数据能够将供应链中线下难以量化的信息,转化为可为信贷服务提供支撑的信用数据,通过大数据分析,对借款者的信用状态进行精确判断,缓解与借款者之间的信息不对称,准确评估供应链金融的风险,提高融资效率,减少对核心企业的依赖,扩大服务的深度。同时,这也将更加广泛地惠及供应链金融的诸多客户,尤其是处在弱势地位的中小客户,扩大服务的广度。②在发放贷款后,数字科技缓解了借款者的事后道德风险。传统供应链金融需考虑资金在不同主体之间结算时易出现的挪作他用和恶意违规问题,但金融科技使事后资金结算实现电子化,区块链技术保证了资金封闭运行,这些措施有效地管控了贷款风险,降低了道德风险。

数字金融的发展,也令农业供应链金融参与主体更加多元化。基于数字科技的农业供应链金融可归纳为三种。

1. 传统银行主导型农业供应链模式

商业银行一直是开展农业供应链金融的主体。在数字科技时代,银行利用自身的技术优势,与手机银行、网上银行和银行电商结合,提供线上、线下支付结算服务,帮助企业建立信息系统,并在交易数据的基础上,为供应链内的企业提供信贷支持,实现借款、放贷和还款的全线上流程。如农业银行通过对接农业产业化龙头企业、涉农电商平台和"农银惠农 e 通"平台,构建了"核心企业＋各级经销商＋惠农通服务＋农户"的供应链生态体系,基于对历史交易数据的分析,向符合条件的订单农户、终端商户发放"农银惠农 e 贷",如图 4-4 所示。

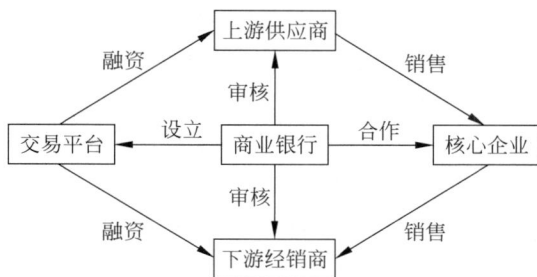

图 4-4　传统银行主导型农业供应链模式

银行也可与外部平台合作,结合企业日常运行管理或各类平台数据,利用大数据等技术,把握供应链关键环节,提供供应链金融支持。如光大银行发现国家粮食电子交易平台的会员在进行粮食竞价交易合同履约过程中存在短期融资需求,由此结合粮食交易供应链特征,开发了"阳光 e 粮贷",有效满足了国家粮食电子交易平台的短期资金需求。

百信银行综合运用人工智能、大数据、区块链、物联网等技术,提供"三农"智融服务,采用"公司＋农户＋金融"模式,连接农业产业链的全链路企业,为农户提供一站式融资、支付、结算等综合金融服务,通过助力农业水平和规模化迭代升级,降低农业产业全链路企业成本,提高农户收益。积极贯彻落实国家和监管政策导向,赋能农业产业现代化,探索创新农业产业供应链金融服务模式,联合搭建基于人工智能技术的"三农"产业金融服务平台,让金融科技成果惠及乡村产业,助力乡村振兴战略实施。

百信银行采取的措施包括:①充分应用百信银行在账户体系、身份识别和智能风控等方面积累的金融科技能力以及百度科技在人工智能、知识图谱和风险探针等方面积累的科技能力,融合云计算、区块链、物联网等技术,搭建农业产业金融服务开放平台。②与龙头企业多方强强联合,采用"公司＋农户＋金融"模式,连接农业管理服务机构、专业饲料和动保用品生产商、种子化肥厂商,结合物联网、区块链技术嵌入农业全链条生产、交易、加工、物流、销售等全生产周期,实现农业产业龙头与农户数据传递及共享。③构建全线上数字金融服务能力,实现"融资服务不跑路",深入剖析农业产业融资需求,打造线上融资服务专属移动端 App,提升金融服务可得性和便捷性。同时与核心企业结合,在 App 端提供一站式物资供应、培训等综合化农业服务。④不断创新业务模式,加大涉农信贷的投放力度,深耕涉农供应链上下游企业。2023 年授信政策明确重点支持农业生产和农村生活的绿色低碳转型,加大对现代种养业、乡村制造、农田水利设施建设、农业科技创新等领域的信贷支持。持续加大百信银行对农业龙头企业的支持力度,积极推行"银行＋龙头企业＋经营主体"经营模式。设立"绿色通道",优化审批流程,实现乡村振兴各项贷款投放倾斜,为重点产业农户提供切实有效的金融帮扶。

传统银行主导型农业供应金融的实施,在提供农业融资服务的同时,能够扩大客户群体,向产业链中的农户或商户交叉销售理财产品,带动存款、非利息收入等其他指标的提高,有利于提高银行的核心竞争力。但以商业银行为代表的传统金融机构,获得供应链相关信息的能力还需提升,相关机制还需完善。

2. 大型"三农"服务商主导型农业供应链模式

传统农业供应链金融中,核心企业是信息的掌握方,也是风控的关键,但由于缺乏融资渠道,需依赖银行等金融机构完成供应链金融的环节。数字金融尤其是 P2P 平台的兴起,提供了资金来源的新渠道,使龙头企业可取代传统金融机构,直接为供应链上下游企业提供融资服务。如以村村乐、大北农、新希望等大型核心企业为代表的农业核心企业,纷纷通过自身成立线上平台或与第三方互联网平台建立战略合作的方式,直接为供应链上的企业提供融资服务,实现产融结合,有效解决了整条供应链的资金周转问题,如图 4-5 所示。

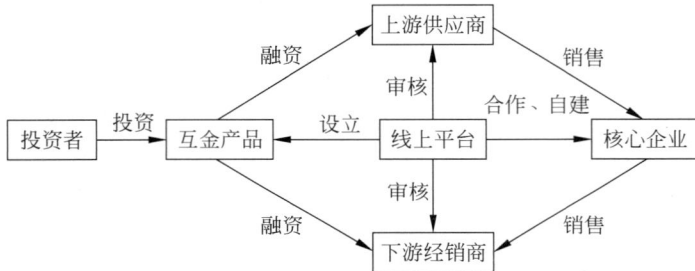

图 4-5　大型"三农"服务商主导型农业供应链模式

龙头企业提供供应链的金融服务也提高了供应链上的客户黏度。生产环节提供金融服务,在促进主体农户和企业发展的同时,能进一步反哺核心企业的发展。同时,在产业链上游实现了农户和核心企业的对接,在下游实现了核心企业和经销者的对接,最终促进整体供应链的价值提升。

新希望集团于 2015 年成立希望金融 P2P 平台,平台从网络筹集资金,依托集团的生猪、饲料等产业,为集团产业链中客户提供信贷和资金支持,在实现自身 P2P 平台发展的同时,也促进了集团产业链的壮大。新希望集团在原有产业供应链金融公司的基础上,组建"新希望金服",有意统一管理产业链金融公司。在 2019 年 11 月召开的第十七届中国国际农产品交易会上,新希望集团发布了"好养贷应用平台",该平台打通了产业大数据和外部多方数据源,为产业链下游经销商和养殖户等提供多样化的一站式数字化普惠金融服务,一定程度上解决了传统农村金融中小微企业融资难的问题。

具体来看,好养贷模式有四个层次的内容:①"新希望金服"整合内外部数据,建立独具行业特色的大数据库。其中,外部数据包括市场监管、司法、财税等较为公开易得的数据,内部数据包括下游客户与新希望集团的交易数据、支付数据、赊销数据以及新希望(类)金融公司的信贷数据等。内部数据弥补了外部数据维度不够丰富和颗粒度不够细的劣势,极具信用评估和风险甄别价值。②依托其大数据库,结合农业生产自然规律和行业经验,建立大数据风险管理模型,形成客户信用管理系统。在客户信用管理系统对下游客户进行预授信的基础上,精准营销金融产品,消除了传统信贷审批慢和审批结果不可控的弊端,极大提升了场景金融渗透率。此外,客户信用管理系统收集整理客户信贷过程中的支用偏好、还款等信息,可进一步调整优化对客策略。③依托强大的金融科技力量,开发操作便捷、用户友好的手机应用程序,即"好养贷应用平台",为中小微企业或者农户提供手机端注册、认证、申请授信、支用、还款和查询等服务。④开拓广泛的资金来源,不断降低客户信贷利率,走向普惠金融。依托新希望集团的综合实力和品牌美誉度,"新希望金服"与众多金融机构建立了良好的合作关系,并在资本市场上进行创新性融资。

大型"三农"服务商主导型的农业供应链金融,充分发挥了核心企业与产业链上下游参与主体的积极联动作用,疏通了产业链的信息流动,提高了资金使用效率。但农业核心企业选择自建线上平台,往往面临成本较高、发展速度缓慢等问题,而选择与第三方合作,则对第三方线上平台管理的要求较高。

3. 电商综合平台主导型农业供应链模式

越来越多的电商平台进入农村市场,电商平台通过庞大的供应商资源、海量的交易数据资源及自建的物流网络,成为集"信息流、物流和资金流"于一体的平台,实则承担传统供应链金融中的核心企业功能。由此,电商平台成为农业供应链金融的主体,通过平台大数据对农业信息进行实时监控,利用平台实现供应链内部的资金闭环流动。同时,电商平台还引入担保机构、保险公司等金融机构,提供更丰富的农业供应链金融产品,如图 4-6 所示。

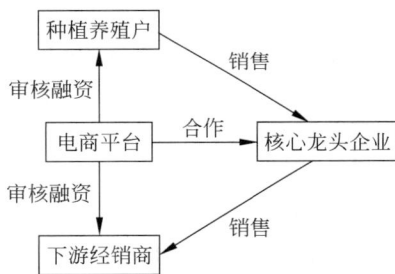

图 4-6　电商综合平台主导型农业供应链模式

以农业供应链为突破口,在传统种植养殖户——龙头企业的供应链基础上,加入电商平台,电商平台一方面为种植养殖户提供农资农具的购买渠道,另一方面为农产品的销售提供渠道,随时掌握种植养殖户的基本信息。对供应链中种

扩展阅读 4.3　"蚂蚁金服"农业供应链金融模式

植养殖户发放贷款时,采用大数据分析种植养殖户的经营和信用状况,并根据其承受能力确定信贷规模,在贷后阶段,电商平台可通过大数据跟踪种植养殖户经营和风险状况,同时根据平台掌握的销售资金,保证按时还款。

京东在我国 B2C(指电子商务中企业对消费者的交易方式)电商市场的占有率为50%以上。2013 年,京东开始涉足金融业务,建立京东金融,推出供应链金融服务,并使用自有资金满足部分供应链项目的信贷需求。京东的农业供应链金融涵盖了农资采购、农业生产、农产品种植、加工销售等环节,致力于满足农业产业链的所有需求,并在消费金融领域提供信贷、理财与保险等金融服务。京农贷是京东服务于农村的金融信贷产品,包括针对山东先锋种子种植户开发的"先锋京农贷"产品、针对四川仁寿枇杷种植户开发的"仁寿京农贷"产品等。

以"先锋京农贷"产品为例,在实际操作过程中,首先根据杜邦先锋及其经销商的数据获取农户的信用数据,选择符合条件的农户参与农业供应链金融,先锋种业与其经销商为种植环节提供融资贷款,并分别作为农户农资信贷的二级担保和一级担保。资金使用的场景被合作经销商严格控制,实现资金流和商品流的闭环循环。这种模式的优势主要是能够满足扩大种植的资金需求,且还款方式灵活,利息按天计算。值得注意的是,京东金融的授信主要由大粮公司完成,由于大粮公司的管理结构为大粮公司—济宁大粮—客户经理,因此京东首先授信给大粮公司,大粮公司再将额度分配给济宁大粮,最后由济宁大粮的客户经理授信给符合条件的农户。

"仁寿京农贷"是根据农产品收购订单,为订单农户提供生产所需的贷款。该产品的优势在于农户能直接获得现金贷款,使用灵活,且可通过订单履约偿还贷款本息。"养殖贷"采取"互联网信贷+保险+担保"的模式,目标客户为新希望产业链上下游的农户。这种产品的优势在于它能满足养殖农户的流动资金和固定资产购置的资金需求,且还款方式灵活并按日计息,融资增信由保险和担保提供,风险能充分分散。贷款的申请流程方面,农户在线上申请贷款,审批通过后再在线下填写申请表并签署贷款协议,人工审核后三个工作日内向农户发放贷款。

目前,电商平台推出的农业供应链金融模式在农村地区发展较快。电商平台借助互联网技术收集农户信息,并通过与农业龙头企业合作以及对信息流、物流、资金流的综合利用,为农村地区提供供应链融资。供应链金融利用供应链上核心企业的信用,为供应链上下游中小企业和农户提供融资。在供应链金融模式下,真实交易下的存货、应收账款等都能作为担保物,相对于传统融资模式具有较大优势。这种模式具有一定的规模效应,对大平台有益。

4.3.3 农业供应链金融数字化转型存在的问题

1. 供应链资金供应存在明显短板

资金是农业供应链金融数字化转型的基础,决定了融资业务的发展上限,目前已知的三种数字化农业供应链金融模式中,只有银行主导模式不会存在资金供应短板现象,其他两种模式均面临资金供应短板问题。这是因为其他两种模式的金融出资主体为小额贷款公司、互联网金融机构,这些出资主体普遍存在运行时间较短、资金来源有限、资金收集难度较大等问题。从资金来源角度来讲,互联网金融机构以同业拆借为主,自身存在局限性;小额贷款公司以捐赠资金、股东缴纳资本金为主。

2. 参与主体合法权益难以有效保障

农业供应链金融数字化转型是一项长期工程,要想确保各个参与主体的建设积极性,需要解决参与主体合法权益保障问题。具体来讲,农户在农业供应链金融利益分配中处于弱势地位,而农户参与金融业务的主要目标便是获取经济收益,可见解决农户与核心企业利益分配问题迫在眉睫。农户违约则是核心企业面临的最大利益问题,这是因为达成的协议普遍约束性不强,一旦农户违约,核心企业需要向金融机构偿还本金和利息,但是过后却很难成功向农户追偿。

3. 数字金融监管缺失

任何一种金融服务的发展必须有与之相匹配的监管做支撑。数字化农业供应链金融发展正处于初始阶段,针对性的监管还未完全成形。客观来讲,这种相对宽松的监管环境一定程度上使农业供应链的数字化转型更加便捷,如目前并未对小额贷款公司与网商银行资质作出硬性指标考核,二者均可作为出资方,有效缓解了资金来源的问题。但凡事均有两面性,如果相应的数字金融监管迟迟无法到位,势必滋生大量的违法操作行为。数字化农业供应链金融专业性较强,对监管者能力提出了更高要求,现场检查、定期检查等传统方式已无法满足全天候实时交易需求。可见,农业供应链数字化转型过程中,监管部门需要做好提前备案,快速形成能够适应其特征的有效监管。

4.3.4　农业供应链金融数字化转型的新思路

1. 优化农业供应链金融发展环境

只有为农业供应链企业及金融机构营造良好的发展环境,才能够逐渐形成良性竞争市场,并且通过市场环境变化来逐渐转变供应链企业的金融需求,进而促进农业供应链金融行业的发展变化,具体方式如下:①在不同发展阶段构建不同的农业供应链金融模型,以此来满足不同供应链企业对于金融发展的需求,同时还能够充分发挥企业在不同运营发展阶段的优势,真正做到通过技术条件和资金条件推动农业供应链金融发展。②打造流畅、方便、快捷的农业供应链金融平台,以此来收集、聚合众多农业供应链参与方的信息、资源和需求,帮助众多供应链上下游中小型企业缓解信贷约束,确保上下游企业在农业供应链金融转型中的作用得到充分发挥。③为农业供应链金融构建良好的制度,确保供应链企业和金融机构能够在保持高效运营、发展的基础上,致力于完善农业供应链金融体系,引导农业企业及金融机构积极、主动参与金融创新,为农业供应链金融发展和农业经济建设提供推动力。

2. 建设农业供应链金融服务体系

健全的农业供应链金融服务体系,不但能够为中小型企业提供所需的金融服务,还有利于将中小型企业需要承担的信贷风险科学转移到核心企业上,也能够帮助中小型企业更好地化解金融风险,具体方式如下:①完善农业供应链金融相关法律解释,例如,应收账款说明、动产评估标注等,在健全相应法律法规的同时,还能够提高不动产抵押的稳定性,进而形成相对良好的信用环境,以此来巩固现有的农业供应链金融信息披露制度,降低整体操作的风险性。②推动完善农业供应链金融信用体系,鼓励保理、租赁、担保等金融服务机构参与行业发展,提升农业供应链领域的整体竞争力,降低企业应用不动产进行抵押的风险,确保整体金融体系稳定、规范运行。

3. 激活农业供应链金融潜在需求

有需求才有服务,服务可以促进需求。因此通过激活农业供应链企业潜在金融需求的方式来活跃市场氛围,不但能够提高金融体系发展效率,还利于构建专业供应链金融体系,具体方式如下:①帮助农业企业和金融机构延长农业供应链,同时扩展多样化供应链企业和机构,以此来实现农业供应链的组织化发展;为供应链企业和金融机构建立利益共同体提供机会,尤其是需要强化核心企业与上下游中小型企业的连接,通过核心企业的资产力量和技术资源,提高农业经济市场发展的规范程度,同时有利于企业之间构建更为稳定和牢固的供应链关系。②鼓励农业供应链中小型企业不断提高自身的运营发展能力,提高各项金融活动开展的专业化程度,进而扩大其经营规模,规模得到扩大后,其金融需求自然而然便会增多。

4. 提高农业供应链金融信息化和数字化水平

加强农业供应链金融信息化和数字化建设,整合产业链、供应链相关生产、经营活动中产生的信息和需求,能够提高行业的透明度、协同性,同时为中小型企业提供更加专业的金融指导和更加具有针对性的金融服务,具体方式如下:①提高农业供应链各个主体信息技术应用水平,确保每个主体都能够有效地应用信息、通过信息系统获得相关金融信息,进而促进生产经营、合理配置金融服务和金融需求。在交易中,可以发挥先进信息技术在金融信息甄别和合约签订限制中的有利作用,进而提高农业供应链金融发展效率。②强化农村物联网和互联网体系建设,只有具备了快速、完整的网络系统,各项农业供应链金融信息系统才能够得到有效应用,在此基础上,需要积极引进先进信息系统和管理软件,以核心企业为依托,形成健全的农业供应链金融信息和数字化体系,确保各个企业通过计算机、智能手机等移动终端,获取需要的金融信息,以此来选择专业的金融产品及服务。

5. 加强对农业供应链金融的政策扶持

想要推动农业供应链金融数字化转型,需要通过一些金融监管政策、财政杠杆政策来弥补供应链资金供应短板,具体方式如下:①农业供应链金融是农业数字化发展的新兴产物,在监管方面难免存在不够严谨、不够完善的问题,为了确保小额贷款公司、互联网金融机构的科学运行,监管部门需要就不同行为形成新的监管策略。②从宏观角度进行资本引流,通过政策引导社会资本参与农业供应链金融数字化转型过程,例如,地方政府通过农业产业投资基金形式,吸引金融机构进入市场。

📝 案例讨论

河南农担创新助农供应链金融模式,让小香菇托起大梦想

香菇种植户扩大规模缺乏资金怎么办?在卢氏县,农民不用出村,缴了定金,拿着菌棒采购合同,就能办贷款。"现在的政策以前想都不敢想。买成品优质菌棒扩大香菇种植规模,不仅只拿一成的资金就可以了,还不用掏一分钱利息。"卢氏县潘河乡下河村香菇种植户方新锋开心地说道。

河南农担公司依托当地重点特色香菇产业,联合卢氏县人民政府、银行、龙头企业共同设计的"供应链金融"融资担保贷款产品落地,极大降低了农户的融资成本和银行信贷风险。这是 2021 年 3 月卢氏县被选为河南省农业信贷担保助推农业高质量发展试点县以来,创新推出的又一项农村金融服务。

乡村要振兴,产业振兴是关键。在创新金融"活水"的浇灌下,小小的香菇托起了产

业富民和乡村振兴的大梦想。

引金融"活水"浇灌特色产业，卢氏菇农足不出村获免息贷款

卢氏县地处豫西山区，气候环境适宜多种菌类生长，该县有食用菌专业村135个，从业人员11.5万人，菌棒（香菇菌棒是长满菌子实体的棒状培养基，在适宜条件下可以生长出香菇）年总产量在3亿棒以上，食用菌销售收入占农民人均纯收入41.4%，是卢氏县第一大主导产业、富民产业。

方新锋已经营香菇种植多年。"以前自己种香菇，从配料、装袋、灭菌、接种等菌棒培养阶段，再到管理、出菇得大半年时间，一年只能收一次菇。而且受限于技术条件，坏棒率比较高，费时费力。"方新锋表示。

由于资金有限，很多像方新锋一样的香菇种植户只能"各自为战"，始终面临资金跟不上、规模上不去等问题。"过去因为缺少有效抵押物，贷款额度低、利息高、手续繁杂，想通过贷款来扩大规模，很不容易。"方新锋说。

在此背景下，河南农担公司联合当地人民政府、银行以及龙头企业河南金海生物科技有限公司（以下简称"金海生物"），联合推出"供应链金融"融资担保贷款业务模式。

举例来说，当地香菇种植户若需要采购成品菌棒，与金海生物签订购货合同并缴纳定金后，就可以向当地河南农担公司县乡村三级服务组织（村金融服务部、乡镇金融服务站、县金融服务中心）申请贷款，然后银行上门办理业务。值得一提的是，贷款结清后，省级财政部门和企业共同对农户全额补贴贷款利息。

"大厂生产的菌棒，质量稳定可靠，杂菌感染率低。买回来后只需要进行简单的管理，省时省力，一年还能收两茬香菇，收入噌噌往上涨！"方新锋说。

农户"贷款难"问题解决了，一直让当地香菇制棒龙头企业头疼的"回款难"问题也迎刃而解。

金海生物相关负责人说，过去菇农分期付款拿货，一旦出现资金问题，企业后续回款面临较大风险。"有了河南农担公司提供担保，不仅解决了'回款难'问题，资金使用效率也提高了。资金充裕了，就能加大研发投入、扩大制棒产能、提升菌棒质量，进而带动香菇产业升级，助推当地乡村振兴。"

政府、担保、银行协作创新，赋能乡村振兴

为持续深化金融扶贫"卢氏模式"，巩固拓展脱贫攻坚成果同乡村振兴有效衔接，助推县域经济社会高质量发展，河南农担公司和卢氏县人民政府紧密配合，积极构建农业信贷担保体系，认真梳理当地特色主导产业，创新金融服务模式，开发符合农业生产和农村信用特征的金融产品，全力助推县域经济高质量发展和乡村振兴战略全面实施。

"此次落地的'供应链金融'融资担保贷款模式，是河南农担公司针对卢氏县主导特色产业，依托当地核心企业，打造场景化供应链金融的成功尝试。该担保贷款依托新型'政银担'合作模式，政府、银行、河南农担和核心企业四方紧密配合，按照政府引导、市场化运作模式，打造供应链金融生态圈，充分发挥供应链金融建链、强链、补链作用，赋能农业适度规模经营主体发展壮大。"河南农担公司相关负责人介绍。

此外，省级财政部门和当地核心企业还会对农户贷款按比例进行贴息，实现了各方共同参与、各环节协同配合、资金流闭环运作、成本风险共同承担，降低了农户发展产业

风险,带动核心企业发展和当地香菇产业升级。

据了解,截至 2021 年 11 月底,河南省财政部门通过河南农担公司已向 12 个试点县的 2 918 家农业适度规模经营主体发放首批贴息资金 572.4 万元,有效解决了农业"融资难、融资贵、融资慢"问题。

河南农担公司相关负责人表示:"公司将继续立足政策性功能定位,放大财政金融协同支农效应,围绕'一县一业''一乡一特''一村一品',做好农业细分行业商业模式和产业集群研究,有针对性地选择县域农业主导产业和特色产业加以重点扶持。同时,以新型农业经营主体为对象,支持乡村产业'五链同构'(产业链、价值链、供应链、数据链、金融链),引导金融资本下行,培育产业集群,赋能乡村产业振兴。"

资料来源:河南农担创新助农供应链金融模式,让小香菇托起大梦想[EB/OL].(2021-12-06). https://baijiahao.baidu.com/s? id=1718385919492461857&wfr=spider&for=pc.

思考:

1. 供应链金融如何助力乡村特色产业发展?
2. 政府、银行、农担公司在农业供应链金融中的分工和角色是什么?

✏️ 即测即练

第5章

生产制造领域的供应链金融业务

本章学习目标

1. 掌握生产制造型供应链的主要业务模式及其相互关系;

2. 分析库存质押、预付款融资和应收账款融资模式的业务流程与业务特点;

3. 结合供应链金融实践的案例,分析企业应当采取的最优供应链融资模式,理解业务中存在的风险和管理要求。

📚 引导案例

以金融联通产业,金融活水滴灌新能源产业重镇

历经多年积淀,深圳已在新能源整车、"四电三智"等核心关键领域处于领先地位。产业链优势不断显现的背后,是金融持续赋能。截至 2023 年 10 月末,深圳市制造业中长期贷款余额同比增长 41.5%,其中汽车制造业中长期贷款余额同比增长 103.2%。2023 年前 10 个月,汽车制造业继续领跑全市工业增长,增加值同比增长 59.3%。

政策领航——新能源汽车产业"串珠成链"

2023 年 8 月,深圳市工业和信息化局发布了《深圳市加快打造"新一代世界一流汽车城"三年行动计划(2023—2025 年)》,提出紧跟汽车绿色化、数字化、无人化、平台化发展趋势,发挥"深圳制造"的强大优势和内生动力,加快推动新能源汽车产业成为深圳经济增长新支柱。到 2025 年,全市新能源汽车年产量超 200 万辆,全球汽车"含深量"显著提升,汽车产业工业产值达到万亿元级规模。

政府发力、政策护航让深圳新能源汽车产业发展势头强劲。纵观 2023 年以来深圳公布的经济运行情况,不难看出,新能源汽车已从深圳工业经济的新兴领域上升为主流赛道,成为新的支柱型产业。

乘数效应——金融活水助力产业"由点及面"

金融是实体经济的血脉,也是高质量发展的重要推进器。深圳新能源汽车产业一路

"高歌猛进"的背后,离不开"金融活水"的滋养浇灌。

2023年2月,中国人民银行深圳市中心支行联合深圳银保监局、深圳证监局、深圳市地方金融监督管理局和国家外汇管理局深圳市分局印发《深圳金融支持新能源汽车产业链高质量发展的意见》(以下称为《意见》)。《意见》从聚焦产业链关键环节精准加大金融支持力度、围绕产业发展需求优化金融服务两大方面提出了12条具体举措,通过进一步完善深圳新能源汽车产业发展的金融生态,助力提升深圳新能源汽车产业链供应链韧性和安全水平,加快形成具有国际竞争力和品牌度的新能源汽车现代化产业集群。

中国人民银行深圳市中心支行相关部门负责人表示,《意见》发布以来,受到社会各界的广泛关注。中国人民银行深圳市中心支行还联合产业主管部门梳理深圳市新能源汽车产业链重点企业名单84家,指导辖内银行主动开展对接,累计向名单内企业发放贷款671.1亿元。

产融合作——政企联动加速企业"建圈强链"

2023年11月24日,比亚迪宣布第600万辆新能源汽车下线,成为全球首个达成这一里程碑的汽车品牌,此时距其第500万辆下线仅3个多月。从第一个"100万辆"用时13年,到最近的第六个"100万辆"仅用时3个多月。

在政企联动的背景下,龙头企业的引领作用远不止于此。其中,比亚迪联合多家银行建立金融信息及融资服务平台,供应商凭比亚迪签发的电子债权凭证流转、索偿或申请融资。事实上,产融合作的关键力量往往来源于政银合力。2023年4月,深圳市工业和信息化局与首批10家银行签署战略合作协议。根据协议,签约双方将进一步加强在产业集群发展、先进制造业园区建设以及中小企业培育等方面的产融合作,充分发挥各银行特色优势,着力推动先进制造业与现代金融业深度融合,筑牢经济发展"压舱石"。此外,深圳市工业和信息化局与中国银行深圳分行携手合作,在中国银行坪山支行设立新能源汽车特色支行,助力新能源汽车产业金融服务生态高质量发展。

资料来源:以金融"链通"产业,金融活水滴灌新能源汽车产业重镇[EB/OL].(2023-12-22).http://gxj.sz.gov.cn/gkmlpt/content/11/11066/mpost_11066834.html#3114.

5.1 生产制造领域的供应链金融业务概述

随着供应链金融实践的不断深入,供应链金融已经发展到以核心企业为主导,诸如产业供应链中的生产制造企业、分销服务提供商、销售平台或者第三方和第四方物流企业,这些企业利用自身的行业优势,结合现有的供应链管理系统,向供应链的上下游企业或客户提供全方位一体化的金融服务。

主导企业不同,相应的供应链金融模式也千差万别。有的核心企业利用自身信用为供应链其他企业提供担保,也有核心企业向客户提供动态贴现融资,还有核心企业在对外贸易中提供买方信贷和卖方信贷。这些供应链金融模式的发展,极大提高了供应链的运作效率,增强了供应链上企业的盈利能力。

相对于传统的融资模式,供应链金融利用供应链管理中对物流、信息流和资金流的监控,能够更好地控制在融资过程中的各种风险,有效缓解信息不对称问题以及道德风险,减少因为机会主义导致的违约问题。供应链金融可以扩大资金的来源,提高资金的利用效率,减少资金的使用成本,从而促进供应链的整体发展。

结合供应链发展的以核心企业为主的发展模式,本章对生产制造领域核心企业推动的供应链金融创新模式予以介绍。

生产制造业的供应链具有全链条、高复杂度、涉及面广的特点。最初的供应链金融就是从生产制造型企业开始的。生产制造型供应链金融作为最主要的供应链金融模式之一,在现代金融领域占据着重要的地位。

在商品生产过程中,生产制造型企业具有先天的巨大优势,这些企业往往在上下游供应链当中具有很强的话语权,可以极大地影响上下游企业的业务,特别是制定商品的价格,所以生产制造型企业可以左右很多中小企业的发展和前景。同时生产制造型企业也是中小企业融资困难的主要原因之一,尤其是核心企业在交易方式和结算方式上的话语权,导致其上下游中小微企业不得不接受预付货款,或进行赊销形成应收账款,从而形成流通资金紧张。生产制造型企业高效运用自身在供应链中的核心地位,充分利用信息的完整性和真实性,一方面可以提高自身的经济效益,节约大量库存,减少资金占用;另一方面可以缓解中小企业的资金压力和改善经营状况,提高整条供应链的经营效率。

5.1.1　生产制造型企业所处的困境

中国生产制造业作为国家经济的重要支柱,近年来虽然取得了显著的发展成就,但同时也面临一系列严峻的挑战和困境。这些问题不仅影响到生产制造业本身的健康发展,也对整个国家经济的稳定增长构成了威胁。

技术自主性不足是一个突出的问题。据报道,中国制造业在关键核心技术方面的自给率仅为1/3。这意味着在许多高端制造领域,中国仍然依赖于进口核心技术和零部件,这不仅增加了成本,也降低了产业的安全性和竞争力。此外,全球供应链的不稳定性,如原材料价格波动、国际贸易摩擦等,也给制造业带来了巨大的外部压力。

另外,现代生产制造型企业在国内供应链上也面临前所未有的压力,不仅有前端设计成本高、需求多样化的压力,也有后端销售挤占利润的威胁。根据商品生产过程中的微笑理论可知,生产制造型企业的利润在现代商业体系中是最低的。各个生产制造型企业为了提升盈利能力,纷纷投向了以服务为主导的战略方向。

扩展阅读5.1　什么是"微笑曲线"?它与"产业链图谱"有何关系?

5.1.2　生产性服务业

为了促进生产制造型企业的发展,结合生产服务化的战略实施,学者们提出了生产性服务业的概念。随着社会分工和科学技术的发展,服务业逐渐从农业和工业中独立出来,成为一个独立的行业。专门为生产制造提供服务的部门也不断壮大,成为维持生产制造过程持续性、提升产业水平、提高生产力不可或缺的重要影响因素。生产性服务业逐步发展为具有自身运作规律的行业。

扩展阅读5.2　推动生产性服务业提质增效

生产性企业并不向消费者提供直接的服务,它是依附于制造业企业而存在的,贯穿生产的整个链条,主要投入人力资本和知识资本,是第二产业和第三产业加速融合的关键环节。

由于生产制造领域的企业具有很强的专业性和信息传递性,生产性服务业主要包括知识密集型产业、技术密集型产业和资本密集型产业。表 5-1 所示为生产性服务业的具体划分。

表 5-1　生产性服务业的具体划分

生产性服务业	内　　容
知识密集型产业	金融、法律、设计和咨询等
技术密集型产业	信息服务、节能与环保服务、软件设计等
资本密集型产业	交通运输业、物流行业等

由表 5-1 可知,虽然金融和物流都属于生产性服务业,但是金融属于知识密集型服务业,物流属于资本密集型服务业。两者共同为生产制造型企业创造更大的附加价值。生产制造型企业不仅可以利用自身的物流公司为自己提供物料运输服务,还可以让自身的物流部门独立出来,承接全供应链的运输业务(自有物流/第三方物流),在创造利润的同时,也提高了资源的使用效率,使得整条供应链都因此获益,惠及千家万户。

生产性服务业不仅为企业自身的生产制造环节服务,还可以为企业外部的其他公司、企业或客户提供服务,而这种服务往往比单纯的生产制造创造的价值更大,成为生产制造型企业产品增值更加重要的来源。因此,生产性服务业具有表 5-2 所示的三大特征。

表 5-2　生产性服务业的三大特征

特征	描　　述
价值增值性	深化专业分工,有效降低单位能耗和资源消耗;嵌入高级生产服务元素,促进生产环节向高附加值的两端延伸,从而满足消费者需求,增强企业盈利能力
要素密集性	改变投入方式,更多依据服务要素密集化的中间投入,促进生产专业化,提高劳动生产率
产业整合性	生产性服务业贯穿生产、流通、分配和消费等社会生产环节,有效促进产业融合发展

5.1.3　生产制造领域的供应链金融

1. 生产制造领域的供应链金融概念

生产制造领域的供应链金融是指在整条供应链当中由居于主导地位的生产制造商牵头发起的,依托信息技术,面向上下游企业提供融资,以服务自身或其他供应链上的企业为目的的供应链金融模式。这种生产制造型供应链要求生产制造商在供应链当中资金规模巨大,市场优势非常明显,并且在价格制定方面起着决定性作用。生产制造型企业在服务战略的指引下转向供应链金融可以说是必然的发展趋势。生产制造型企业发展潜力匮乏,创新不足,即使采用大数据、人工智能改造生产设计制造的流程,依然无法改变生产制造型企业在现代经济体系中的市场地位。生产制造领域的企业将长期处于利润的薄弱环节,相对于金融业的发展而言仍然十分缓慢。

按照科林·克拉克(Colin Clark)的产业分层理论,产业可以分为工业、农业和服务业三部分。农业可以依靠地租,服务业长期以来的利润率都比较高,工业特别是生产制造型企业为了获得社会的平均利润率水平,必然向服务业逐渐靠拢,提升整体盈利能力就成为大势所趋。

2. 生产制造领域开展供应链金融的好处

供应链金融可以给制造业带来诸多好处。

1）降低交易成本

供应链金融通过整合供应链中的资金需求和供应,实现资金的高效流动。这种模式能使企业更快地回收应收账款,从而减少因资金占用导致的时间成本和利息成本。同时在传统的融资模式中,信息不对称是导致高交易成本的一个重要因素。供应链金融通过建立更加紧密的合作关系,共享更多的信息资源,有效减少了信息不对称带来的额外成本。供应链金融通过电子化和自动化的交易处理系统,减少了人工操作的需要,从而降低了处理速度慢和错误率高带来的成本。此外,通过算法优化交易决策过程,也能进一步提高效率。

2）增强产业链协同效应

供应链金融通过促进上下游企业之间的信息共享和业务协同,能够显著增强产业链的协同效应。供应链金融利用现代金融科技手段,如大数据、云计算和区块链技术,整合物流、资金流和信息流,为核心企业及其上下游企业提供一体化的金融服务。这种整合不仅提高了资金使用的效率,还降低了企业运营成本。

信息共享是供应链金融的一个关键功能。通过共享需求预测、库存情况、订单状态等关键信息,上下游企业可以更准确地调整生产计划和库存管理,从而减少库存积压和过剩风险。此外,信息共享还有助于构建信任和合作关系,使得整条供应链更加灵活和响应市场变化。

在业务协同方面,供应链金融支持企业间的紧密合作,例如通过共同开发信用贷款产品和优化融资服务来满足不同企业的特定需求。这种协同不仅限于财务层面,还包括技术和市场开拓等多个方面,帮助企业共同应对市场挑战,提升竞争力。

供应链金融还能够通过提供定制化的金融解决方案来支持小微企业,这些企业往往难以从传统银行获得足够的资金支持。通过供应链金融,这些企业可以更容易地接入整条供应链的资金流中,从而提高其市场地位和盈利能力。

3）提升企业信用管理水平

供应链金融通过整合和优化供应链中的信息流、物流和资金流,可以显著提升企业的信用管理水平。①供应链金融可以利用大数据和云计算技术,实现供应链各环节的实时数据共享。这不仅提高了决策的速度和准确性,还能通过数据分析预测市场需求,从而优化库存管理和生产计划。②通过应用人工智能和物联网技术,供应链金融能够实现订单处理、库存管理和物流配送等环节的智能化与自动化。这有助于提高运营效率和服务质量,同时降低成本和风险。③区块链技术的应用:区块链技术在供应链金融中的应用可以提高信息的透明度和安全性。它确保交易记录的不可篡改性,从而提升整个供应链系统的信任度和效率。④供应链可视化：供应链金融通过提供一个集成的平台，使所有参与方都能实时查看供应链状态，这包括订单、库存和物流等关键信息。这种可视化管理有助于及时发现问题并采取相应措施。

4）促进创新和可持续发展

供应链金融通过多种方式促进制造业的创新和可持续发展。供应链金融能够提供更加灵活和定制化的金融服务，满足制造业在不同发展阶段的资金需求。例如，通过应收账款、存货、仓单质押等方式，为上下游企业提供流动性支持，这有助于缓解企业的资金压力，从而更好地投入研发和技术创新中。

供应链金融还能通过与绿色、低碳发展紧密结合的金融产品和服务，推动制造业向环保和可持续方向转型。例如，汇丰银行推出的可持续发展供应链融资项目，就是将企业的环境表现作为融资条件之一，这不仅帮助企业减少碳排放，也促进了其在环保技术上的投资和创新。此外，供应链金融通过整合产业链资源，优化资金流向，可以增强整个产业链的竞争力和抗风险能力。这对于鼓励企业进行技术创新和升级改造尤为重要，因为这些活动往往需要大量的前期投资和较长的回报周期。

供应链金融还可以通过创新金融产品和服务，如智能制造相关的金融服务，来支持制造业的数字化转型。这种类型的金融服务能够更好地适应智能制造的融资需求，促进制造业在智能化、自动化方面发展。

供应链金融通过提供定制化金融服务、推动绿色低碳发展、整合产业链资源以及支持数字化转型等多种方式，有效地促进了制造业的持续创新和可持续发展。

5）应对经济波动和外部风险

供应链金融通过多种方式帮助制造业企业应对经济波动和外部风险。供应链金融能够提供流动性支持，帮助企业在市场需求疲软或经济下行时保持运营。例如，当市场需求减少时，供应链金融可以通过预付款、保理等方式，为企业提供必要的资金支持，从而避免因资金短缺导致的生产停滞或业务中断。

供应链金融还能增强企业的风险管理能力。在面对宏观经济周期变动、价格波动、融资环境变化等外生风险时，供应链金融通过整合上下游企业资源，共享信息，优化信用评估和风险分担机制，帮助企业更好地识别和控制风险。此外，供应链金融还能通过提供定制化的金融产品和服务，如基于特定行业需求的融资解决方案，来帮助企业适应市场变化和客户需求。

在全球化背景下，供应链金融还能帮助企业拓展国际市场，通过跨国贸易融资、国际支付结算等服务，缓解国际交易中的汇率风险和支付障碍，促进企业的国际化发展。

供应链金融通过提供资金支持、增强风险管理能力和促进国际化发展等多方面功能，帮助制造业企业有效应对经济波动和外部风险，从而保持企业的稳定增长和竞争力。

3. 生产制造型企业发展供应链金融具有的优势

1）资金实力雄厚

能成为供应链金融的核心企业的现金流在整个供应链企业当中应当是最多的。核心企业在经营过程中形成大量的资金占用和资金沉淀。资金占用主要是由于生产制造型企业往往需要大量的固定资产,大型的机器设备,以及各种各样的原料、能源、管理成本的支出等。资金沉淀则是由于核心企业在整条供应链当中居于核心地位,可以延缓应付账款、应付票据和其他资金的支付,从而形成巨大的资金池。其有能力为供应链上的中小企业提供资金扶助,帮助缓解和解决中小企业融资难的问题。核心企业除了自有资金,还可以很容易地从银行等金融机构获取外部资金,这也是核心企业资金实力的重要组成部分。

2) 信息充分

能成为供应链金融的核心企业往往是在整个行业当中资历最老、信息最为充分的信息枢纽。核心企业可以利用自己的信息优势,为供应链当中的中小企业提高信用水平,帮助中小企业获得更多资金,优化中小企业的库存结构,减少原料、半成品和产成品的资金占用,加速整条供应链的资源流动,提高资源的利用效率。在供应链金融发展之前,核心企业没有充分利用好自身的信息优势,主要是缺乏信息意识,同时也缺乏必要的信息集成工具。现在有了互联网技术、大数据、人工智能等新科技的帮助,核心企业完全可以充分利用好自己的信息优势,获得另外的利润来源。发展供应链金融对于整条供应链上的核心企业和中小企业而言,是一个互利共赢的大好机会,可以实现双赢的局面。

3) 采用的供应链金融模式非常多样

供应链金融模式有非常多的形式,包括预付款类融资、库存类融资、基于债权的融资、物流融资以及商业贸易类融资。这些融资模式对于生产制造型核心企业而言,都有千丝万缕的联系。核心企业完全可以根据自身行业特点,选择最为合适的供应链金融模式,实现收益最大化,提高经济效率。与之相比,中小企业在供应链金融模式的选择上,可供选择的余地并不大。因此核心企业一定要利用好自己在融资方式上的优势,可以选择已有的金融模式,也可以自己创造出独特的供应链金融模式,比如海尔集团的供应链平台和 TCL 的供应链系统等都是供应链金融模式创新的典范。

生产制造型企业之所以能很好地发展供应链金融,还由于自身具有物流、资金流和信息流方面的多重优势。企业可以充分利用好已有的物流配送能力,为整个供应链上下游企业提供物流服务,降低成本,提高企业利润。基于物流方面的优势,可以充分利用好第三方物流监管、存货质押、票据质押、应收账款质押等多种供应链金融模式。

5.2　生产制造领域的供应链金融模式

5.2.1　生产制造领域的服务化战略

越来越多的生产制造型企业开始从单纯提供产品转变为提供产品与服务,继而提供服务解决方案。比如美国曾经的制造业巨头 IBM(国际商业机器公司)在这个方面做得最为彻底,IBM 在将电脑生产转让给联想、将其主要生产制造部门都外包给其他公司之后,完全转变成一家以提供软件服务为主的企业。由此可见,服务化是生产制造型企业未来的发展方向。在这种趋势之下,供应链金融被越来越多的生产制造型企业所采纳和关注,成为发展产业供应链的强大推动力。

以服务为主导的生产模式就是服务化战略,实施服务化战略成为扩大盈利来源的重要武器。不仅如此,服务化战略还可以帮助我国由低端制造向高端智造转变。

现在企业竞争不仅是产品的竞争,服务也是产品销售的重要组成部分。一方面,服务为生产制造型企业提供产品支持,如零部件、维修维护、检验等,保证生产正常运行。另一方面,服务也走出了企业,为客户提供售后、咨询、建议等附加服务。因此,服务不仅是产品价值的一部分,而且通过企业用户及客户共同创造价值,在某些情况下,为外部用户服务能创造出更大的价值。企业在为客户提供产品和服务时,应当协调好各自的利益分配,为创造更大的价值而协调合作,实现双赢甚至是多赢,提高整个供应链企业的竞争力。

1. 根据客户使用的服务不同对生产服务化战略进行分类

根据客户使用的服务不同,服务化战略可以分为四类,即消费服务、产品部件服务、工具服务和半成品服务。其中,消费服务亦称消费性服务或消费劳务,是指企业运用各种资源和功能,以满足客户物质和文化生活消费需要的有用活动。产品部件服务和工具服务要求生产制造型企业具有创新能力,为客户提供额外的增值活动。消费服务和产品部件服务及工具服务最大的区别在于消费服务只关注产品本身,而产品部件服务和工具服务突破了产品本身的限制,按照客户定制化需求进行针对性的服务活动。半成品服务只是在生产制造过程中充当生产要素,主要目的是减少企业半成品传递之间的物流成本和时间消耗,进而推动产品生产的无缝衔接。

2. 根据客户需要对生产服务化战略进行分类

为了实现与买方之间的协同价值创造,服务供应商需要完成许多工作,包括资源供应、设计、整合、市场运营和外包等。马丁内兹等(Martinez et al.,2010)在已有的交易性产品服务的基础上提出了另外三种服务方式:产品和服务的传递、产品和服务的定制化以及产品和服务的协同设计与整合。

根据客户的需求,学者对服务化战略进行了不同的分类,有的是基于产品服务的视角(Wynstra et al.,2006),有的是基于流程服务的视角(Martinez,2010),还有的是基于两者的整合视角(Pekkarinen,Ulkuniemi,2008),本书参考已有文献(宋华,2018),将生产制造领域的服务化战略分为三种类型——业务流程导向型服务、技术应用整合型服务和系统集成打包型服务,如图5-1所示。

第I类是业务流程导向型服务,是指企业在与客户长期合作当中,形成的规范流程。其对一系列在业务上相关的合作性或交易性的活动进行协调,最终实现客户价值增值,比如接管客户的管理活动或物流活动等。业务流程导向型服务强调通过业务流程的协调整合满足客户需求,目的主要是着眼于与客户保持一种长远的良好的合作关系,通过流程来巩固双方的紧密联系,以获得更加稳定的价值提升。

第II类是技术应用整合型服务,这类服务要求企业能根据客户的个性化需求,从技术和产品角度整合优化,提出定制化的技术和产品解决方案。技术应用整合型服务更强

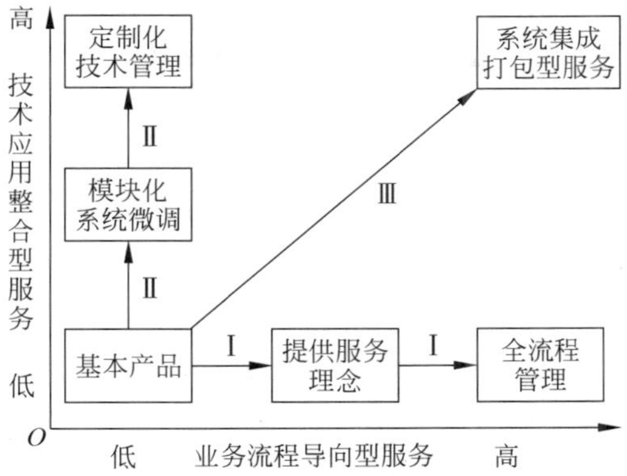

图 5-1 生产制造领域服务化战略的三种形态

调技术的整合而不是技术的创新,通过技术的重新组合,更能灵活地应对客户的各种特定需求,而不需要重新设计产品或更换服务的模式。比如在某些产品设计领域,技术的整合更能发挥企业自身的专业技术优势,降低服务的成本,提高服务的收益。

第Ⅲ类是系统集成打包型服务。打包就是指为客户提供一站式服务,一次性满足客户的多种需求。系统集成则是指提供整体的解决方案,对全部资源进行有效组合,优化业务流程,实现综合收益增长。系统集成打包型服务综合了前两者的优点,整合全部资源,优化流程,全面满足客户的特定需求,提升客户的服务体验。

5.2.2 生产制造领域的供应链金融类型化

基于上述对生产制造领域的服务化战略的认识,可以看出作为服务的提供者以什么样的途径和方式满足差别化的客户价值诉求以及协同生产要求,决定了企业生产运营供应链运行的效率。资金流是供应链管理的重要组成部分,供应链金融如何作用于生产制造领域是可以深入探索的问题,与上述服务化战略的逻辑一致,可以从金融在生产制造领域供应链中扮演的角色和发挥的作用来区分供应链金融的运作模式与类别,如图 5-2 所示。

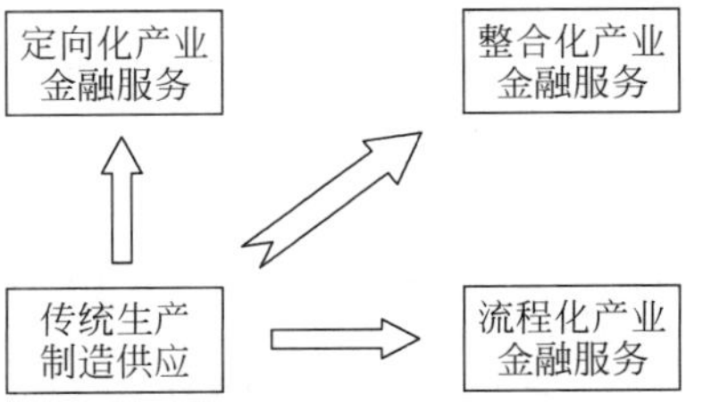

图 5-2 生产制造领域的供应链金融模式

1. 流程化产业金融服务

流程化产业金融服务模式与业务流程导向型服务一致,与生产同步,实现物流、资金流、现金流的业务流程的高度融合。流程化产业金融服务可以利用先进的计算机技术、大数据、人工智能来虚拟生产过程,构建扁平化、合作竞争的动态组织架构,以各自的核心竞争力为依托,协调开展生产经营活动。帮助客户打造贯穿其产业从方案商到原材料供应商、从制造商到渠道商的完整生产运营体系。

对于客户而言,这种金融服务模式的优势表现为:①借助服务运营商的流程整合,大大降低了生产运营中潜在的交易成本,实现了生产的高效率;②缩短了客户的现金流量周期,提高了资金运营的效率;③可以使客户专心于产品研发或擅长的经营活动,外包自己无法承担的生产运营活动。对于金融服务提供商来讲,这种金融服务的优势在于:①通过客户行业,帮助组织虚拟生产,真正成为客户必不可少的战略合作伙伴;②通过金融与生产经营的结合,实现金融与管理活动的效益最大化。

当然,要成为流程化产业金融服务提供商,其前提条件是:①非常熟悉客户行业,了解其经营特点以及行业运行的规律;②具有很强的生产组织能力及管理能力,特别是流程设计能力和质量管理能力;③建立良好的信息网络系统,能有效组织生产经营活动,并同步管理、控制分散在不同地区的生产者;④具有良好的资金调配能力及风险管理能力。

2. 定向化产业金融服务

定向化产业金融服务是指金融服务提供商(即焦点企业)凭借自身的产业供应链,特别是供应或分销关系,以企业的上游供应商和下游客户为特定对象,以自身设计、生产的产品和业务为依托,并且通过产业供应链服务化,尤其是金融资源的运用,实现产业供应链的顺利运营,从而稳定上下游关系,促进产品和业务的发展,同时拓展供应链服务化的空间。

具体来讲,定向化产业金融服务对金融服务提供商而言,其优势在于:①有利于自身产业供应链的建设和发展,特别是稳定上下游关系;②推进了商流、物流、金融三个环节高效融合,拓展了产品和业务发展的空间,有效降低了单纯供应或销售存在的潜在风险;③拓展产业供应链服务的空间和领域,更好地通过金融夯实自己的产业供应链。

视频 5.1 钢铁行业的供应链金融业务

同时,产业供应链的发展可以进一步带动金融资源的增值。对金融服务对象(客户)而言,其优势在于:产品和服务的结合更加有利于客户投身于生产经营与市场开拓活动中,降低了客户的运作成本,增强了其对服务企业以及产品的信心,并且有利于买卖双方形成长期稳定的合作关系。从事定向化产业金融服务的前提条件是:①自身产业供应链网络建成和成熟,特别是具有完善的供应商和客户管理体系;②服务商具有较强的技术、设计和产品运营能力;③自己承担相应的风险,并且管理供应链金融风险;④企业自身具有强大的信誉和资源。

3. 整合化产业金融服务

整合化产业金融服务模式结合了流程化产业金融服务和定向化产业金融服务两种形态,高度整合了供应链全流程。一方面,在供应链上,利用金融资源实现从原材料采购、运输、投入、生产,再到半成品、产成品的流通分销的全供应链的高度组织化和标准化,构建现代化的生产运营体系;另一方面,充分结合了服务运营商自身的技术和产品,通过金融性服务,保障自身供应链运行的高效率和效益,稳定上下游关系,促进产品和业务的发展,在为上下游服务的同时,进一步拓展自己的发展空间。

对服务对象(制造企业)来讲,这种金融服务的益处包括以下两点。

1)高度的流程整合使得交易成本下降

供应链运行的长度和复杂性导致客户产生巨大的交易成本。这些费用包括发现相对价格的工作、谈判、签约、激励、监督履约等。此外,交易成本还涉及合同设立费用、行政费用、运输服务费、监管费用以及解决争议和应对不确定性相关的其他成本。

因此,交易成本问题是客户需要面对的挑战。特别是在一些专业产业领域:①生产要素的特殊性和复杂性,加之各要素市场的集中度差异较大,造成买卖双方要想了解交易对象的实际需求和状况是非常困难的(即现货市场的信息都是非常有限的),这就是所谓有限理性;②在某些时候存在着机会主义动机,亦即利用信息不对称侵害交易对方的利益;③由于各种非经济因素的影响,生产企业和分销企业之间的交易存在着很大的不确定性与诸多少数情况,很多时候交易往往受制于相互之间的个人利益、关系等因素,加之契约是在不同时间、地点随机进行的,使得交易费用也呈现出较高的状态。而整合化的供应链金融由于实现了全供应链流程整合,打通了生产、分销和销售之间的渠道,因此,如果能够实现高度整合化的产业金融服务,上述潜在问题就可以迎刃而解。

2) 定向化服务使特定技术和产品的运用得到保证

定向化服务主要满足的是客户特定需求。这种服务模式在现代社会中越来越受欢迎,因为它能够精准满足个体或团体的独特需求,从而提升效率和客户的满意度。这些服务不仅包括传统的信贷支持,还涵盖基于新一代信息技术的创新金融服务模式。例如,金融机构通过贷款、融资租赁和股权投资等方式,帮助制造企业满足资金需求,促进技术创新和产业升级。此外,政府鼓励制造企业围绕产品开展金融创新服务,并从税收政策方面予以支持,特别是资产证券化产品。制造业集团与金融机构合作,开展信息和数据共享,或开发金融科技平台,开展供应链金融业务,为上下游企业提供融资支持。这些措施有助于畅通制造企业的融资渠道,提升其市场竞争力和生产力。

实现整合化的供应链金融服务需具备的条件是:①服务运营商具有良好的管理能力,特别是供应链设计、组织和运营能力;②服务运营商不仅擅长生产领域内的管理,而且具有很强的渠道、市场拓展能力;③服务运营商自身的产品和业务能力较强且有着很好的产品线与资源;④服务运营商能很好地获取或拥有金融资源,并且具有将金融资源融入供应链运营中的知识和智慧;⑤服务运营商有着良好的风险管理能力,能分散和降低供应链金融运行中的潜在风险。

视频 5.2　日本商社制造业＋供应链＋金融的产商融生态模式

5.3　流程化产业金融服务

流程化产业金融服务实际上就是一种以客户为中心,通过再造业务流程来提供金融服务的模式。这种模式强调将金融服务嵌入产业的各个环节中,实现线上操作和流程化审批,从而提高效率和降低风险。流程化产业金融服务包括贷款、融资租赁、融资担保等多种业务模式,通过数字化平台实现供应链金融的远程渗透和穿透式管理。这种模式不仅能满足实体产业的多元金融需求,还能通过平台化、生态化和内容化等手段提升金融服务的可行性与直观性。流程化产业金融服务在通信领域表现特别突出。

5.3.1 业务背景

1. 通信行业现状

通信行业作为现代经济的重要组成部分,近年来在基础设施建设、技术创新和政策支持等方面取得了显著进展。国家统计局数据显示,2023 年我国通信行业保持稳中向好的运行态势,电信业务收入稳步提升,累计完成 1.68 万亿元,比 2022 年增长 6.2%。此外,通信行业的整体趋势向好,基础设施不断完善,利好政策不断出台,推动行业发展。

尽管通信行业整体发展态势良好,但其在供应链金融方面仍存在一些问题,具体如下。

(1)上下游企业融资难、融资贵的问题依然突出。国内通信行业具有垄断性特征,由中国移动、中国联通和中国电信三大运营商主导,这三大运营商虽然规模大、资金充足、信用良好,但其上下游的制造商和承销商多为小微企业,这些小微企业由于规模小、信用记录不完善等原因,难以获得银行贷款或融资成本较高。

(2)供应链金融在通信行业中的应用尚不广泛。尽管供应链金融作为维护产业链供应链安全稳定、为产业链"输血融通"的重要手段,被越来越多的行业和机构所认可与应用,但在通信行业中,这一模式的应用仍处于初级阶段。这主要是因为通信行业的供应链结构复杂,涉及多个环节和多方利益主体,导致供应链金融的实施难度较大。

(3)数字化转型带来的新挑战。数字化转型背景下,虽然 5G 等新技术的发展给通信行业带来了新的发展机遇,但其也对供应链金融提出了更高的要求。如何在数字化转型过程中有效利用供应链金融工具,提升产业链的整体效率和竞争力,仍然是一个亟待解决的问题。

这些问题的存在,不仅影响了通信行业的健康发展,也制约了其在全球市场中的竞争力。因此,未来需要进一步完善供应链金融体系,推动技术创新和政策支持,以解决这些问题,促进通信行业可持续发展。

由此可知,在通信行业供应链中存在着大量的中小企业或小微企业,往往因为信息不对称、资产不足、资源有限等问题,这些企业的发展遇到了巨大挑战。如何有效解决供应链金融网络的融入问题,多渠道获得资金支持,降低资金成本成为当前通信行业的主要难题。同时,政府的有效监管、政策法律层面上的大力支持也是提升通信行业竞争力的关键所在。

2. 现有供应链金融模式及其挑战

基于通信行业传统的企业运作模式,为有效促进企业竞争力以及产业效率的提升,一些企业也相应地进行了供应链金融模式的探索,主要包括以富士康为代表的基于核心企业担保的"M+1+N"[①]模式以及以普路通为代表的基于货押的物流金融等。

其中,就基于核心企业的"M+1+N"模式而言,富士康作为通信行业中的大型企业,在银行往往具有较高的商业信用,基于富士康作为核心企业本身担保的能力或者是票据

---

① M 代表上游中小供应商企业,1 代表核心企业,N 代表下游中小经销商企业。

本身的信用能力,部分供应商或者客户可以通过拿到富士康开具的商业票据到银行贴现,从而获得融资。这种融资是以核心企业为基础的一种融资性行为,前提条件是被融资企业与核心企业之间有着频繁的业务往来,但在通信行业供应链网络中并不是任何一个企业都与核心企业有着业务往来;另外,如前所述,这种模式下供应链金融具有内在不稳定性,由于银行不能有效管理风险,且核心企业并不一定具有契约精神,对于银行而言,风险管控问题也较难解决。

另一种比较有代表性的模式是以普路通为代表的基于货押的物流金融模式。普路通作为一家整合传统通信行业供应链并提供方案设计、采购、分销、库存管理等服务的供应链管理公司,在为客户进行采购的过程中,向客户收取一定比例的保证金后,为客户垫付全额货款进行采购,而客户在需要的时候通过补交扣除保证金后的剩余货款获取产品。尽管这种基于货押的物流金融模式开始由银行走向产业,但由于普路通不具有强大的供应链整合与集成能力,只能做简单的货押融资,这种融资链条较短,是供应链网络中一种片段化的融资方式。而且这种模式融资受限于企业本身所拥有的质押物,如果没有质押物,便没有办法进行融资。此外,在交付保证金后,如果缺少后续资金作为质押的货物还是不能快速获得,也会对企业生产经营产生影响。

5.3.2　创捷的虚拟供应链运作

2007年8月29日,创捷供应链有限公司(以下简称"创捷")在深圳市成立,总部位于深圳市福田区。创捷是一家以信息化技术为核心,专注于供应链管理和进出口贸易的国家级高新技术企业。其业务涵盖制造业国际贸易、国际物流(海运、中欧/中俄班列)、国内物流(专线/专车)、仓储服务[RDC(区域配送中心)]、包装设计及制作等供应链一体化服务。

创捷供应链致力于搭建"产业互联网＋供应链金融"的平台,通过"创捷供应链B2B电子商务平台"提供跨国商贸综合服务。公司总部位于深圳市中心商务区国际商会大厦,并在北京、上海、重庆、香港等地设有分公司及办事机构。经过多年发展,创捷建立了一套完善的进出口采购、销售、供应链配送体系,为客户提供专业、完整的一体化供应链解决方案。

此外,创捷供应链还与国际知名的软件供应商SAP达成战略联盟,开发出"SJET ERP供应链管理系统",构建了"灵活前台,刚性后台"的平台式运营体系,形成了便捷高效的供应链、资金流、信息流、商务流等整合型一体化运作平台。截止到2023年,公司有员工约200人,其中93％为技术人员。[①]

1. 创捷构建虚拟供应链业务结构

要解决通信行业传统的生产组织存在的一系列问题,就需要强化中小微企业在价值生态网络中的地位、资讯和能力,即借助互联网、物联网等新兴信息技术建构虚拟产业集群,使原来分散碎片化的中小企业或小微企业集合成虚拟的"1",大大提升业务的连接度

---

① 深圳创捷:SAP重构创捷供应链管理平台,清除管理"黑洞"[EB/OL]. http://cs. sina. com. cn/minisite/201310SAP/13. pdf.

和扩大业务规模,增强企业在网络中的实力和信用。创捷运用互联网手段,将通信行业中分散的碎片聚合成虚拟的"1",在此基础上通过虚拟供应链搭建了整个行业的价值生态网络。创捷作为服务提供商,从商流、物流、信息流及资金流等方面对虚拟产业集群中的所有参与者进行有效管理。创捷通过构建虚拟供应链网络实现这种管理。

在传统产业集群分工的基础上,创捷对产业链条各个环节进行了重新组合,并通过三个平台将其重新整合:①接单主要通过构建香港接单平台予以整合,因为这些手机行业终端客户一般都是海外企业,而香港拥有便利的国际贸易环境以及较低的资金成本。②设计、采购与生产通过建立虚拟生产平台进行整合管理。这个平台强调专业化,能够进入这个平台的企业都必须通过创捷的认证。③基于海关与税务方面的优势,对于物流、结算等通过建立进出口、物流平台进行管理。创捷则扮演了供应链管理协调员与项目管理员的角色,专门负责管理信息平台、运营平台及金融平台。在此基础上,创捷通过三个平台对传统产业集群中的业务结构予以优化(图5-3),实现了传统业务结构的模块化管理。

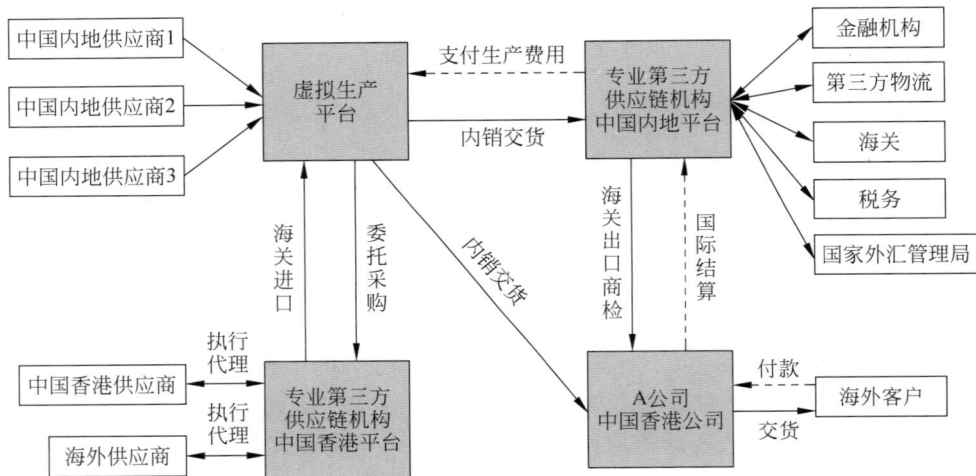

图 5-3　创捷虚拟供应链的业务结构优化①

2. 创捷的信息化平台促进了虚拟供应链网络伙伴关系管理

创捷的信息化平台促进了虚拟供应链网络伙伴关系管理,保障了虚拟供应链网络中伙伴关系的稳定性。同时,供应链商业模式的核心基础是信息系统的完善,特别是跨企业的信息系统,只有建立了这种集成化的供应链系统,虚拟生产、电子商务才能真正有效开展。创捷正是基于这种理解,采用了国际著名的 SAP 公司的 ECC 6.0、SRM(供应商关系管理系统)、PI(流程集成工具)、IBM SI(IBM 的系统集成服务)、WMS、TMS(运输管理系统),并与全球四大咨询公司之一的凯捷咨询结为信息化战略合作伙伴,双方联合设计开发,共同打造创捷供应链 E-SCM 系统(图5-4)。创捷供应链 E-SCM 系统结合完善

---

① 宋华,卢强.基于虚拟产业集群的供应链金融模式创新:创捷公司案例分析[J].中国工业经济,2017(5):172-192.

的供应链管理流程,形成便捷高效的物流、资金流、信息流、商务流整合型一体化运作模式,为企业提供专业的电子商务供应链管理服务。

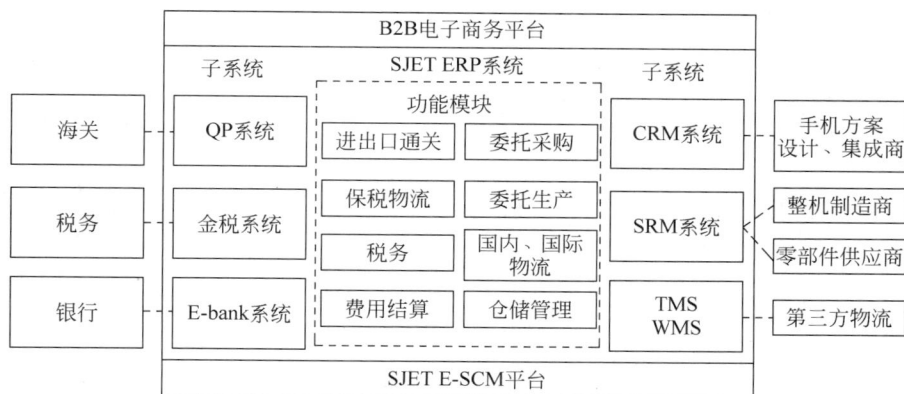

图 5-4　创捷供应链 E-SCM 系统业务框架

3. 创捷流程化的产业金融解决方案

基于虚拟供应链运作,创捷通过产业互联网的共享平台搭建了通信行业的生态模式。在创捷的共享平台中,通信行业中存在大量创客,他们往往具有全球接单能力,以强大的研发能力作为其核心竞争力,但同时缺乏专业的供应链管理能力,需要建立一个适合自身需求的具备敏捷性(agility)、适应性(adaptability)、协作性(alignment)的供应链管理体系。因此,创客与创捷签订框架协议,提供生产计划物料清单(BOM)表。基于此,创捷通过产业互联网将众多的国外零部件原材料供应商、国内零部件供应商和加工厂等相关企业与组织整合起来,形成虚拟产业集群。然后,创捷根据 BOM 表从国内外供应商采购原材料,并在创捷 VMI(供应商管理库存)仓库进行集货与分拣,产品所需原材料齐套后运送到加工厂,客户在生产过程中进行质量监控,待生产组装完成后,由创捷负责将成品出口并交货给创客的海外客户。通过搭建轻生产平台,虚拟产业集群中各企业之间的交易流程与交易结构更加清晰,利用平台进行资源汇集与互补,使得平台参与者的利益相连,并且每个参与者所创造的价值在平台之中可以实现共享。创捷基于产业互联网的平台具有强大的供应链整合与集成能力,在链式专业化上整合了多环节与多流程,包括从接单、采购、设计、制造,一直到交付结算等全流程的整合,从而在横向一体化的基础之上实现了分布式协同。具体而言,创捷的产业平台运作流程如图 5-5 所示。

基于虚拟供应链网络中参与主体的竞争力差异,创捷设计了不同的供应链金融服务方案。创捷的金融服务主要包括三大类:一是通过与银行等金融机构合作获取资金提供的代垫代付服务,二是通过其供应链金融平台直接开展的应收账款保理服务,三是融资租赁业务。

1) 代垫代付服务

通过虚拟供应链整合虚拟产业集群成员为平台创客组织生产,鉴于快速回款是虚拟产业集群中大多数中小企业的主要价值诉求,创捷基于虚拟供应链运作提供了代垫代付服务。创捷代垫代付服务模式如图 5-6 所示,基于强大的供应链管理能力以及较好的商

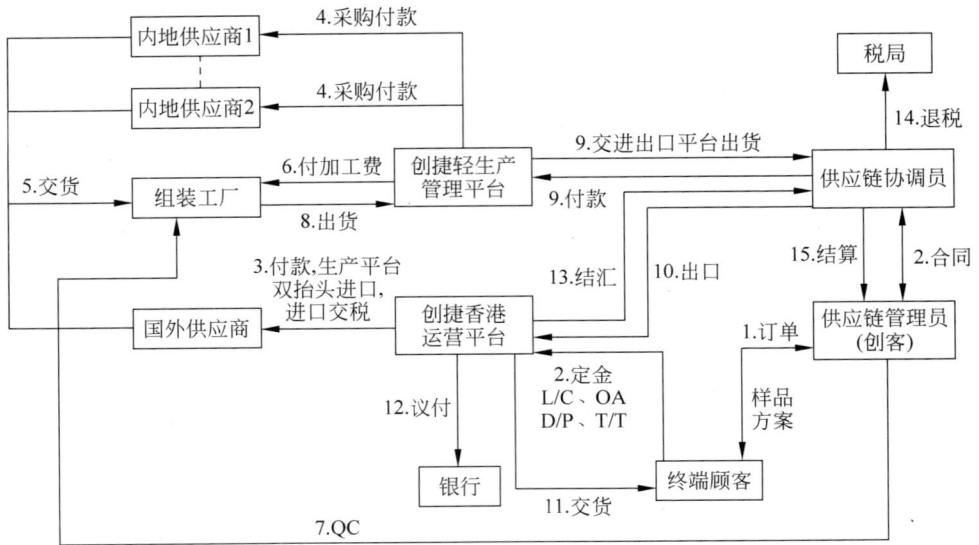

图 5-5　创捷的产业平台运作流程

业信用,创捷能够较为容易地从银行等金融机构获得授信;在平台创客与创捷轻生产平台签订合作协议后,对于创客企业所指定的国内外原材料供应商、加工厂以及第三方物流等企业,创捷会通过其供应链金融平台代垫货款进行采购、组装及配送等;在完成产品生产并交付后,创客企业与创捷进行结算,最终创捷与银行结息,银行获得利息收入。这个过程有效地解决了组装厂、第三方物流以及原材料供应商等的资金短缺问题,创捷通过提供代垫代付服务提升了交易效率,保证了虚拟生产的有效开展。同时,创捷一方面提供了全程的物流服务和产品管理服务,融入创客企业产品虚拟生产的供应链运营中;另一方面,获取了代理的服务费和资金融通费,提高了经营效益。

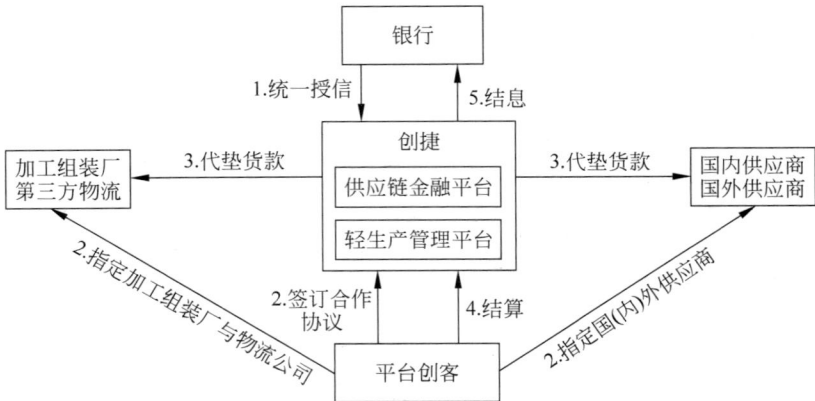

图 5-6　创捷代垫代付服务模式

2)应收账款保理服务

创捷针对其产业平台中 2 500 多家国内原材料及零部件供应商和 70 余家组装厂提供了应收账款保理服务(图 5-7)。在虚拟供应链网络运作的过程中,创捷的轻生产平台与原材料及零部件供应商、组装厂等签订协议,从而形成应收账款;而之后原材料及零部件供应商与组装厂可以将应收账款转让给创捷互联网供应链金融平台中的保理公司,在此基础上,创捷的保理公司可以提前为原材料及零部件供应商和组装厂进行出账,最后由创捷的供应链金融平台上的保理公司与轻生产平台进行结算。通过应收账款保理,原材料及零部件供应商与组装厂能够提前获得资金,从而在很大程度上缓解了回款问题。在传统金融机构的保理业务中,应收账款转让给保理商后,其真实性无人知晓,但在创捷所提供的应收账款保理业务中,原材料及供应商与组装厂等都位于创捷的虚拟供应链网络中,从而保证了应收账款的真实性及可靠性。

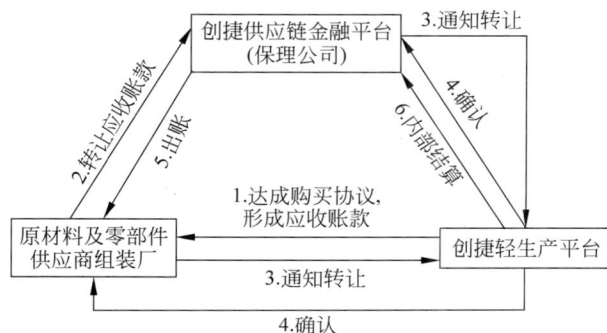

图 5-7 应收账款保理模式

3)融资租赁模式

在创捷的产业平台中,由于购置设备的资产专用性较高,许多中小组装厂都是通过设备租赁进行生产。但生产设备往往涉及较大金额,组装厂没有足够资金支持一次性支付。基于此,创捷针对组装厂提供加工设备的融资租赁服务(图5-8)。首先,由创捷的轻生产管理平台与组装厂签订融资租赁协议;其次,创捷的轻生产管理平台直接向设备提供商下单采购,并且由供应链金融平台中的融资租赁公司支付租赁货款,而设备供应商在提供设备之后负责相关服务支持;最后,组装厂以运营收入向创捷融资租赁公司支付租金。创捷的融资租赁服务减轻了组装厂的财务压力,使其能够提前使用租赁设备开展生产,从而保证了虚拟供应链的有效运转。

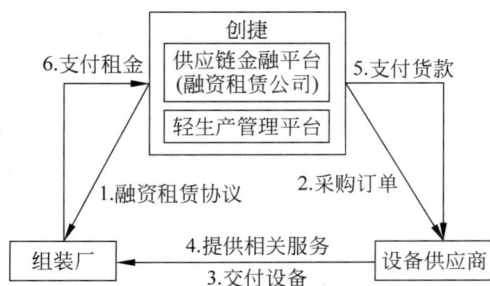

图 5-8 融资租赁模式

除针对虚拟产业集群中的中小企业提供供应链金融服务缓解其资金约束问题外,对于产业平台中的大型企业,创捷也提供了相应的资金优化方案。其中,对于国外关键强势零部件供应商,为保证供货的及时性,在采取预付款的形式保证供货的稳定性的同时,创捷还为其提供付汇交易服务,以及正常贸易和在物流流程基础上产生的套利套汇交易服务;针对国外客户提供出口信保融资服务;同时,创捷在为大量中小企业提供供应链关务、税务服务的过程中,形成了退税融资池。在银行方面,创捷也开展了福费廷业务,并就其他非银行金融机构形成出口信保融资等。因此,创捷通过产业平台,在解决了所有中小企业参与者的资金约束问题的同时,也获得了相应的报酬,从而创造了多赢的局面。

5.4 定向化产业金融服务

5.4.1 九牧集团的定向化产业金融创新

1. 业务背景

南安市保龙包装制品有限公司(以下简称"保龙")于2014年开始成为九牧集团有限公司(以下简称"九牧集团")的供应商,这家生产各种包装泡沫的小微企业,其产品一半以上供应九牧集团。对于产业链小微供应商企业,与下游核心企业的合作形式往往是赊销,一般存在几个月的账期。核心企业为保龙开具支付凭证(承兑汇票),凭证到期再付款。而承兑汇票的办理手续烦琐,有时银行可能拒绝办理,给企业带来不便。另外,承兑汇票的利率通常比其他金融工具要高,这使得其使用成本较高。在实际操作中,承兑汇票还可能存在信息不完整或错误、签名问题等瑕疵,这些问题可能影响汇票的有效性和安全性。总之,传统的承兑汇票事难办、钱难要、时间长、费用高。随着生产规模的扩大,企业流动资金需求大增,原先应收账款的回款方式对企业运营造成很大压力。

伴随着企业的成长壮大,在核心企业的上下游会出现很多与之配套的中小企业。这些企业由于信用级别较低、抵押担保物有限、财务信息不透明等原因,难以从正规金融渠道获得融资,只能在急需资金时,求助于高利率的民间借贷。

现在的市场竞争已经不再是单一企业与另外的企业之间竞争,而是供应链与供应链之间竞争。供应链上的企业呈现出一种一荣俱荣、一损俱损的竞争状态。所以供应链上的众多企业要协同发展,整合资源、信息、资金、物流等生产要素,提高整条供应链的竞争力。中小企业虽然实力较弱,但是如果能够有效整合,拧成一股绳,将会成为供应链的重要参与者。银行等金融机构也看到了中小企业蕴含的潜在金融实力,不断加大在数字化供应链金融平台上的投入,对传统供应链金融产品进行改造升级,给上下游的中小企业提供了很多的融资便利,契合了国家关于"稳链""固链""强链"的政策目标。近年来,福建省银企联手,依托产业链供应链核心企业信用、立足真实交易背景,打造物流、信息流、资金流闭环,探索创新供应链金融模式,减轻对不动产等传统抵押物的过度依赖,为产业链上下游企业提供便捷、高效、低成本的订单融资、应收账款融资等,让中小微企业也能享受到普惠金融带来的巨大好处,有效增强了供应链的韧性。

2．九牧集团对上游供应商的融资支持

九牧集团高度重视供应链管理,通过与中企云链、建信融通等数字化供应链平台合作,引入建行、农行、中行以及中信、民生、兴业等多家银行,开展供应链融资服务。这种合作模式不仅解决了上游供应商的融资难题,还大大提高了与上游供应商的黏合度,提高了产业链资金流转效率,降低了产业链整体成本,提高了产业韧性和整体竞争力。

九牧集团通过信用释放,帮助链属企业纾困解围,有效解决了上下游供应商特别是小微企业的融资难问题。2020 年至 2022 年 10 月,九牧集团供应链金融共为上游 292 家企业融资 8 693 笔,总金额达 43.49 亿元。[①] 这一成绩不仅提升了九牧集团在行业中的地位,也带动了整条产业链的升级和优化。

此外,九牧集团还利用区块链技术推动供应链金融的发展,与战略伙伴智联共赢,协同合作。通过中征平台与九牧 ERP(企业资源计划)系统对接,利用在线供应链的应收账款数据增信,方便、快捷地解决上下游供应商的融资难题。这种创新的在线供应链融资模式不仅提高了融资效率,还优化了产业链生态,提升了整条产业链的竞争力。

线上便捷、高效、低成本的融资,有效减轻了供应商的压力。以上游供应商保龙为例,企业产值由 2019 年的 1 800 万元增至 2022 年的 2 500 万元,2023 年前三季度产值增幅又达 16%,提前将应收账款预支出来用于经营,虽说会产生一些利息,但现金采购,价格上有优惠,总体上其实还能降本增效。从 2021 年 11 月第一笔应收账款融资到账,该企业累计已融资 83 笔,金额 3 914 万元。[①] 对于银行而言,基于供应链的定向化金融业务,可以帮助银行获得更多的客户,拓展业务范围的同时,解决股份制银行开展普惠业务所遇到的网点少的难题。供应链金融给银行带来了更多方面的好处。首先,它能够提升银行的盈利能力,因为供应链金融模式下,银行可以提供多样化的金融产品和服务,从而覆盖资产业务、负债业务和中间业务等多个领域。其次,供应链金融有助于银行降低信贷风险,通过与整条供应链的互动,银行能够更全面地掌握信息,从而减小单一企业带来的风险。再次,供应链金融还能够帮助银行拓展客户群,特别是中小企业,通过集群划分和系统论的方法,银行可以更有效地开拓市场。最后,供应链金融还能够提高银行的服务质量和竞争力,通过提供理财咨询、现金管理等财务顾问业务,银行能够获得可观的中间业务收入。总之,供应链金融不仅提高了银行的盈利能力和风险管理能力,还促进了其业务的多元化发展和客户关系的深化。

5.4.2　三六一度(中国)有限公司的定向化产业金融创新

1．业务背景

三六一度(中国)有限公司是一家综合性体育用品公司,成立于 2003 年,并于 2009 年在香港成功上市(股票代码 01361•HK)。作为中国领先的体育用品公司之一,三六一度(中国)有限公司旗下拥有运动、儿童、海外事业中心及电子商务中心四大板块。截至

---

① 供应链金融,何以共赢［EB/OL］.(2023-12-18). https://mp. weixin. qq. com/s ?＿biz＝
MzUxMzA2NzEwNw％3D％3D&mid=2247564295&idx=3&sn=83dde8309b4155f213c1f8b6b858432f&chksm.

2023 年底,其主品牌门店总数达到 5 734 家,较 2022 年底净增 254 家。这些门店主要集中在三线及以下城市,占比约 75.9%。此外,其儿童门店数量也有所增加,截至 2023 年上半年,儿童销售网点数量为 2 448 家,其中独立门店占比显著。① 三六一度(中国)有限公司注重门店质量提升,尤其在低线城市开设更多门店,并重视商超百货等位置的装修设计。通过不断优化终端零售质效和推进线上线下全渠道融合发展,三六一度(中国)有限公司实现了良好的经营循环态势。

相比上游企业的"先货后款",核心企业对下游客户则是"先款后货"。对于经销商而言,在旺季时集中采购,要囤货,要促销,资金需求强烈。事实上,下游经销商一直是供应链金融的痛点和难点。经销商在供应链中扮演着举足轻重的角色,但那些中小经销商或规模小,或只是租店面经营,它们在银行眼里多属"信用白户"。供应链下游融资难,原因有二:首先,下游经销商多实行"订单预付款+款到发货"的结算方式,核心企业对货款的回笼和催收有较大主动权,即使经销商手中现金流短缺,也很难得到核心企业的支持。其次,下游经销商分散在全国各地,尽职调查和贷后管理难度比较大、成本比较高,再加上其经营规模小、抵质押物不足,银行或融资服务平台普遍担心信用风险,为其提供融资服务的积极性也不高。

下游经销商主要采用赊销的经营模式,这无疑占用了供应链上游核心企业的大量资金,降低资金流的利用效率。核心企业面临市场扩张的巨大资金压力的同时,下游企业自身的融资能力非常有限,资信状况堪忧。在这种情况之下,如何破解下游中小企业融资难问题就成为亟待解决的问题。

2. 三六一度(中国)有限公司对下游经销商的融资支持

数据增信成为解题之策。兴业银行泉州分行根据三六一度(中国)有限公司多年的下游采购数据,向经销商授信。从业务规模、风险承担能力等因素进行评价,将全国数百家经销商划分为三个等级,通过融资产品设计与改造,满足不同层级经销商的融资需求。当经销商订货时,通过网银开具商业承兑汇票,三六一度(中国)有限公司凭商票向银行办理贴现,提前取得货款。而经销商可视货款回收情况确定最长 6 个月的还款期。

此外,三六一度供应链金融还通过数字化技术的应用,实现了供应链金融服务的智能化和高效化。数字技术的引入使供应链金融能够实时监控和管理供应链中的各个环节,从而提高融资效率和降低运营成本。例如,通过供应链全景数据和业务模型,可以加强对供应链内部的洞察,及时发现客户需求,并将金融服务融入供应链管理中。

三六一度供应链金融注重平台赋能,打造共生共赢的产融生态圈。通过自建供应链金融平台,如"浦链e融"平台,三六一度不仅优化了产业链融资环境,还为中小企业提供了更加便捷的融资渠道。这种平台化的服务模式不仅扩大了金融服务的覆盖面,还增强了供应链各方的合作与协同效应。

此外,三六一度供应链金融在产品创新方面也取得了显著进展。通过基于虚拟产业

---

① 361 度(1361. HK)上半年业绩异军突起,2023 中报经营溢利比增 28.6% [EB/OL]. (2023-08-15). https://baijiahao.baidu.com/s? id=17742801741742337438&wfr=spider&for=pc.

集群的供应链金融模式,三六一度(中国)有限公司能够更好地满足中小企业在不同场景下的融资需求。这种模式利用信息化技术和网络技术,提高了供应链金融的灵活性和适应性,进一步增强了企业的融资能力。

三六一度供应链金融还注重科技创新,推动供应链金融服务的质效提升。例如,通过应收账款线上确权、流转和融资等科技手段,三六一度(中国)有限公司不仅提升了应收账款融资服务的质效,还为中小企业提供了更加便捷和高效的融资途径。这种科技创新不仅提高了供应链金融服务的效率,还降低了融资风险。

总之,三六一度供应链金融通过数字化技术的应用、平台赋能、产品创新和科技创新,实现了业务模式的创新和优化。这些创新举措不仅提升了供应链金融服务的效率和质量,还为中小企业提供了更加便捷和高效的融资途径,推动了供应链金融高质量发展。

5.5 整合化产业金融服务

整合化产业金融服务综合了流程化产业金融服务和定向化产业金融服务的优点,为供应链上下游的企业提供了高效的金融产品和金融服务。其在降低融资成本的同时,满足了客户定制化和个性化的需求,提升了客户的满意度。其在稳定整条供应链的基础上,增强了整条供应链的竞争优势。格力电器无疑是整合化产业金融的典型代表。

5.5.1 业务背景

1. 解决融资问题,加强紧密合作

格力电器全称为珠海格力电器股份有限公司,1991年成立,是一家全球知名的多元化、科技型工业制造集团。公司总部位于珠海,主要业务涵盖家用消费品和工业装备两大领域,产品远销190多个国家和地区。格力电器以强大的研发能力和质量管理体系著称,致力于提供高品质的空调、生活电器及高端装备等产品。

格力电器虽是资金实力雄厚的公司,但是它的上游供应商和下游经销商大部分都是规模较小、规章制度不完善、资信状况较差的中小企业。一旦出现急需大量现金流的情况,这些中小企业从银行等金融机构获取的融资金额有限,且面临的手续繁杂,很大程度上无法满足格力电器生产经营的需要,进而束缚了格力电器的发展。而通过运用供应链金融,格力电器能够帮助上下游企业解决融资时遇到的一系列问题,使得上游供应商、下游经销商更加依赖格力电器,加强了彼此的黏性,从而有利于供应链整体的稳定发展。

2. 降低生产成本,促进产融结合

在运用供应链金融之前,格力电器一直都是向银行借款来获取融资,虽获得了现金流,但每年的利息费用也是一笔不小的支出。而通过运用供应链金融,格力电器每年都

能从供应链上的上下游企业获取大量无息负债,上下游企业也能在格力电器的帮助下获取低利率的融资款,降低了整条产业链的生产成本。除此之外,格力电器还依靠供应链金融实现了产业向金融业务的自然延伸,使产业与金融能进行有机结合。格力电器在产业端有明显优势,供应链金融运用既为其拓宽了融资渠道,也节省了资金成本,同时扩大了行业整体的利润空间,从而有利于建立一个互利共赢的供应链生态系统。

3. 提升供应链竞争力,减小经营风险

运用供应链金融模式,需要格力电器对供应商和经销商的交易动态与经营情况了解得非常清楚,掌握的都是真实、完整的交易数据。因此,格力电器可以利用自己核心企业的优势地位,对上游供应商和下游经销商的认证、供货比例、合同、应收账款等信息进行实时查询,以便对整条供应链进行经营管理和风险控制。另外,区别于传统融资模式,中小企业在供应链金融模式下有格力电器这样资信优良的企业做担保,可以增强其应对市场环境变化的抗风险能力,降低整条产业链的生产经营风险,从而提升供应链的核心竞争力。

5.5.2　格力电器的供应链金融服务

相比于外部金融机构,基于和上下游企业之间的交易往来状况,格力电器对其供应链上下游企业的融资需求和企业资金状况更加了解。2003年4月17日,珠海格力集团财务有限责任公司(以下简称"格力财务公司")正式营运,是经中国银监会批准设立的非银行类金融机构。格力财务公司注册资本金为人民币30亿元,其中格力电器作为大股东,出资28.25亿元,股权比例为94.16%。格力财务公司给企业发展供应链金融带来很多便利之处,2014年,格力财务公司作为我国首批供应链金融试点公司之一,为格力电器发展供应链金融提供了新思路和新途径。

和其他金融机构相比,格力财务公司和格力电器有得天独厚的优势。格力财务公司将信贷管理系统与格力电器供应链管理系统、企业资源计划管理系统对接,掌握了供应链上的信息流、货物流、资金流的全部信息,并能实时查询供应商和经销商的认证、考核、绩效、供货比例、合同、订单、应计负债、应收账款等信息。由于财务公司"更懂"产业链上的企业,其延伸产业链金融服务依托成员企业与上下游企业的交易数据,减少了信息不对称和融资风险,从而降低企业融资成本。比如,格力电器的供应商和经销商遍布全国,而传统的银行保理融资只能实现一对一的本地化服务,无法满足部分供应商和经销商的融资需求。针对这种情况,格力财务公司依托格力电器的采购管理系统,由格力电器统一代理向格力财务公司提供各生产基础供应商应收款数据,实现了保理业务一对多、跨区服务,满足了上游供应商的金融需求。格力财务公司提供的数据显示,试点延伸产业链金融服务4个多月以来,格力财务公司新增供应商客户保理融资业务17笔,金额8.97亿元;票据贴现591笔,金额22.83亿元,已为产业链上的客户节约财务费约2 416万元。

格力电器采用的是以核心企业为主导的供应链金融模式,主要通过以下两种方式来实现。

1. 格力向上游企业开展融资支持业务

格力电器通过供应链金融为上游企业提供融资支持,主要依托格力财务公司和供应链管理平台,采取多种创新金融策略和工具,以解决上下游企业的融资难题,促进产业链的稳定与发展。

格力财务公司依托成员企业与上下游企业的交易数据,减少信息不对称和融资风险,从而降低企业融资成本。这种基于交易数据的融资模式不仅提高了融资效率,还实现了线下复制,扩大了业务范围。此外,格力财务公司还提供普惠金融服务,包括对上游企业的延伸产业链"一头在外"保理融资和票据贴现。这些服务不仅帮助上游企业解决短期资金问题,还增强了其市场竞争力。

格力电器通过供应链融资形式,与大客户如 Lowe's 签订相关协议,银行买断公司对客户的应收账款,从而实现快速回款。这种三方回款模式不仅缩短了企业的应收账款回收周期,还提高了资金流动性。

格力电器通过"供应链管理＋综合金融服务"的组合拳,主导参与原材料供应商物资采购谈判,疏通上下游产业链,实现降本提质增效。格力担保和保理融资业务也为上游企业提供了强有力的金融支持。例如,珠海横琴金投商业保理有限公司提供的 1 亿元额度保理融资业务,进一步缓解了上游企业的资金压力。

此外,格力电器还通过"交货前付款"模式及其在账单背书和折扣中的应用,增强了供应链韧性,促进了与合作伙伴的共生关系。这种创新的财务策略不仅最大化了利润,还提升了企业的市场地位和竞争优势。

2. 格力向下游经销商推广先款后货融资服务

格力电器采用"交货前付款"模式,要求经销商在收到货物之前支付货款,不仅控制了交易风险,还确保了公司现金流的充沛。这种模式有助于格力电器在淡季提前收取款项,并在旺季进行销售,从而平衡空调淡、旺季的波动,保证全年收入的平稳。格力电器通过实物返利模式深度绑定经销商的利益。在这一模式下,经销商需要配合格力电器的货款滚动循环,在淡季提前打款,旺季拿货销售。这种策略不仅提高了渠道转换成本和退出成本,还加大了格力电器对经销商的控制力度。

此外,格力电器还为经销商提供多种金融工具,包括库存抵押贷款、应收款抵押贷款和应收款购买等。这些金融工具帮助弱势经销商解决融资难题,提供充足的资金支持,使其在区域内形成相对竞争优势。格力财务公司还依托格力电器对经销商渠道管理的优势,为经销商制订专属金融服务方案,推出股权质押、固定资产抵押、票据质押贷款等多种融资方式。这些融资方式不仅降低了经销商的融资成本,还增强了其资金流动性,从而更好地支持下游经销商的发展。格力电器通过普惠金融服务,积极推动成员单位产品的买方信贷业务,进一步稳定供应链。这种普惠金融策略不仅有助于减轻企业的负担,还提升了企业的活力。

格力电器通过供应链金融向下游经销商推广先款后货融资服务,不仅优化了资金循环,降低了成本,还通过多种金融工具和策略增强了与经销商的合作关系,实现了互利共赢的目标。格力电器利用这种手段成功地从下游经销商那里获得了大量的前期费用,以此来缓解自身的财务困境并提高资产的灵活度；同时也降低了商业活动的不可预测性。凭借自身较强的资金运作能力和核心竞争力,格力电器对票据的合理利用让供应链上下游企业的资金都得到了有效循环,缓解了上下游企业的现金流压力,降低了供应链整体的财务风险,同时巩固了自身在供应链中作为核心企业的地位。对于银行而言,为格力电器推荐的经销商开立承兑汇票,可以有效地减少审查小微企业的信用资格所需的时间与精力,并且能显著降低为这些企业提供信贷支持的风险。比如,格力财务公司引入第三方担保机构,逐步向全国的格力电器下游经销商推广"财保贷"金融产品,使信贷业务覆盖全国多地各级经销商,有效解决经销商融资困难的问题,促进供应链整体收益最大化、资金良性循环,保证产业链健康发展,有效规避信贷风险。

案例讨论

区块链技术如何实现供应链金融体系的信用穿透

目前,中国区块链产业正处于高速发展阶段,创业者和资本不断涌入,区块链应用加快落地,助推传统产业高质量发展,加速产业转型升级。此外,区块链技术正在衍生为新业态,成为发展的新动力,推动新一轮的商业模式变革,成为打造诚信社会体系的重要支撑,与此同时,各地政府积极从产业高度定位区块链技术,政策体系和监管框架逐渐发展完善。

区块链的各类特性提供信任机制,具备改变金融基础架构的潜力,各类金融资产,如股权、债券、票据、仓单、基金份额等都可以被整合到区块链账本中,成为链上的数字资产,在区块链上进行存储、转移、交易。区块链技术的去中介化,能够降低交易成本,使金融交易更加便捷、直观、安全。区块链技术与金融业相结合,必然会创造出越来越多的业务模式、服务场景、业务流程和金融产品,从而给金融市场、金融机构、金融服务及金融业态发展带来更大的影响。随着区块链技术的改进以及区块链技术与其他金融科技的结合,区块链技术将逐步适应大规模金融场景的应用。

区块链技术可以实现供应链金融体系的信用穿透,为二级供应商和分销商解决融资难、融资贵的问题。区块链在其中发挥两个作用：首先是核心企业确权过程,包括整个票据真实有效性的核对与确认；其次是证明债权凭证流转的真实有效性,保证债权凭证本身不造假,实现信用打通,进而解决二级供应商的授信融资困境。在这个信任的生态中,核心企业的信用(票据、授信额度或应付款项确权)可以转化为数字权证,通过智能合约防范履约风险,使信用可沿供应链条有效传导,降低合作成本,提高履约效率。更为重要的是,当数字权证在链上被锚定后,通过智能合约还可以实现对上下游企业资金的拆分和流转,极大地加快了资金的转速,解决了中小企业融资难、融资贵的问题。

资料来源：解析｜区块链技术如何实现供应链金融体系的信用穿透[EB/OL].(2018-06-06).https://www.sohu.com/a/234254461_481840.

思考：

1. 区块链技术的哪些特性可以实现供应链金融体系的信用穿透？
2. 信用穿透对供应链金融发展的改善体现在哪些方面？

即测即练

第6章

流通分销领域的供应链金融业务

本章学习目标

1. 了解和掌握流通分销商的概念与特征；
2. 了解流通分销领域的供应链金融概念；
3. 掌握流通分销领域供应链金融的三种主要类型。

引导案例

数字化重塑：小怡家引领流通业未来转型之路

纵观整个流通行业，大卖场（大型零售终端）占据了城市商业脉络的重要位置。然而，时至今日，"大卖场式微"的议题日益升温，越来越多的零售商感受到了一种深刻的焦虑。这种焦虑并非空穴来风，在这个瞬息万变的时代，市场环境的变化速度超出了企业的想象，尤其是传统的大型零售终端，正逐渐失去它们往日的魅力。据联商网零售研究中心统计，2023 年，13 家超市上市企业中，仅红旗连锁和黄商股份两家，在盈利的同时实现了营收与净利的"双增"。如今，消费者追求便捷灵活、快速、定制化，传统大卖场模式已难以满足他们的需求。很多大卖场早年间也嗅到了数字化转型的趋势，想要搭乘供应链数字化及电商轻量运营化的红利快车，奈何体量太大，难以"灵活转身"，加之商品更丰富、价格透明的电商平台对大卖场模式构成巨大冲击，导致大卖场客流量和销售额急剧下滑。还有一小部分商业嗅觉灵敏的零售商，从大卖场转型布局便利店、标超等中小型门店，但因缺乏有效的数字化转型指导，一系列问题接连浮现，不断反映出传统零售终端正在被快速迭代的中国零售市场所洗礼，众多企业正在寻求新的破局方案。面对如此严峻的形势，传统零售终端进行数字化转型无疑是必选之路。需调整经营策略，强化精准营销体系，增强自身造血能力；而更重要的是，选择行之有效的数字化转型工具，通过对大数据、人工智能等先进技术的应用，优化供应链管理，进一步提升整体的运营效率和成本控制效率。

对于在流通行业深耕 27 年的怡亚通来说,流通行业不仅是其业务发展的基石,也是其不断创新和突破的领域,推动流通业实现数字化、扁平化、去中心化、共享化,让中国商业更平坦,是多年来怡亚通创新发展的方向与目标。基于怡亚通线下商品供应链整合能力,利用移动互联网工具,整合碎片化零售市场,怡亚通推出了为中小零售终端提供 B2B 的开放综合供应链服务平台——小怡家,针对不同零售终端的特性及痛点,通过专业高效的数字化工具改善中小零售运营生态。小怡家聚合上游品牌方,各类供应商及其下游辐射的客户,终端门店等多维渠道终端,通过品牌引擎、终端引擎等数字化工具,实现一键营销、一键裂变、一键覆盖,帮助品牌直达终端,赋能品牌保量增量,促进终端门店销量与利润增长。

资料来源:数字化重塑:小怡家引领流通业未来转型之路[EB/OL]. (2024-06-18). https://mp. weixin. qq. com/s/ns8PR5DFN9NLEAm5w7jVpw.

6.1　流通分销服务商的概念和特征

6.1.1　流通分销服务商的概念

流通分销服务商是指依靠自身在市场信息、资金流动和商品保管、包装、装卸、运输方面拥有的独特优势,将之前单一的商品流通转化为具有多功能、综合性、服务保障的商业实体。在流通分销服务商的业务当中,物流和金融服务发挥了巨大的拉动作用,为企业发展创造了更多的利润渠道和更大的利润规模,开辟了新的供应链金融模式。

> 扩展阅读 6.1　UPS 与京东各具特色的供应链金融服务

6.1.2　流通分销服务商的特征

近年来,市场竞争日益激烈,作为传统中间环节的流通业面临更加恶劣的经营环境和更加残酷的生存威胁。因此为了生存和发展,流通分销服务商分别从广度、深度、长度、幅度四个方面不断强化自身的能力和特征。

1. 广度:全球化网络运营

在经济全球化的大背景下,产业链的组织方式从区域向全球化生产经营转变。这主要得益于两个方面:一方面是离岸生产;另一方面是互联网和新技术的推动。

离岸生产是指企业在企业所在国以外的区域,利用别国的便宜的人工、低廉的能源、优惠的贸易政策等竞争优势来生产制造的产业组织模式。离岸生产使企业可以利用全球的优势资源,通过利用低廉的劳动力节省成本,并将资源集中在自身的核心竞争力上,以便创造更多价值。

在互联网和新技术的推动下,所有企业都能参与国际分工,将生产出来的产品销售到世界各地,或者购买消费来自其他国家的产品,在此基础上形成一个全球化的超网络系统,使全球供应链网络和社会网络通过该系统进行联系。

2. 深度：基于信息化的协同商务

协同商务就是指在各种经济主体中，为了满足不断增长的客户需求，具有共同商业利益的团体相互信息共享、资源共同开发、风险共同承担的营运模式。协同商务本质就是对各个合作伙伴竞争优势的整合过程。

企业会进行协同商务最主要的原因是当今市场竞争激烈，客户需求变幻莫测。为满足客户多样化的需求，企业不能仅依靠降低产品成本或者及时响应市场来维持市场地位，而且单一的企业组织很难满足实现顾客需求的所有条件，所以企业之间进行分工和协作就成为供应链经济发展的必然要求。

协同商务不仅需要企业内部跨部门的协调，还要协调好企业内部部门和外部企业之间，供应链中外部的供应商、客户、合作伙伴之间的合作关系。因此，企业进行协同商务的信息化建设，不仅要整合好企业内部的信息资源，还要建立统一的企业信息化管理系统，将客户、供应商、分销商和其他合作伙伴都纳入这个系统当中，实现信息共享和业务整合。

要想真正实现协同商务并不是一件容易的事，会面临众多障碍，比如如何协调不同环节、不同利益诉求的企业或组织，使其目标和行为一致；如何整合分散的数据，使企业之间互相信任，并降低潜在的依赖风险等。要想解决这些问题，流通分销服务商要积极发挥协同商务促进者的作用，协调不同组织之间的信息和资源。流通分销服务商可以一方面依靠自身在贸易和采购上的经验与知识协调供应端的管理，另一方面依靠自身在渠道和市场上的经验与智慧协调需求端的管理。不仅如此，流通分销服务商还可以帮助客户整合内部资源及外部资源。可以说，流通分销服务商已经成为实施协同商务的主要平台。协同商务的主要内容分为四个方面，分别是信息和知识共享、业务整合、建立合作空间、商务交易。

信息和知识共享包括三个方面的内容。

（1）协同商务会将员工或者用户的信息与自身工作内容联系起来，与用户有关的所有信息都彼此有联系。例如，员工在公司创造的文档可能与员工的客户有关，也可能与员工参与的项目有关，员工所需要的信息、可以看到的信息都是与他工作有关的。

（2）共享的信息不仅包括协同商务本身的信息，还包括其他系统的信息，这些信息都集成在协同商务中。

（3）协同商务系统还要进行媒介管理，尤其是对自身产品进行外部传播和宣传，比如在网上发布最新企业动态，建立与客户的沟通渠道，发布最新产品信息，公布产品最新的升级改造信息等。

协同商务的业务整合过程也是企业内部业务的整合过程。公司内部或不同公司之间想要完成某项工作的员工，在朝着共同目标努力时，需要整体业务的各个部门提供协助。例如，当员工制订产品设计方案时，他们还需要从现场、客户和外部广告公司获得市场营销的协助。因此有必要整合企业的全部资源。客户在线下单，企业通过业务处理满足客户需求，客户可以通过客服，随时随地地了解业务的整个过程，这无疑增强了与客户沟通的能力。

在企业运营过程中,一方面,员工有时需要其他部门的帮助,例如行业专家需要回答员工提出的专业问题。此时,员工和其他部门也需要利用空间或社区进行沟通,比如利用在线会议或培训课程进行互动交流。另一方面,许多企业的业务需要外部用户的参与,员工应在满足客户需求的同时与客户进行有效沟通,以建立协作社区或合作空间。

为提供安全、真实、可靠的商务交易流程,协同商务需要对交易流程进行管理,对客户的订单、合同、资金、信息等进行管理。协同商务系统应该及时作出数据的更新,将交易结果与内部其他系统或合作伙伴进行沟通交流。

3. 长度:实现产业深度分销

深度分销,又名区域滚动销售,其运作模式是在指定区域经企业或者分销商派遣的销售人员开拓该区域内的终端客户,以达到增加市场占有率和覆盖率、提高分销商销量的目的。这种模式的好处在于可以减少渠道环节,减少产品流通时间,从而降低企业交易成本。

从本质上来说,深度分销就是一个发现终端、挖掘终端、维护终端和管理终端并最终掌控终端的过程,且这一过程是不断滚动和循环的。

在深度分销的过程中,流通商和贸易商可以提供很大的帮助。

(1) 帮助企业划定目标市场区域,这是深度分销的关键。划定市场区域必须兼顾配送服务半径和企业的基本利润。

(2) 帮助确定客户,以便有的放矢地将产品和服务送达目标市场。

(3) 帮助确定产品和品牌。要作出这一决策,企业应该根据不同市场的情况调整经营策略和产品策略,确保不同市场区域搭配符合的产品和服务。

(4) 分销渠道之间肯定有价差存在,这是分销的核心所在。因此,流通商和贸易商要帮助企业确定通路差价,确保各分销渠道之间的价格层次分明,分配合理。

(5) 流通商和贸易商要帮助企业依据不同市场与不同业务确定合理的组织结构及经营方式,尤其要注重建立物流体系、网络路线等,对销售环节进行有效把控。

流通商和贸易商只有做到以上五点,才能真正与生产企业高度结合,帮助上游企业有效开拓市场。

4. 幅度:综合性的产业服务

近年来,很多制造企业将产品含义泛化,不仅指有形产品,还包括基于产品的增值服务,这种现象叫作产品服务化。随着产品服务化的发展,服务外包已经成为公司提升核心竞争优势的一种重要手段。许多跨国公司利用全球廉价的劳动力资源,将业务外包给其他国家的公司以获得国外的技术支持和客户产品。服务外包提高了利润和经济效率。随着经济全球化的发展,服务供应链逐渐形成并得到发展。

服务供应链和传统的产品供应链具有相同的特征,比如,都是因为专业化趋势和竞争力的发展,业务外包成为必然;两者的管理内容都是关于供应、计划、物流和需求等方面的;管理目标都是以最小化成本水平满足客户需求。但两者之间有着本质的不同,这主要来源于服务产品和制造产品的区别。服务产品具有不可触摸性、不可分割性、容易消逝性、劳动密集性及异质性等特征,这决定了服务供应链需要采取较短的渠道,采用市场拉动型运营模式,具备完全反应型的供应链特征。由于最终客户不太稳定,所以服务供应链的稳定度也不高,而且服务企业要根据客户需求的变化及时调整服务供应商。

对于流通分销服务企业来说,服务供应链的组织与管理是其重要发展方向。流通分销服务企业在服务供应链中的作用是:当客户提出需求后,服务集成商能够及时响应,尽快为客户提供系统化的服务,并在适当的时候分解客户的需求,把业务分包给直接服务提供商或者间接服务提供商,从而快速、有效地满足客户的需求。

6.1.3　流通分销服务商的服务要素

流通分销服务商的服务要素主要包括以下几个方面。

1．服务或经营能力管理

流通分销服务商作为服务型企业,其核心在于提供高效、专业的服务。因此,服务或经营能力管理是其第一服务要素。服务商需要不断提升自身的服务质量和效率,以满足客户的需求和期望。这包括优化服务流程、加快服务响应速度、增强服务创新能力等。

2．客户需求管理

了解客户需求是流通分销服务商提供定制化服务的基础。因此,客户需求管理是其服务要素的重要组成部分。服务商需要密切关注市场动态和客户需求变化,通过市场调研、客户反馈等方式收集信息,并据此调整服务策略和产品组合,以满足客户的个性化需求。

3．客户关系管理

建立和维护良好的客户关系对于流通分销服务商来说至关重要。客户关系管理(CRM)涉及客户沟通、客户维护、客户忠诚度提升等多个方面。服务商需要通过有效的沟通渠道和方式,与客户建立长期稳定的合作关系,并不断提升客户满意度和忠诚度。

4．供应商关系管理

流通分销服务商需要与多个供应商建立合作关系,以确保产品的采购和供应。因此,供应商关系管理也是其服务要素之一。服务商需要评估供应商的资质和信誉,建立稳定的合作关系,并不断优化采购流程,降低采购成本,提高采购效率。

5．服务传递管理

服务传递管理是指服务商为实现客户价值诉求,将服务有效地从后台集合到前台,并高效、有效益地交付给客户的过程。这包括服务流程的设计、服务标准的制定、服务质量的监控等多个方面。服务商需要确保服务传递过程的顺畅性和高效性,以满足客户的需求和期望。

6．现金流和融资管理

在流通分销领域,现金流和融资管理对于服务商的稳健运营至关重要。服务商需要合理安排资金的使用和回收,确保现金流的充足和稳定。同时,服务商还需要积极寻求融资渠道,降低融资成本,提高资金利用效率。

7. 物流和仓储管理

物流和仓储是流通分销服务商的重要服务环节。服务商需要建立完善的物流和仓储体系,确保产品的及时配送和库存的有效管理。这包括物流路线的规划、配送效率的提升、仓储设施的完善等多个方面。通过优化物流和仓储管理,服务商可以降低运营成本,提高服务质量和效率。

综上所述,流通分销服务商的服务要素涉及多个方面,包括服务或经营能力管理、客户需求管理、客户关系管理、供应商关系管理、服务传递管理、现金流和融资管理以及物流和仓储管理等。这些服务要素相互关联、相互促进,共同构成了流通分销服务商的核心竞争力。

6.1.4 流通分销服务商发展供应链金融的优势分析

流通分销服务商发展供应链金融的优势主要体现在以下几个方面。

1. 深化供应链合作与整合

流通分销服务商作为供应链的中间环节,与上下游企业有着紧密的合作关系。发展供应链金融可以进一步加深这种合作关系,通过金融手段促进供应链上下游企业的资金流动和信用共享,从而实现供应链的深度整合和优化。这有助于提升整条供应链的协同效率和竞争力。

2. 拓宽融资渠道与降低融资成本

供应链金融为流通分销服务商及其上下游企业提供了更为灵活多样的融资渠道。通过供应链金融平台或相关金融机构,企业可以基于真实贸易背景和供应链关系获得融资支持,降低了对传统抵押和担保的依赖。同时,由于供应链金融能够实现对风险的精准控制和评估,因此融资成本也相对较低,有助于企业降低资金成本并提升盈利能力。

3. 优化资金流与提升运营效率

流通分销服务商在供应链中扮演着资金流转的重要角色。发展供应链金融可以优化资金流,确保资金在供应链中顺畅流动。通过金融手段,企业可以更加高效地管理应收账款、应付账款和存货等资金占用,提升资金的使用效率和周转率。同时,供应链金融还可以帮助企业实现供应链的透明化和可视化,提升运营效率和响应速度。

4. 增强风险管理能力

供应链金融通过整合供应链上下游企业的信息流、物流和资金流,实现了对风险的全面监控和预警。流通分销服务商可以利用供应链金融平台的数据分析工具和风险管理工具,及时发现和应对潜在风险,降低供应链的整体风险水平。这有助于企业提升风险防控能力,保障供应链稳定运行。

5. 促进业务创新与增长

供应链金融为流通分销服务商提供了创新的业务模式和服务内容。通过金融手段,企业可以开发出更多符合市场需求和客户需求的金融产品与服务,如应收账款融资、存货质押融资等。这些金融产品与服务不仅有助于提升企业的服务水平和客户满意度,还可以给企业带来新的增长点和盈利机会。

综上所述,流通分销服务商发展供应链金融具有多方面的优势,包括深化供应链合作与整合、拓宽融资渠道与降低融资成本、优化资金流与提升运营效率、增强风险管理能力以及促进业务创新与增长等。这些优势有助于提升企业的竞争力和可持续发展能力。

6.2 流通分销领域的供应链金融概述

6.2.1 流通分销领域的供应链金融概念

流通分销领域的供应链金融是指在商品流通分销领域的服务商,依靠自身在供应链管理中的优势,建立专业平台或者提供线上服务,并主导资金借贷的供应链融资业务模式。

6.2.2 流通分销领域的供应链金融业务特点

流通分销领域的供应链金融业务特点主要体现在以下几个方面。

1. 基于真实贸易背景

供应链金融业务在流通分销领域中的开展,始终围绕真实贸易背景进行。这意味着,所有融资活动都基于实际发生的交易和合同,确保资金的有效利用和风险的可控性。这种真实性不仅有助于金融机构准确评估企业的信用状况,还降低了融资过程中的欺诈风险。

2. 强调资金流的闭合性

在流通分销领域,供应链金融业务强调资金流的闭合性。这意味着,从融资的发放到资金的回收,整个过程都受到严格的监控和管理。金融机构通过控制融资的使用范围、回收时间和方式等手段,确保资金在供应链中安全流转。这种闭合性的资金运作方式有助于降低融资风险,提高资金利用效率。

3. 自偿性特征显著

供应链金融业务在流通分销领域中还具有显著的自偿性特征,即融资的还款来源主要依赖于供应链中产生的未来现金流,如应收账款、存货销售等。这种自偿性特征使金融机构能够基于供应链中企业的实际经营情况和未来现金流预测来评估其还款能力,从而提供更加灵活和个性化的融资方案。

4. 注重操作风险控制

在流通分销领域的供应链金融业务中,操作风险控制至关重要。由于供应链金融涉及多个环节和多个参与方,因此操作过程中的风险不容忽视。金融机构需要建立完善的操作风险管理制度和流程,加强对融资申请、审批、发放和回收等各个环节的监控与管理,确保业务操作的规范性和安全性。

5．个性化服务方案

流通分销领域的供应链金融业务还注重为不同企业提供个性化的服务方案。由于不同企业在供应链中的位置、规模、经营状况等存在差异，因此其融资需求和风险承受能力也不同。金融机构需要根据企业的实际情况和融资需求，量身定制融资方案，提供灵活多样的融资产品和服务，以满足企业的个性化需求。

6．依托核心企业与上下游协同

在流通分销领域的供应链金融业务中，核心企业通常扮演着重要角色。金融机构通常会依托核心企业的信用和实力，为上下游企业提供融资支持。同时，金融机构还会加强与上下游企业的协同合作，通过信息共享、风险共担等方式，降低融资风险并提高融资效率。

综上所述，流通分销领域的供应链金融业务具有基于真实贸易背景、强调资金流的闭合性、自偿性特征显著、注重操作风险控制、个性化服务方案以及依托核心企业与上下游协同等特点。这些特点使得供应链金融业务在流通分销领域中具有独特的优势和价值。

6.2.3　流通分销领域的供应链金融业务分类

按照流通分销商的主要经营范围，供应链金融业务可以划分为三种，分别是物流导向型、市场导向型和一体化。

6.3　物流导向型供应链金融业务

6.3.1　物流导向型供应链金融的业务概念和主要服务

1．业务概念

物流导向型供应链金融是指贸易服务商一方面利用自身物流网络，运用快速配送服务联结上下游客户；另一方面利用自身资金融通能力，为上下游企业提供融资服务，帮助上游企业获得产品资金，协助下游企业提高资金支付效率的供应链金融模式。

物流导向型的贸易服务商企业具有良好的实体物流运营能力，能为客户提供全面的仓储、运输、商检和通关等物流服务，还能提供一些增值服务。不过，物流导向型企业在协同商务和市场开拓方面不占优势，无法为客户提供太多帮助。物流导向型企业并没有在交易过程中过多地涉足商流，也没有作出商品交易的决策，而只是搭建了商品交易的桥梁，让买卖双方更快捷地达成交易。物流导向型企业主要发挥将物流功能和金融业务相结合的作用。

2．业务背景

这类业务产生的背景在于供应链中上游企业凭借自身的能力无法满足下游企业或消费者的物流配送需求。如今，越来越多的生产企业开始注重增加产品种类，这就导致每一批次的产品数量不断减少。与之对应的是,下游客户为了减少库存,在需要产品的时候才会发出送货请求并支付货款,而且要求生产商以更高的频率送货,而每一次只需要少量货物。下游客户的这种要求无疑为上游企业增加了生产的难度,过于频繁的配送也会降低供应商的配送效率,增加物流成本,使回笼资金的风险加大。对于那些中小型生产企业来说,本身规模就不大,也没有物流运营的能力,缺少相应的物流中心和设施,再加上经验不多、发展时间短等原因,导致其并不掌握物流服务的技术和能力,所以很难适应下游客户多频次、少批量配送的要求。

3. 主要服务

正是上下游企业在物流配送上的分歧,使得在物流营运方面具备优势的贸易流通商找到了生存和发展的空间。物流导向型的贸易流通商主要提供两方面的服务。

1) 物流配送服务

贸易流通商在物流服务方面经验丰富,也拥有相对完善和先进的物流设施,可以通过扩大物流服务范围,利用自身在物流服务上的优势连接供应链中的上下游客户,消除其在商品配送与仓储等物流要求上的矛盾。

2) 资金融通服务

贸易流通商拥有资金融通能力,可以为上下游企业提供资金,以此来帮助上游企业及时获得货款,下游客户也能提高资金支付效率。

要想实现这类供应链金融模式,贸易流通企业需要具备三个条件:①与上下游企业建立紧密的合作关系,相互之间有着很高的信任度;②具备很好的物流运营能力,或者引入具有优势的第三方物流企业来进行物流综合管理;③具备资金融通能力和风险管理能力。

6.3.2 物流导向型供应链金融业务实践

1. UPS 的供应链金融

视频 6.1 供应链金融的基因之一物流金融

在世界范围内,物流企业牵头做供应链金融业务,最为成功的是美国的 UPS。作为全球著名的第三方物流企业,其主要业务包括国内快递、国际快递和供应链货运三大类。下面简单介绍 UPS 的供应链金融之道。

1986 年以后,UPS 的物流迅速扩张,其信息技术水平承受了极大压力。在这种形势下,UPS 投入了 47 亿美元来对信息技术进行改造和创新,其中既包括基本的手持设备信息传递、包裹快递设备的专业化,同时也包括全球计算机联网系统和专用卫星的建设。

在技术革新的基础上,UPS 很好地掌控了供应链中的货物流和信息流。随着货物流和信息流的不断成熟,UPS 开始在传统物流业务外,寻找新业务的利润增长点。由此,UPS 开辟了供应链金融的新赛道,不断加大资金投入,加速传统快递业务的转型升级。

在 1999 年到 2003 年 4 年中,UPS 完成了企业的并购重组,同时成功收购了美国第一国际银行,并将其变更为 UPSC。作为 UPS 资本公司的重要组成部分,UPSC 成为

UPS 供应链金融方案的重要提供者。

此外，UPS 还采取了一系列的转型措施，仅 1999 年这一年就收购了 20 家与供应链管理相关的公司。转型后的 UPS 集团共由四大支柱公司组成，即 UPS 包裹快递公司（UPSP）、UPS 物流公司（UPSL）、UPS 资本公司（UPSC）和 UPS 零售公司（UPSR），并且成为提供货物配送、邮件包裹、货运金融和业务拓展等供应链服务的领导者。

UPS 是最早提出实现物流、信息流和资金流"三流合一"的物流公司，也是这一供应链理念的最佳实践者。2003 年，UPS 停用了此前用丝带捆绑盾牌的包裹形状 logo，换成了主打棕色和橙色的三维图，寓意即为物流、资金流和信息流"三流合一"。

UPSC 主要通过两种方式为中小企业提供供应链金融服务：一种是将企业自有资金借给供应链中有需求的中小企业；另一种则是通过与当地银行合作，让渡金融收益，自己享受物流增值收益。由于背靠全球最大的物流公司，UPSC 的融资成本要比其他企业都低，在这种形势下，其通过供应链金融所获得的利差就会非常丰厚。如果不是融资政策的限制，UPSC 多会采取第一种方式为其他企业提供融资服务，这样通常能够保证 UPS 自身获得最大利差收益。但受到融资政策限制，其不得不选择第二种方式，让渡金融收益，UPSC 的供应链金融业务依然可以助力母公司 UPS 的发展，丰富 UPS 的业务。

UPS 并没有将目光集中在单纯的融资服务利差收益上，通过将供应链金融服务与传统物流业务相结合，利用金融服务获取货运权，UPS 开拓出了成熟的业务链条。在与沃尔玛的合作中，UPS 与沃尔玛和其供应商签订物流协议为双方提供物流服务。同时，UPS 还通过为采购方提供垫资服务，来换取商品的货运权。这对于大多数与沃尔玛合作的中小供应商来说无疑是一件好事，可以有效避免自身陷入流动性压力之中。UPS 的这一做法不仅对供应商们有利，也对自身大有益处。由于将商品货运权掌握在自己手中，UPS 基本避免了违约问题的出现。

UPS 的供应链金融业务流程如图 6-1 所示。

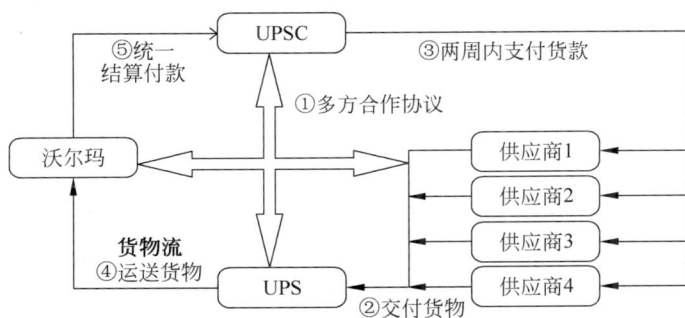

图 6-1　UPS 的供应链金融业务流程

注：

① UPS 与沃尔玛以及其众多东南亚供应商签订多方合作协议，为后两者提供物流服务和中间结算服务；

② 供应商将货物交到 UPS 物流，同时把出口清关、货物运输业务都交由 UPS 打理，并支付物流费用和一定的融资费用；

③ UPS 收到货物两周之内将货款支付给出口供应商；

④ UPS 将货物运送至沃尔玛，并根据需求进行末端配送；

⑤ UPSC 与沃尔玛统一结算货款和物流服务费。

这一合作的结果是,沃尔玛降低了自身的交易成本,供应商减轻了自身的流动性压力,而UPS除了获得物流服务和金融服务双收益,还扩大了自身的市场份额。

从上述UPS提供的供应链金融模式中可以看出,以物流企业为主导的供应链金融模式,其所指向的并不仅仅是开拓新业务,获取金融服务的收益。物流企业从事供应链金融应该将关注点更多地放在完善供应链结构、扩展自身业务、获取经济效益三个方面,只有从这些方面出发而构建起来的供应链金融模式,才是适合物流企业的供应链金融模式。

2. 菜鸟物流金融

菜鸟物流金融隶属于浙江菜鸟供应链管理有限公司,致力于通过打通新零售仓配供应链与物流要素,以大数据风控为核心能力,专注于供应链金融产品设计及风控助贷。本书将从企业概述、供应链存在的金融问题及解决方案三个角度详细分析菜鸟物流金融在供应链金融中的应用。

1)企业概述

菜鸟物流金融作为菜鸟供应链的一部分,依托其强大的电商和科技基因,构建了一张全球智慧物流网络。其主要业务包括数字供应链金融、供应链数据规划、供应链控制塔、供应链全托管、物流园区规划与建设、数字孪生智慧园区以及仓储物流管理系统等。通过这些服务,菜鸟物流金融不仅提升了供应链的效率和透明度,还为中小企业提供了资金支持和信用增值服务,促进了供应链的稳定和高效运作。

2)供应链存在的金融问题

过度依赖核心企业:在传统的供应链金融模式中,银行和金融机构往往过度依赖核心企业的信用与市场地位,这使得中小微企业在获取融资时面临较大困难。

应收账款确权难:供应链中的应收账款确权问题一直是困扰金融机构的难题,尤其是在复杂的供应链结构中,应收账款的真实性和可追溯性难以保证。

风险控制难度较大:供应链金融业务的风险控制难度较大,尤其是在贷前、贷中和贷后环节,如何确保底层资产的透明化和真实性是一个亟待解决的问题。

价格风险:在存货融资模式下,存货价格的波动给商业银行带来了显著的风险,尤其是在市场经济中,商品价格的不确定性增加了金融机构的管理难度。

3)解决方案

金融科技的应用:菜鸟物流金融通过整合运用云计算、大数据、区块链、物联网及人工智能等金融科技,构建了简捷、高效、标准化的供应链协作和融资在线全流程。这些金融科技的应用不仅提高了供应链金融流程的智能化、数字化及自动化水平,还有效解决了传统供应链金融中的痛点。

场景风控与撮合链接:菜鸟物流金融通过场景风控与撮合链接,打通了新零售仓配供应链与物流要素,提升了供应链金融产品的设计能力和风控能力。这种场景化的融资模式能够更好地适应当前产业供应链化和生态化的发展趋势。

全流程风控体系:基于数据构建的全流程风控体系,从贷前、贷中到贷后,实现了底层资产的透明化和真实性交叉验证。这种风控体系不仅提升了金融机构对供应链金融业务的信心,还降低了整体风险。

数字供应链金融服务:菜鸟物流金融提供的数字供应链金融服务,包括订单管理、应收账款管理、发货、入库/出库、库存管理、提货管理等功能,实现了供应链上企业贸易数据的收集和进一步分析。通过这些功能,菜鸟物流金融能够为中小企业提供更加精准和高效的金融服务。

菜鸟物流金融通过其先进的金融科技应用和创新的供应链金融服务,有效解决了传统供应链金融中存在的诸多问题。其场景风控与撮合链接、全流程风控体系及数字供应链金融服务,不仅提升了供应链的效率和透明度,还为中小企业提供了资金支持和信用增值服务,促进了供应链的稳定和高效运作。未来,随着技术的不断进步和市场需求的变化,菜鸟物流金融将继续在供应链金融领域发挥重要作用,推动整个行业的创新和发展。

6.4　市场导向型供应链金融业务

市场导向型供应链金融业务是指贸易和流通企业充分发挥了商务协调者与平台者的作用,构建了供应链运行中的商流,同时承担了产品销售和订单管理的风险与责任。但贸易和流通商并不过多涉足物流的具体运作,更多立足协同商务过程开展供应链金融业务。

6.4.1　市场导向型供应链金融服务商的业务功能

在复杂的贸易环境下,供应链将分散到各地的商业活动有机联系起来,促进各商业主体之间的信息交互、降低成本、扩大收益。供应链中的各节点,包括供应商、制造商、贸易商、零售商和客户等存在信息交互,而信息交互是否有效以及是否高效就决定了整条供应链的运作效率,进而影响链上各成员的效益以及客户对所需产品或服务的满意度。随着供应、生产和销售网络的不断发展,链上各成员在获取信息以及信息共享等方面面临更多障碍,供应链资金流动也变得艰难。在这种情况下,如果贸易流通商发挥协同商务平台和市场拓展的能力,有力地促进供应链成员之间的信息交换、互动和交易,同时通过提供融资性服务加速供应链资金流动,缩短现金流量周期,则不但能降低供应链运营的成本,也能使贸易流通企业成为供应链商流运行中的重要一员。要想实现这类供应链金融模式,贸易流通企业需要具备以下四个条件。

(1) 企业在该行业具有丰富的经验和知识,对行业内的关键环节和要素了如指掌。

(2) 企业具有功能强大的信息平台,促进链上各成员进行信息交互,协调各方的业务流程。

(3) 企业充分发挥协同商务的能力,通过掌握上下游企业的信用,解决由于信息不对称而导致的交易和资金流动障碍问题。

(4) 企业能够很好地进行资金融通,且具备良好的风险管控能力。

6.4.2　市场导向型供应链金融业务实践

1. 沃尔玛的供应链金融业务

1）沃尔玛公司简介

沃尔玛作为全球最大的连锁零售企业之一，其发展历程和成功策略一直是商业研究的重要案例。自 1962 年由山姆·沃尔顿（Sam Walton）在美国阿肯色州创立以来，沃尔玛已经发展成为一个覆盖全球多个国家和地区的零售巨头。沃尔玛的规模令人瞩目，截至 2024 财年，沃尔玛在全球拥有超过 11 000 家门店，其中包括线下实体店和电子商务网站。这些门店遍布 19 个国家，服务于全球约 210 万名员工。在中国市场，沃尔玛也表现出强劲的增长势头，2024 财年在华销售额接近 1 290 亿元人民币。

沃尔玛的成功可以归因于多个因素。低成本战略极大地推动了公司的快速扩张和利润增长。通过规模经济和高效的供应链管理，沃尔玛能够以较低的成本提供广泛的商品选择，这使它能够在竞争激烈的零售市场中保持领先地位。此外，沃尔玛不断创新和适应新的市场需求，如通过与京东、腾讯等合作伙伴的战略合作，加强线上、线下融合，提升顾客购物体验。

沃尔玛的国际化战略也是其成功的关键。公司不仅在美国本土市场精耕细作，还积极拓展海外市场，特别是在亚洲、欧洲和北美洲等地区建立了强大的分销网络。这种全球布局策略使沃尔玛能够更好地利用不同市场的资源和机会，从而实现业务持续增长。

沃尔玛还非常注重技术的应用和数字化转型。在过去几十年里，公司投资于先进的信息系统和自动化技术，以提高运营效率和客户服务质量。例如，通过使用电子数据交换（EDI）系统和快速反应系统，沃尔玛能够有效地管理其庞大的供应链，确保商品及时供应和库存控制。

显而易见，沃尔玛之所以能成为全球零售行业的领导者，是因为其在规模经营、成本控制、国际化战略及技术应用等方面的卓越表现。其中，沃尔玛特有的供应链使沃尔玛能够在全球零售市场中保持竞争优势，不断扩大其影响力和市场份额。

2）沃尔玛的供应链金融

（1）沃尔玛和汇丰银行（HSBC）的供应链金融合作。沃尔玛自建了可持续发展的供应链金融网络，并且与汇丰银行在中国建立了合作关系，在供应链融资过程中把利率与沃尔玛可持续发展指数（Walmart sustainability index）挂钩，共同开发了 WSIP/THESIS 指数，并制订了供应链融资计划 Gigaton。供应链融资计划旨在通过调整供应商和企业之间的财务比率来促进可持续性。根据该计划，采取可持续发展举措并在实现目标方面取得进展的供应商将获得汇丰银行的优惠融资利率。财政支持可以采取多种形式，从标准的绿色贷款到资助供应商开发工具以减小其活动对环境的负面影响的创新项目。

沃尔玛于 2017 年启动的 Gigaton 项目，旨在到 2030 年减少 10 亿吨温室气体排放。为了实现这一目标，与供应商合作至关重要，因为要分析产品的整个生命周期，以评估其对环境的影响。邀请所有供应商进行合作，无论它们提供的产品或它们目前的支持可持续发展的活动水平如何，而且它们的目标是单独设定的。为了实现该计划的目标，沃尔玛还对可再生能源进行了自己的投资，包括在加利福尼亚州的太阳能发电和为得克萨斯州的商店购买风力发电。汇丰贸易和应收账款融资全球主管娜塔莉·布莱思（Natalie Blyth）表示："将可持续性融入全球供应链，不仅有利于环境和社会，也有利于企业。"沃尔玛管理委员会也持类似观点，认为专注于整条供应链的可持续性能刺激创新并为公司创造附加值。对可持续性的投资不仅可以提高供应商生产率和降低成本，而且可以刺激员工创造力和高科技活动的发展。

（2）沃尔玛和中国工商银行的供应链金融合作。沃尔玛与中国工商银行在供应链金融合作中，主要通过为沃尔玛的供货商提供全面的融资支持来解决其融资难题。中国工商银行依托沃尔玛公司的优良信用，对相关物流和现金流实行封闭管理，为沃尔玛供货商提供从采购、生产到销售的全流程融资支持。这种合作模式不仅解决了中小企业在传统信贷模式下难以获得贷款的问题，还通过优化资本结构和释放被占用的资产，帮助客户获得信用额度。

供应链融资作为一种整体金融解决方案，将供应链上的核心企业及其上下游配套企业作为一个整体，根据交易关系和行业特点采取基于货权、债权及现金流控制的融资方式。工商银行通过数字供应链融资，利用银企互联、网银、智慧互联等渠道进行电子化交易和信息交互，或通过核心企业入驻工商银行融 e 购电商平台，为其供应链客户提供在线供应链融资业务。这种在线操作无纸化的解决方案，与市场上主流的供应链金融信息服务平台合作，通过 Bank Open API Gateway 与外部互联互通，进一步提升了融资效率。

此外，工商银行的供应链融资还降低了沃尔玛的供应商供应链断裂的风险，使买方和供应商都能优化其营运资本。供应商可以通过提前收到款项的方式，灵活地向工商银行"出售"经批准的发票，从而获得资金支持。这种模式不仅解决了上下游企业的融资难、担保难问题，还通过打通上下游企业的资金流，提升了整条供应链的价值。

沃尔玛与工商银行的供应链金融合作，通过创新的金融服务和数字化手段，为沃尔玛的供货商提供了全面的融资支持，解决了中小企业融资难的问题，并提升了整条供应链的效率和价值。

（3）沃尔玛供应链金融创新亮点。

① 风险管理模式创新。沃尔玛的供应链融资与传统的评级授信、抵押担保融资模式完全不同，主要利用供应商——沃尔玛的双向信用担保，通过对供应链上的物流、信息流、资金流进行实时跟踪，借款和还款专线专用，有效降低了融资过程中的违约风险。沃尔玛的供应链融资对于解决众多信誉良好、商品畅销的供应商的资金难题提供了有效的方法。

② 风险管理手段创新。工商银行通过与沃尔玛供应链系统的对接，实时掌握供应商在沃尔玛的订单和应收账款情况，提高了信息的透明度，从而降低了银行融资风险。此外，工商银行还依托小企业交易对手的信用，研发了沃尔玛供应商融资方案，摆脱了单纯依赖借款人自身信用的传统做法。这种模式不仅提高了风险管理的效率，还有效规避了中小企业担保能力不足的问题。

③ 业务流程创新。供应链金融单笔金额小、笔数多、频率高，按照银行现有的融资流程，根本无法满足企业对时效性的要求，同时贷款行也无力承担相关的人力成本。工商

银行开发了现金流分析系统,详尽掌握沃尔玛与供应商之间的现金往来记录,并进一步与沃尔玛供应链系统对接,简化了操作流程。这种技术保障不仅提高了业务处理的效率,还减少了人为操作的错误和风险。此外,工商银行还针对沃尔玛供应商的采购、生产、销售全流程提供金融支持,克服了银企信息不对称的困难。

2005年6月,工商银行推出了沃尔玛供应商保理业务试点。2006年7月,在保理业务运作成功基础上,其进一步延伸服务链条,推出了供应链金融产品。2005年6月至2006年6月,供应链金融创新短短一年时间,仅深圳红围支行一家就为发放沃尔玛供应链融资300笔,金额8000万元。在2006年12月举行的"中国中小企业融资论坛"上,工商银行以支持沃尔玛供货商为背景的《核心企业供应商融资解决方案》被评选为"中小企业融资方案"。

2. X贸易公司供应链金融

1)X贸易公司供应链金融概述

X贸易公司成立于1980年,1996年在上海证券交易所上市,主体评级为AAA级。随着经营规模的扩大,X贸易公司逐渐发展成为世界500强国贸控股集团的核心成员企业。X贸易公司也是我国首批供应链创新与应用的示范企业。在供应链管理这一领域,X贸易公司经过了40多年的深度发展,目前已经建立起贯穿供应链上下游企业的垂直产业链和同类型企业的横向一体化供应链模式。其不断扩大增益价值,利用先进的金融工具持续加强企业之间的协同发展;积极发展供应链金融的新业务,以市场为导向,为打造可信赖、可持续的全球化综合服务提供商而奋力前行。

2021年,X贸易公司的供应链管理模块的营业收入为4564亿元,毛利润为65.96亿元。该公司的贸易业务主要采用以自产自销为主、以委托代销为辅的经营模式,经营范围十分广,不仅包括煤炭、钢材、铁矿、化工、造纸,还包括铜、铝、农产品等大宗商品的采购销售业务。各个经营品种的营业规模均超过百亿元人民币,具体如表6-1所示。

表6-1　X贸易公司各品类业务规模　　　　　　　　　　　　　　亿元

业 务 类 型	2020 年	2021 年
黑色及有色金属	2 265.95	2 843.91
能源化工	601.21	928.82
农林牧渔	405.51	699.59
合计	3 272.67	4 472.32

2)X贸易公司金融系统

X贸易公司虽然是一家贸易公司,但很早就在金融领域谋划布局,其金融系统如图6-2所示。X贸易公司是中国少有几家拥有全品类金融牌照的商业机构,深度参与证券、信托、银行、保险等金融活动。同时该公司还深度挖掘产业客户的业务需求,强化金融业务创新,把供应链金融引入流通分销领域,为实体产业发展提供优质的一体化综合金融服务。2021年度X贸易公司金融板块营业收入达到44.02亿元。

3)X贸易公司供应链金融业务简介

X贸易公司重点培育供应链金融服务业务,将该业务作为其重要的利润增长点,致

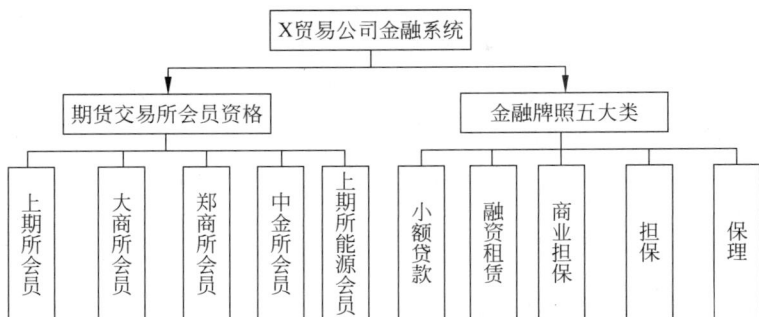

图 6-2　X 贸易公司金融系统

力于推进服务供给侧结构性变革，探索创新金融业务模式，以转型升级为主线，促进产融结合，加强协同发展。公司拥有众多全资或控股的子公司，包括期货、资产管理、风险管理、融资租赁、商业保理、担保、典当、小额贷款等多家公司，经营业务十分广泛，涵盖了从期货及衍生品、普惠金融、绿色金融到实体产业金融等多种供应链金融业务。

X 贸易公司供应链金融业务的发展方向是在核心企业的支持下，通过商流、信息流、物流、资金流等要素的协同经营，将从原材料采购环节至产成品销售环节的供应商、制造商、分销商、零售商和最终用户联结成为一条完整的供应链，实现信息整合、资金融通、仓储物流协作等全方位的金融服务。2021 年，公司供应链金融业务投放规模为 26.71 亿元。X 贸易公司供应链金融业务发展主要集中在应收账款融资、存货动产质押、设备融资租赁和一体化综合业务四个方面。

在应收账款融资方面，X 贸易公司根据融资企业与核心企业的贸易往来情况，确认应收账款的真实性和回款周期，并创建融资模式以解决企业贸易资金占用难题。公司采取事前控制和事后监督相结合的模式进行管理，确保应收账款质量，降低负利率，增加流动资金，并加强对应收账款的风险管制。应收账款融资方式包括有追索权的明保理、有追索权的暗保理、无追索权的暗保理和有追索权的明保理四种，通过签订保理融资合同，受让应收账款，给予企业资金融通额度，加快资金回款速度，满足流动性需求。

在存货动产质押方面，根据存货类型不同，其分为原料存货质押及产成品存货质押两大类。存货需通过 X 贸易公司的贸易板块进行采购销售，货权清晰，并存储于自有仓库或指定第三方仓库进行监管，根据市场价格确认存货实际价值，从而为融资企业提供授信融资额度。

在设备融资租赁方面，其分为设备直租及现有设备回租两种模式。在融资企业拟扩产投建新产能时，X 贸易公司为其配套设备直租业务，由融资企业指定设备厂家，X 贸易公司代为采购相关设备，交付给融资企业进行生产。现有设备回租业务基于融资企业的设备资产情况，通过评判设备价值，给予企业融资授信，解决流动性短缺问题。

在一体化综合业务方面，X 贸易公司的贸易板块及金融板块协同联动，为融资企业提供"贸易＋金融"的一体化服务，使融资企业专注于生产工艺，无须背负采购销售及流动资金压力。例如，由 X 贸易公司贸易板块为融资企业采购所有原料，交付给企业生产，产成品再通过 X 贸易公司的贸易网络进行销售，而供应链金融部门则为融资企业配套原料代付款、销售应收账款融资、设备动产抵押融资等一系列授信业务。目前,一体化综合业务是 X 贸易公司供应链金融业务中最重要的战略发展方向。

同时,该公司充分发挥在贸易融资方面的优势,深化金融业务创新,促进贸易业务的健康发展。X 贸易公司还借助科技手段深度融合产业与金融,打造供应链金融服务平台,推动传统商贸业务的电子化、网络化、信息化。其在深耕国内市场的同时,积极拓展离岸业务,把供应链金融延伸到海外诸国。

6.5 一体化供应链金融业务

一体化供应链金融业务模式,是指将物流导向型供应链金融模式与市场导向型供应链金融模式结合在一起,不仅能为上下游企业提供全程物流服务,还能为客户提供深度分销的供应链金融模式。

6.5.1 一体化供应链金融服务商的业务概述

1. 逆向分销策略

对于中小企业来说,分销过程中面临很多困难。由于大品牌企业已经掌控了分销网络,提高了行业壁垒,如果中小企业仍然按照原有的分销模式进行地毯式的推销,在地域上进行划分,很难在竞争中取得优势。因此,采用逆向分销策略,先从终端分销或者基层市场做起,对竞争品牌进行深入了解后,再有计划地合理设计渠道和分销工作,才能确保终端分销取得胜利,获得超常规模。在此基础上,企业再将逆向分销和原有的顺向分销有机结合,加大分销成功的概率。

不过,即使是采用这样的策略,对于中小企业来说也是困难重重。其主要困难在于以下两点:成本控制和管理控制。

1) 成本控制

新品牌一经上市就采用逆向分销策略,需要在基层市场建立分支机构和物流网点,并对员工实施培训,而且业务拓展、公关、运输、仓储等费用将不计其数。中小企业是不具备如此成熟的运营机制的,而且资金不够充足,这一切都使逆向分销策略寸步难行。

2) 管理控制

一旦分销机构和物流网点不断增多,对其管理和控制的难度就会加大。而且管理活动会消耗大量资源,这也对中小企业形成了很大的压力。

假如贸易流通商提供一体化服务,便可以帮助客户企业在逆向分销上降低成本,而且解决其分销资金短缺的问题。这样一来,贸易流通商便成为客户企业极其重要的合作伙伴。

2. 贸易流通商应具备的协调能力

贸易流通商融入供应链整体运营,成为供应链的组织者和网络协调者,除了具备协同贸易和销售的能力,还要具备协同设计、协同采购、协同生产的能力。

1）协同设计

贸易流通商与供应商通过共同参与方案或者产品的设计,分享设计或者方案的信息,从而高效了解终端客户的需求,采用对应的供应链运营体系。

2）协同采购

贸易流通商与客户企业进行信息共享,协同资金流、物流库存和订单执行,及时获得消息并据此调整供应计划和交付过程,从而使采购与供应一气呵成。

3）协同生产

协同生产是一种多代理、分布式网络化的协同制造体系。分布式网络化制造系统是通过计算机网络组成的一种开放式多平台协作制系统,能够迅速响应客户的需求变化。分布式网络化制造系统是将各企业通过将组件连接到计算机网络中,提高各个制造系统或企业之间的信息交流和合作能力,从而实现制造资源的共享,适应市场变化,取得竞争优势。

3．一体化供应链金融服务需具备的前提

这类供应链金融模式要想成功实施,必须具备四个前提。

(1) 贸易流通商善于运用大数据,深入了解相关行业供应链运营的特点,发现其中存在的问题。

(2) 贸易流通商在一体化供应链金融模式中能够通过金融整合各方成员,并整合服务各要素,打造具有成长活力和盈利潜力的供应链生态平台。

(3) 贸易流通商能够对客户企业进行融资,并对资金风险进行管理。

(4) 贸易流通商具备深度分销的能力,善于建设分销渠道,具有很强的网络覆盖能力和分销管理能力。

6.5.2　一体化供应链金融业务实践

1．怡亚通简介

1997 年,怡亚通成立,是世界 500 强之一深圳市投资控股有限公司旗下企业,并且是在深圳证券交易所上市的供应链公司(股票代码 002183)。怡亚通主要采用"供应链＋产业链＋孵化器"模式,致力于打造集供应链平台服务、产业链资金链供应链等多维于一体,具有新时代特色的整合型数字化综合商社。怡亚通集团生态链企业分布及主要业务如表 6-2 所示。公司在职员工近万人,2023 年业务量超 1 400 亿元,2022 年《财富》中国500 强排名 193 位。

表 6-2　怡亚通集团生态链企业分布及主要业务

序号	集团分公司	主要业务	业务定位
1	深圳市怡亚通物流有限公司	怡亚通物流通过平台化的发展模式来打造供应链物流生态服务体系,以物流科技赋能提供国际物流、国内物流、E2E(端到端)终端物流、行业物流、电商物流、VMI 物流等服务	综合物流服务

续表

序号	集团分公司	主要业务	业务定位
2	卓越控股有限公司	致力于提供云计算、大数据、智慧园区等数字化转型解决方案和服务	数字化转型解决方案和服务
3	深圳市易新品牌服务有限公司、深圳市怡亚通品牌管理有限公司	赋能品牌商,提供营销知识成长培训、营销策略定制服务、品牌孵化终端落地等一系列服务,激活营销全链路,帮助品牌真正实现营销一体化,帮助品牌持续健康地成长	品牌、营销服务
4	深圳市怡丰云智科技股份有限公司	企业 IT 专业咨询服务、开发项目服务、应用系统运维服务、电话中心服务、办公支持服务及信息安全等	IT 服务、软件开发、运维
5	兴怡(香港)有限公司、联怡国际(香港)有限公司	面向企业用户提供存储产品一体化解决方案和服务	国际物流
6	深圳市蚂蚁零兽科技有限公司	以"供应链＋智能终端＋物联网"的创新运营模式,通过整合、联合、融合,造就更高效、更精准的 S2B2C(供应商到企业到消费者)共享经济平台	零售终端

2. 怡亚通供应链变革历程

1)供应链 1.0 时代——广度供应链服务

业务:1997 年,怡亚通以为全国各地的电脑商采购、配货起家,之后发展为提供国际物流、保税物流、进出口通关、供应商库存管理等一系列服务的一站式供应链管理商。

模式:为下游采购商提供垫资采购、物流配送服务。2005 年尝试将业务从 IT 领域拓展到医疗器械、化工、纺织品、快消品等领域。

第一次危机:由于广度供应链是一种粗放型的供应链服务模式,容易被复制,行业替代性高,深圳类似的供应链公司大量产生。

第一次变革:由于大批模仿者进入,怡亚通的业务量在突破 200 亿元后增长放缓,怡亚通开始研究转型。

2)供应链 2.0 时代——深度供应链服务

(1)一站式服务。2009 年,怡亚通开始为品牌商提供一站式分销服务,将产品直供终端(门店、商超、卖场),减少品牌商和终端门店之间的分销层级与渠道成本,最终实现渠道的扁平化。

(2)"380 计划"。同年开始推进"380 计划"(锁定中国 380 个地、县级市,打造一个覆盖近 10 亿有效消费人口的快消品直供平台)。

自建渠道,实现直达零售终端(后因与原分销商产生竞争、资金投入大而终止);整合分销商与当地原有经销商成立控股合资公司方式/合作;与地方政府成立商业综合平台(聚焦产业);与当地原有终端网点成立联盟终端(即后台与怡亚通系统相连),或成立连锁加盟,打通数据流通环节,实现品牌形象等统一化管理。

第二次变革:2018 年"380 计划"快速扩张,负债高企,濒临破产。深圳市投资控股有限公司入股,成为第一大股东,解决了怡亚通的财务危机。

第三次变革：供应链 2.0 的业务一类为"深度分销＋营销"板块——供应链资源、终端载体形成的营销能力，一类为"品牌运营"业务——采购、消费数据反向驱动，筛选、孵化、培育品牌。

3）供应链 3.0 时代——大消费供应链平台生态模式

"深度分销＋营销业务"广度综合商业服务平台。其包括采购/销售服务、产品直供服务、库存管理(VMI)服务、"平台＋营销合伙人"服务、380 新流通服务平台。利用星链云(电商平台)、超市、无人售货机、社群团购、连锁加盟等新型消费渠道拓展消费者购物场景。

品牌运营业务通过数字化转型，将线下品牌商、分销商、消费者向线上转移建立 B2B2C(企业到企业到消费者)、O2O(线上到线下)线上交易、社交属性等生态链平台，实现数据化运营管理。

供应链金融服务以宇商金控为主体，围绕怡亚通的供应链平台，为外部金融机构提供供应链资金穿透服务，为品牌商、渠道商、终端小店、消费者提供配套的金融服务。从小微线上贷款入手，并开始向大额分销贷款-代采快贷，应收账款池保理融资，到上游融资产品的延伸，形成围绕供应链实际场景的 N 个金融产品服务矩阵。

从"集采＋物流平台"到"扁平化＋垂直化"的品牌一站式服务平台，再到后来的基于大数据支撑的全方位、全维度的生态供应链体系建设，怡亚通走过了中国泛供应链服务的方方面面。怡亚通供应链 3.0 业务构成如表 6-3 所示，怡亚通主业及营业收入构成如表 6-4 所示。

表 6-3　怡亚通供应链 3.0 业务构成

业　　务		模式/产品细分	定　　位	服务对象
深度分销＋营销业务	广度综合商业服务平台	行业(产业)平台	供应链一体化资源整合平台	产业链核心企业
		产业供应链服务平台	提供一站式的供应链服务，实现全球采购与销售	分销商
		政企采购平台	面向政府单位的线上采购、供应链服务	政府、事业单位、央企、国企、军队
		综合商业平台	具有地方特色的供应链体系、产业升级平台	各地的产业特色企业(全国范围内)
	380 新流通服务平台	380 快消服务	分销	品牌商
		380 家电服务	分销	品牌商
		380 医疗服务	分销	品牌商
		新零售业务	B2B2C	品牌商
品牌运营业务		数字化运营		初创品牌商
		品牌孵化		初创品牌商
		投资基金扶持		相对成熟的品牌
		投资收购		
供应链金融服务		小微线上贷款		品牌商、渠道商、终端小店、消费者
		大额分销贷款-代采快贷		
		应收账款池保理融资		
		上游融资产品		

表 6-4　怡亚通主业及营业收入构成　　　　　　　　　　%

主营业务收入构成	2020 年	2021 年	营业额同比增减
分销＋营销	95.87	92.75	−0.28
品牌运营	3.03	5.01	70.38
跨境和物流服务	1.54	2.76	84.29
平台间关联交易	−0.44	−0.52	22.23

3. 供应链业务——采销整合运营

怡亚通作为产业链供需之间交易的桥梁与纽带,整合各行业内知名企业的上游原材料(配件、器件、组件)的主力供应商、下游产成品主力销售商。怡亚通与其深度合作,共同组建整合型专业化的产业供应链公司,以专业化的团队,规范化、系统化的运营方式,轻资产的经营模式,共同运营,健康发展,实现双赢。运用强大的资源整合能力和供应链协同打通交易流程,缩短交易周期,提高产业与企业的供应链效率,实现总体成本领先和销量提升。

客户群体:缺少业务运作资源、认可怡亚通的企业文化、具备一定经营管理能力的中小企业和行业精英,行业包括基建、化工、新能源、IT 电子、电气机械与器材、3C(计算机类、通信类和消费类电子产品)数码、家居百货、食品、母婴、日化、家电、智能制造、高新技术产业等。

业务模式:"采购平台＋集采"(多对一服务),即整合全球产品资源,帮助企业实现阳光采购,零库存管理,提高生产效率,降低采购成本。"销售平台＋分销"(一对多服务),即建立帮助企业拓展和扁平渠道的销售结构,扩大市场份额。供应链增值服务,即提供咨询、人才、品牌、营销等供应链增值服务。

服务内容:供应链运营,包括采购及采购执行渠道拓展与管理、销售及销售执行、跨境服务、物流服务、VMI 等。金融服务,包括资金结算、供应链金融服务、风险管理等。

4. 怡亚通的供应链业务——大客户 1＋N 案例

1)合作背景

随着数字化时代的深入推进,品牌发展面临一系列前所未有的挑战,消费者的需求日趋多样化,铺货困难、B 端渠道拓展等问题也给品牌商带来了不小的压力。在这样的背景下,怡亚通 1＋N 与战略大客户宝洁合作,通过怡通天下平台,实现宝洁"分销＋营销"的数字化终端执行服务(图 6-3),助力宝洁保量增量。

怡通天下作为数字化品牌引擎,通过运用进销存订单管理资金结算、客户运营、品牌营销等一系列的数字化工具以及"营销通""招商通""渠道通""数据通"四通等功能,助力宝洁实现全程全域数字化"分销管理＋精准营销"。

2)合作过程

合作中,怡通天下平台与宝洁品牌 ERP 系统进行深度对接,通过实时数据同步、智能分析工具、自动化流程管理等手段,为宝洁提供全面数字化服务方案,帮助其实现更高效的分销与营销管理。

一方面,怡通天下推动宝洁项目加入广东安新源合伙人计划,通过开发零售渠道的

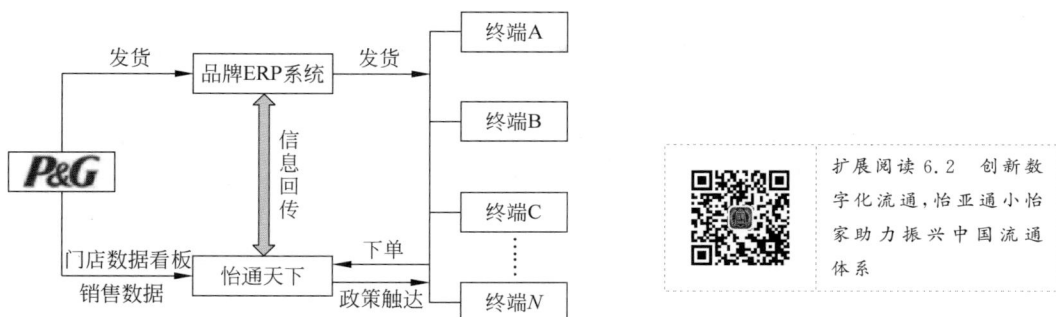

图6-3　宝洁"分销＋营销"的数字化终端执行服务

区域服务商,做前置仓整合,扩大销售渠道,覆盖多元化客户种类。这样既可以利用当地既有经销商的客户网络,快速覆盖本身业务能力无法触达的区域客户,又扩大了品牌的覆盖地域,减少区域拓展投入,节省拓客成本、订单配送履约成本,提升商品的配送时效。

另一方面,怡通天下平台助力宝洁营销直达小B门店,让品牌商投入的市场费用直接用于终端营销,有效缩短营销链条,提高营销投入的精准度和转化率,进一步提升宝洁的品牌影响力。怡通天下平台将归集市场信息,形成大数据,回流至品牌方,反哺品牌开展各项市场活动,帮助宝洁更好地了解市场需求,优化产品研发和市场营销策略。

怡通天下与宝洁通过深度对接流通渠道与营销系统,在项目试运行期间即实现订单数破万,截至2023年11月底,优质渠道客户注册数增长113%。

5. 怡亚通的供应链金融业务实践

1）模式说明:中小企业代采

以中小企业客户资金需求为切入点,以供应链采购与销售服务为载体,通过承接从客户上游采购到下游产品销售的供应链环节中企业的非核心业务外包,达到缓解中小企业供应链资金压力、提升市场竞争力的目的,进而赋能中小企业,打造完善的、覆盖全国各地的产业数字化供应链金融服务体系。怡亚通的一体化供应链金融业务实践如图6-4所示。

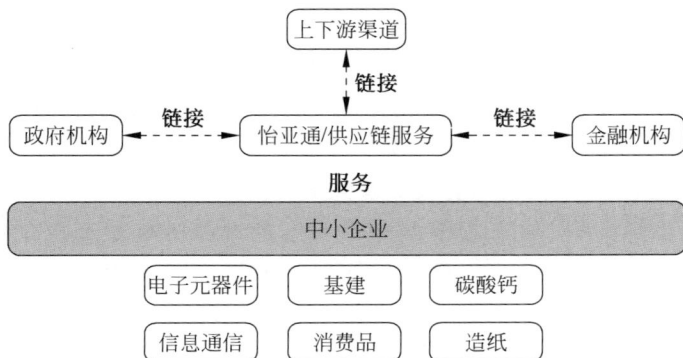

图6-4　怡亚通的一体化供应链金融业务实践

2）客户群体

行业：快速消费品（酒水、饮料、食品等）、医疗器械护理产品、家居产品（燃具、家具、装饰建材等）、半导体（电子元器件等）、基建材料（钢材、混凝土板材等）、3C产品。

需求：将行业做大做强（供应链专业化运营、更丰富的企业融资渠道、拓展市场）。

3）服务内容

代理采购：提供"一对一""一对多"（即客户指定的供应商可以是一家或多家）的原材料、成品前端采购服务。配套仓储物流商务操作、资金结算等增值服务与支持。

代理销售：提供"一对一""一对多"（即客户指定的下游客户可以是一家或多家）的原材料、产品后端销售服务。配套仓储物流、商务操作、资金结算等增值服务与支持。

供应链数字化服务：产业平台定制、SaaS（软件即服务）系统输出、管理视窗工具输出等，帮助各地企业完成数字化转型，实现供应链管理数字化、智能化。

输出自营/国代产品：各地中小企业成为怡亚通旗下钓鱼台珍品壹号、国台黑金十年、大唐秘造、新风谷、成分花园等优质品牌的代理商和分销商，助力中小企业扩大规模、做大做强。

✎ 案例讨论

信息不对称下中小企业如何获得融资绩效

信息不对称是造成中小企业陷入融资困境的最主要原因。传统融资理论认为，由于中小企业信用基础薄弱以及财务报告制度不规范，银行等金融机构为了避免贷前的逆向选择及贷后的道德风险问题，对中小企业采取信贷配给的方式，严重阻碍了中小企业获得外部融资渠道。有学者提出，在资本市场上，企业可以利用信号传递来突破融资过程中的信息不对称瓶颈，即企业通过向融资机构或者投资者传递体现高信用水平或还款实力的信号，影响后者的融资或投资决策，实现必要的融资目标。

供应链金融为融资双方提供了有利的信号传递环境，有效降低了融资活动中信息显示、搜索和解读的成本与难度。供应链金融在我国最初是由深圳发展银行（2012年合并、吸收平安银行，更名为平安银行）推出的，其基本模式是银行将整条供应链作为一个整体，基于核心企业的信用资质，向其上下游的中小企业提供融资服务。目前，供应链金融不仅仅限于金融工具的设计等具体过程，还突出了在供应链管理方面的作用，考察企业在供应链网络中的能力、交易活动和合作关系，构成了银行提供融资和风险控制的前提。因此，能力强的中小企业需要积极传递有利于自身信用状况的信号，以便与其他资信状况不佳的融资者区分开来，提高融资成功的概率。

供应链金融在解决中小企业融资难中的信息不对称问题方面具有显著优势。供应链金融通过整合核心企业及其上下游中小企业，能够显著提高中小企业与金融机构之间的信息透明度。这种信息共享机制使金融机构能够通过供应链中的购销行为有效评估企业经营产生的未来现金流，并以此作为直接还款来源，从而减少事前信息不对称导致的逆向选择问题。

供应链金融利用信息技术如区块链、大数据和人工智能等前沿技术，可以实现中小企业与供应链合作伙伴之间业务流程的信息化与数据化。这不仅有助于资金提供方获取中小企业的资金流动信息,还能对其供应链融资获得的资金使用情况进行有效监督,从而避免道德风险的产生,减少事后信息不对称。

此外,供应链整合也是减少信息不对称的重要手段。中小企业可以通过与供应商和客户建立紧密、稳定的合作关系,提升其在供应链网络中的信用水平与偿债能力,从而减少供应链融资中的事后信息不对称。通过供应链整合,中小企业可以嵌入更多的供应链网络中,增加从多个核心企业获得供应链融资的机会,减轻对某一融资提供企业的依赖,从而保证供应链融资的可得性。

供应链金融通过整合核心企业及其上下游中小企业,利用信息技术和供应链整合等多种手段,能够有效减少中小企业融资过程中的信息不对称问题,从而缓解中小企业的融资难题。

资料来源:宋华,杨璇,喻开.信息不对称下中小企业如何获得融资绩效——基于供应链金融的实证分析[J/OL].中国流通经济,2017,31(9):89-99. https://xueshu. baidu. com/usercenter/paper/show? paperid=b1e3c12bd05fa3c98a349683000117761&site=xueshu_se.

思考:

1. 信息不对称会对供应链中的中小微企业融资造成什么影响?
2. 供应链中的信号传递可从哪些方面改善供应链金融的现状?

即测即练

第**7**章

产业平台领域的供应链金融业务

本章学习目标

1. 了解产业平台及其发展路径；
2. 熟悉和掌握供应链金融平台体系的分类及特点；
3. 了解产业平台下供应链金融的创新模式；
4. 理解产业平台供应链金融实践。

📚 引导案例

数字力量赋能消费市场 电商平台"深融"实体经济

2022 年中央经济工作会议指出，着力扩大国内需求，要把恢复和扩大消费摆在优先位置，促消费是 2023 年扩大内需的重点。实体经济与电商平台的深度融合，给促进消费增长、推动产业升级带来更多创新思路。

比如，电商平台携手品牌开展丰富多元的消费节活动，一手托举商家，助力品牌快速孵化成长，创造生意增量；一手拉起消费者，以实打实的产品与福利优惠进一步激发消费潜能。另外，电商平台也在充分发挥其供应链优势，助力数智化社会供应链建设，推动数字经济的健康发展。阿里巴巴、京东、唯品会等电商向实体经济投去了更多的"橄榄枝"。

数字经济产业化和产业经济数字化的互动与融合效应，正在实体经济追求高质量发展的进程中不断形成赋能作用。抓住行业趋势，联手品牌前行，是电商平台长远要做的功课。

供应链是电商平台安身立命之本。京东扎实投入供应链基础设施，建立了极具稳定性和可靠性的供应链能力。京东也正在以有责任的供应链和深度融合的货网、仓网、云网"三网通"，帮助品牌和商家强链、补链、拓销路，与合作伙伴共同激发出更大的增长潜能。依托一体化供应链物流服务解决方案，京东物流助力多个重点细分行业、原产地和产业带商家实现增长，保障快消品等行业商家高于平日数倍的订单，2022 年原产地和产业带的单量同比 2021 年增长 80%。

在中国发展研究基金会副理事长刘世锦看来,在实体经济数字化进程中,数智化社会供应链带动整个链条不同部分的整合和一体化,降低协同成本,加快响应速度,为扩大内需与深化供给侧结构性改革、增强国内大循环内生动力和可靠性提供重要支撑。在充满变化的市场环境中,唯品会自建的物流仓储系统保持着稳定运行,给众多实体经济商家经营带来强确定性,尽量减轻不利因素对商家和消费者的影响。在市场出现新变化时,唯品会还可以灵活调整布局、提前蓄力,与商家共同抢抓市场机遇。在资金链保障方面,唯品会缩短了经销模式下的平均付款周期,帮助众多实体经济商家快速回笼资金,获得其持续好评。此外,在流量扶持协助企业获客等方面,唯品会持续与国内外知名品牌开展超级大牌日、超级品类日等活动,通过优质的站内运营单位,为实体经济商家提供流量支持,加大品牌曝光度,进而提高商品周转效率。2022 年 12 月 11 日,首届全球数字贸易博览会在杭州国际博览中心拉开帷幕。随着数字经济的不断发展,业内人士纷纷指出,数字经济与实体经济的全方位融合发展,正为国内经济高质量增长提供新的动力。

积极扎根实体经济,是电商平台们近几年的真实呈现。在数字经济与实体经济融合的大趋势下,电商平台把握发展机遇,通过技术赋能承担更大的社会责任,助力实体经济企业共享数字化红利的同时,加快产业变革升级步伐。

资料来源:数字力量赋能消费市场 电商平台"深融"实体经济[EB/OL]. (2022-12-29). https://www.chinanews.com.cn/cj/2022/12-29/9923866.shtml.

7.1　产业平台概述

1. 产业平台的含义

产业平台,在我国也称产业互联网平台(industrial internet platform)或产业生态系统(industrial ecosystem),是一种基于互联网、大数据、人工智能等先进技术构建的,旨在推动某一特定产业发展的生态系统。它通过整合产业链上下游的资源,为参与者提供信息共享、交易撮合、协同创新等多种服务,从而优化资源配置,提升产业效率和创新力。

扩展阅读 7.1　京东供应链金融科技成"国能e链"首批合作伙伴为平台提供百亿资金支持

2. 产业平台的特征

(1)开放性。产业平台通常对外部参与者开放,允许各类企业、开发者和服务提供商加入生态系统,共同创造价值。这种开放性促进了创新思想的交流和新业务模式的产生。

(2)互联互通。平台利用先进的信息技术,如 APIs(应用程序编程接口)和微服务架构,实现不同系统和应用之间的无缝连接。这使数据和资源能够在产业链各环节之间自由流动,提高了整体的运作效率。

(3)数据驱动。产业平台收集和分析大量的数据,包括市场数据、用户行为数据、交易数据等,以洞察行业趋势、优化决策过程和提升服务质量。数据驱动的决策使平台能够更精准地满足用户需求,实现个性化服务。

(4)服务导向。产业平台提供多样化的服务,包括但不限于在线市场、供应链管理、物流跟踪、金融服务等。这些服务旨在满足产业链各环节的特定需求,增强平台的黏性和用户的依赖性。

(5)生态系统构建。产业平台不仅仅是单一的实体,它通过吸引和培育各类合作伙伴,形成了一个包含供应商、客户、开发者和其他利益相关者的复杂生态系统。在这个生态系统中,各方可以相互支持、共同成长。

3. 产业平台的类型

当前的产业平台按照服务对象和业务模式可以分为 B2B、B2C、C2C(指电子商务中消费者对消费者的交易方式)类型。B(business)代表商业企业,C(customer)是消费者。

1) B2B 平台

B2B 平台专注于企业间的交易和服务。这些平台通过提供高效的信息交流、交易撮合、供应链管理等服务,帮助企业降低采购成本、提高运营效率。B2B 平台的商业模式通常包括会员费、交易佣金、增值服务费等。其典型代表有阿里巴巴和敦煌网。

阿里巴巴 B2B 业务板块主要由内贸 B2B 平台 1688、阿里零售通、淘工厂等,以及外贸 B2B 平台阿里巴巴国际站组成,其主要通过收取会员费和提供互联网营销服务获得收入。

敦煌网是国内首个为中小企业提供 B2B 网上交易服务的网站。它采取佣金制,免注册费,只在买卖双方交易成功后收取费用。敦煌网平台帮助供应商直接对接海外批发商、零售商,压缩出口商、进口商和批发商的中间环节,节省在线交易时间,加速资金周转。

2) B2C 平台

B2C 平台面向最终消费者,提供在线零售服务。这些平台通过整合线上、线下资源,提供便捷的购物体验和个性化的推荐服务。B2C 平台的商业模式可能包括直接销售收入、广告费、平台服务费等。其典型代表有天猫、唯品会、亚马逊。

天猫属于 B2C 电子商务模式,即商对客,直接面向消费者销售产品和服务的商业零售模式,通过整合数千家品牌商、生产商,提供商家和消费者之间的一站式解决方案,以及七天无理由退货的售后服务和购物积分返现等优质服务。

唯品会成立于 2008 年,是中国领先的在线时尚 B2C 电商平台之一。唯品会的业务模式是"品牌特卖",公司通过直接采购库存的方式,以比市场价更低的价格销售国内外知名品牌的服装、鞋履、箱包、家居等商品,同时提供优质的售后服务。

亚马逊的 B2C 商业模式是基于互联网的,这与传统的价值链商业模式有很大的不同。从单一的图书以及音像制品等图书相关产品,逐步拓展业务范围,现已涉足摄影、家居、食品、体育用品等多个领域。亚马逊网站采取网上销售的形式,直接面向消费者,中间商留存的利润较少,价格低于传统商店。

3) C2C 平台

C2C 平台发展到今天,模式已经相当多元化,主要包括无形产品与劳务的电子商务模式、实物商品模式、综合模式等。C2C 平台允许消费者之间进行交易,常见于二手市场和个人服务领域。这些平台通过提供安全交易保障服务和信用评价系统,促进了个人之间的商品和服务交换,其商业模式主要是通过交易佣金、广告费等方式盈利。淘宝就是一个典型代表。

C2C 模式是淘宝最早采用的商业模式,也是其最核心的竞争力之一。在 C2C 模式下,淘宝为卖家和买家提供了一个交易的平台,卖家可以在平台上发布商品信息,买家则可以在平台上浏览和购买商品。淘宝通过提供交易中介、支付担保、信用评价等服务,确保了交易的公平性和安全性。

在 C2C 模式下,淘宝充分利用了互联网的开放性和连接性,将分散的消费者聚集在一起,形成了一个庞大的交易市场。这不仅为消费者提供了更多的选择和更低的价格,也为卖家提供了更广阔的销售渠道和更低的运营成本。

4. 产业平台的发展历程

产业平台的发展历程是与信息技术的演进和商业需求的变化紧密相连的。从最初的信息发布平台到电子商务平台、垂直整合平台,再到现在的智能化、生态化平台,产业平台经历了多个阶段的演变。

1) 信息发布平台阶段

在互联网初期,产业平台以信息发布为主,提供企业信息、产品目录和行业新闻等内容。这些平台扮演了线上黄页的角色,帮助企业在互联网上建立初步的在线存在。

2) 电子商务平台阶段

随着互联网技术的发展,产业平台开始提供在线交易功能,使企业能够通过平台直接进行买卖。这一阶段的平台,如阿里巴巴,通过提供在线支付、物流跟踪等服务,极大地促进了电子商务的发展。

3) 垂直整合平台阶段

为了进一步提升效率和服务质量,产业平台开始整合供应链上下游资源,提供一站式服务。这一阶段的平台不仅包括交易撮合,还涵盖了供应链管理、物流服务、金融服务等。

4) 智能化平台阶段

大数据、人工智能、物联网等技术的应用使产业平台能够提供更加智能化的服务。平台通过分析用户行为、市场趋势等数据,为企业提供精准的决策支持和个性化的服务。

5) 生态化平台阶段

当前,产业平台正向生态化方向发展,构建开放的平台生态系统,吸引第三方开发者、服务商和合作伙伴加入。这种生态系统不仅能够提供更加丰富的服务,还能够促进创新和协同发展。

5. 产业平台的发展路径

随着产业互联网的实践推进,出现了各类由区域政府或者产业骨干企业打造的产业平台。由于各产业平台发起背景和资源能力优势不同,因此其发展路径也有所差异。

1）行业龙头企业裂变式增长平台

大型行业龙头企业发起推动的产业平台，其特点是将过去在产业积累的客户、人才、技术等方面的综合资源优势和核心能力通过平台开放化，打造产业级生产性服务业共享平台，为产业链上下游企业赋能，以大企业带动产业链中小企业共同发展，实现产业链整体转型提升，同时自身也在传统业务之外打造出一家基于互联网的新模式公司，实现裂变式增长。

2）区域特色产业集群转型升级平台

区域政府、行业协会及产业骨干企业多方共同发起打造产业平台，带动区域产业集群的整体转型升级，将成为推进县域经济创新发展的重要手段。这类产业互联网实践具有鲜明的县域产业集群特色，通过产业链的打通实现一、二、三产的融合。

3）专业商贸市场数字化转型平台

专业商贸市场具有天然的平台优势及丰富的产业资源，通过数字化转型，将线下客户资源优势与线上平台一体化融合打通，可以为产业链上的从业者提供从交易、支付到物流、供应链金融等领域的供应链专业服务，通过线上交易数据的累积，为交易双方提供信用保证体系，促进交易双方的强黏性服务，提升复购率和交易效率，大大降低交易成本，推动整个产业生态的发展。

4）商贸/物流商到供应链集成服务商转型平台

在传统产业链中提供贸易、物流等服务的企业，基于过去比较大的品牌影响力、线下资源等优势积累，正在进一步向供应链集成服务商转型。商贸/物流商到供应链集成服务商转型，其关键的成功因素是从全产业链的视角对产业场景需求和痛点进行挖掘，在前期需做好产业互联网的顶层设计规划。

5）行业资讯平台/SaaS解决方案商的产业互联网升级平台

在早期互联网的发展过程中，涌现出一批行业资讯平台，名称往往为"××网"，它们为行业圈子提供行情资讯、价格指数等，积累了大量的行业用户信息和流量。由于缺乏服务深度和黏性，其往往难以为继，因此纷纷转型产业互联网，提供从撮合交易到产业链的集成服务。还有一类行业SaaS解决方案提供商，基于行业大数据的优势积累，通过大数据的分析应用，进一步往产业供应链服务延伸。

7.2 供应链金融产业平台体系

产业平台作为连接供应链各方的枢纽，正在通过整合供应链金融服务，为企业提供全面的一站式解决方案。这些平台通过集中处理和分析供应链数据，优化了资金流、物流和信息流的管理，从而提高了整条供应链的效率和透明度。目前，根据供应链金融平台生态所整合的主体环节的不同，将供应链金融平台体系大致划分为横向行业整合平台和纵向垂直产业平台。

1．横向行业整合平台

横向行业整合平台是指横向跨多个行业形成的平台。此类平台一般是在特定条件下形成的，可以分为如下两种类型。

1）基于交易或服务信息优势形成的横向行业整合平台

这类平台的主导方通常是实体产业链中的交易参与方，或者是与之有着紧密关系的生产性服务提供方。常见的有以下几类参与主体主导的供应链金融平台。

（1）B2C电商企业主导的平台。比如：京东、苏宁依托电商平台推出供应链金融服务。

（2）物流企业或供应链管理服务公司主导的平台。这里，物流企业或供应链管理服务公司主导的平台主要指依托其服务的行业客户优势，为客户提供供应链金融服务的平台。

（3）信息软件服务商主导的平台。比如：用友的供应链金融服务平台。

2）基于区域产业集成优势形成的横向行业整合平台

这类平台的常见的主导方为地方政府、行业协会等有影响力和公信力的第三方。比如：宁波保税区主导的供应链金融平台、中国互联网金融协会推出的供应链金融平台等。这类平台的优势主要在参与方协同机制上，第三方的加入和推动，有可能借助第三方政府或相关组织的公信力，充分调动区域内更多的资源，比如协调打通辖区内的各公共部门相关数据；出台配套的正向激励措施或负向激励措施，比如地方政府辖区范围内的财政奖励、税收优惠、产业园区优惠等，对潜在参与主体形成更强的驱动力。

2．纵向垂直产业平台

纵向垂直产业平台是基于某一具体产业链深耕发展的供应链金融平台。这类平台最常见的主导方是核心企业。当然主导方也可以是银行等金融机构、金融科技服务公司，其以资金优势或技术服务优势为切入点选择特定产业进行深耕提供服务，在这过程中会不可避免地与所选定产业的核心企业发生合作或联系。同时，主导方还可以是专注于具体产业的B2B电商，其优势在于对具体产业的理解和相关交易数据的积累。

除了按照平台的整合行业来划分，供应链金融平台的发展还可以按照主导方来划分，如核心企业主导、银行主导、金融科技公司主导等。

1）核心企业主导的供应链金融平台

核心企业一直以来被视为开展供应链金融业务的依托。所谓核心企业，顾名思义，即指在供应链网络的组织形态中居于核心地位，通过共同利益所产生的凝聚力把相关企业（与"核心企业"相对应，以下称"节点企业"）整合起来吸引在自己周围的主导企业。实务中，核心企业往往是整个供应链网络的组织者、管理者和协调者，具体而言，它往往扮演着供应链中的信息交换中心、物流中心和结算中心的角色。

利用核心企业相对节点企业的更高信用，以核心企业信用为产业链整体信用做背书。应收账款融资模式所涉及的重要环节"核心企业确权"就是这一点的典型表现。

核心企业直接作为主导方，搭建供应链金融平台，开展供应链金融业务，首先，它天然具有上文所提及的几个方面的优势；其次，作为主导方，核心企业会深度参与，其原有经营管理业务和供应链金融业务的协同作用凸显。

2）银行主导的供应链金融平台

银行主导的供应链金融平台，可以从自身积累的某些核心企业客户所在的产业切入，借助核心企业的力量拓展其上下游客户和业务，通过一段时间的积累和打磨，整个平台的技术和业务能力更加成熟之后可以再拓展接入更多的产业，于是就从一开始的垂直产业平台发展到了跨业平台。最开始的这种跨度是依据客户资源去引导跨越，发展到后续更成熟的阶段，更理想的状态是平台技术和金融微服务的标准化输出，由产业生态的合作伙伴基于具体产业和业务场景做适配性差异化组合，这与开放银行的理念不谋而合。

视频 7.3　供应链
金融平台发展趋势

3）金融科技公司主导的供应链金融平台

金融科技公司主导的供应链金融平台，其优势在技术、信息方面，在金融资源（主要是银行）和产业供应链资源（主要是核心企业）方面，更需要通过合理的合作机制接入适合的合作伙伴才能撬动整个供应链金融的生意。

7.3　产业平台下供应链金融的创新模式

1. B2C 电商供应链金融融资模式

1）链式结构及融资方案

B2C 电商供应链金融是指利用互联网技术把 B2C 电商平台和供应链结合起来，银行通过 B2C 电商平台收集融资企业的相关信息，并以 B2C 平台的信用作为担保，给中小企业提供贷款。这种模式不但提高了资金使用效率，而且降低了由于信息不对称给银行带来的融资风险。

B2C 电商供应链是以信息流为核心的集资金流、信息流、商流及物流于一体的链式结构，如图 7-1 所示。它的运作模式是：B2C 电商企业会将产品的详细信息展示在网上，通过对这些信息的浏览，消费者可以选择符合自己喜好和需求的产品进行购买；对生产商或供应商来说，它们可以从这些销售数据中了解消费者的喜好，决定产品生产的产量，所以说这种供应链模式无论是对消费者还是对制造商来说，都具有非常重要的意义。在B2C 电商供应链中，物流主要包括供应商对产品的采购和消费者购买产品这两方面，它主要通过第三方物流公司或者 B2C 电商企业自己的物流体系来实现；资金流则主要是电商企业采购产品的费用以及消费者购买产品时花费的资金。

在 B2C 电商供应链中需要进行融资的主要是处于上游的生产商和供应商，这些供应商和生产商大多数是中小企业，这部分企业起步比较晚，底子比较薄，资产状况不明晰，抵押物不足，不符合传统的抵押担保贷款的要求，借贷成本比较高、运作风险大；另外，与流程复杂、周期长的传统信贷模式相比，这些企业的借贷频率和资金周转速度更高，难以适应千变万化的市场需求。由于下游的消费者一般使用网上支付或者货到付款的方式，所以上游的供应商和生产商需要一定的时间才能从 B2C 电商企业那拿到相应的回款，这

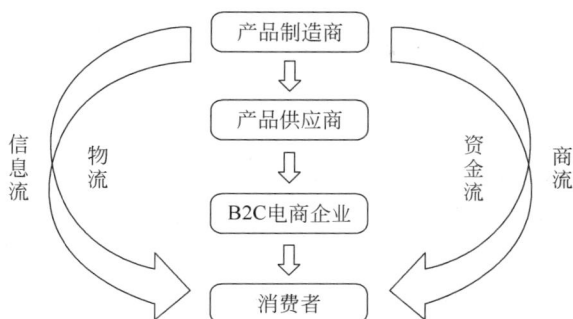

图 7-1　B2C 电商供应链结构

就造成了上游生产商的回款期限较长,降低了资金周转率,企业无法进行生产。基于此,有下列四种不同的融资方案。

(1) 电子订单融资。电子订单融资脱胎于订单融资模式,就是为电子商务活动中的企业提供质押电子订单的供应链融资服务。B2C 核心企业对上游供应商设置一定的准入条件,上游供应商与 B2C 核心企业(商城 B2C 模式)或下游用户(平台 B2C 模式)交易生成有效的电子订单后,通过这些电子订单在线申请融资,经 B2C 核心企业和银行审核后发放无抵押贷款。其还款来源为订单回款。

这类产品适用于履约能力强、交易记录良好的企业,能够满足这些企业的备货融资需求,大幅提升接收订单能力,同时缩短贸易周期、减少资金占用。产品的优势在于全程信息化,线上操作,高效快捷。

(2) 电子仓单质押。上游供应商将其所有的货物存放在 B2C 核心企业的自有或指定的第三方物流企业的仓库中,通过生成的有效电子仓单向银行申请贷款,同时由 B2C 企业实时掌控供应商的在线交易活动,由自有或第三方物流企业负责质押货物的保管与监管。

此类产品的风险主要是电子仓单的有效性与仓单货物的价值,适用于交易记录良好、生产的货物市场价格平稳的企业。电子仓单质押有助于供应商盘活库存,解决因货物存储占用资金的问题。

(3) 应收账款融资。前面提到的 B2C 零售类金融模式,上游的供应商需要一定的时间才能收到货款,这样就产生了对 B2C 核心企业的应收账款。为了缩短账期,供应商可以将应收账款转让或质押给银行,银行向 B2C 企业核实信息确认后发放贷款。

此类产品实质上是国内明保理,以 B2C 核心企业的担保为基础,供应商与 B2C 核心企业共享授信额度,无须其他担保与质押物,并且可循环借贷。值得注意的是,由于是银行代买方(即 B2C 核心企业)垫付货款,核心企业需要对供应链中的资金流有较强的控制力,也就是对上游供应链有一定的话语权。

(4) 委托贷款。与上述三种模式不同,委托贷款是指 B2C 核心企业提供自有资金,由银行代其向链上符合条件的供应商发放贷款的融资方式。对于银行而言,此类产品不需要垫付资金,通过接受代理收取手续费即可,银行的风险达到最小。对于供应商与 B2C 核心企业而言,这类产品成本灵活,可协议商定。同时其担保方式可以多种多样,应收账款、固定资产等都可以。

2）B2C 电商供应链金融案例分析

依托国美控股集团强大的资源背景，国美金融先后与国美电器、安迅物流、国美海外购等公司建立战略合作关系。国美通过与供应商的合作，积累了海量的供应商订单数据。同时作为终端零售商，国美掌握着年销售金额超过 500 亿元的销售数据。在国美的供应商中，大部分的企业为中小微企业，这些企业资金链紧张，资产有限，缺少抵押和担保。这些原因导致商业银行对中小企业贷款采取"从紧""惜贷"的策略，进而导致中小企业难以从银行融资。2015 年，国美金融结合自身优势，上线供应链金融业务，并推出商业保理产品——账云贷，供应商将对国美的应收账款转让给国美金融，并从国美金融旗下商业保理公司融资。与银行相比，商业保理公司的主要优势在于市场细分、数据处理和客户服务，以此为基础，在目标客户选择方面更具有针对性，且授信方式相对灵活。此后，国美金融根据自身优势，在内部供应链金融产品开发上贴合上下游企业的需要，共开发出账云贷、货云贷、信云贷、票云贷四款产品。

（1）账云贷——商业保理。国美金融账云贷以国美上游供应商应收账款为依托，采取 3 个月内随借随还的模式，按账期由国美付款给保理公司进行还款，剩余差额尾款由国美信达商业保理公司支付给供应商（图 7-2）。该产品通过应收账款转让融资让未来的现金流提前变现，加速流动资金周转，改善经营状况，缓解客户由于应收账款积压而造成的流动资金不足的状况。

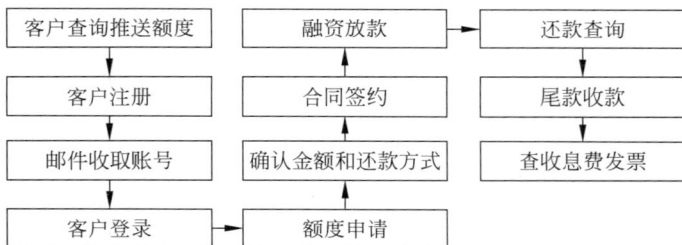

图 7-2　账云贷流程

（2）货云贷——存货质押。货云贷产品是国美金融供应链金融上线以来推出的第二个产品。供应商以存货作为质押，向国美金融申请贷款。该产品能够有效盘活企业库存，将存货转化为现金流（图 7-3）。

（3）信云贷——企业信用贷款。信云贷是国美金融供应链金融于 2016 年 3 月 1 日推出的面向电器供应商的全线上信用类贷款产品。产品研发过程遵循精益产品研发 MVP（最小可行产品）理念，一周确定产品方案，两周上线全新业务门户和产品核心功能，最短时间发布金融产品。在风控方面，信云贷与电器系统对接，评级模型、授信模型全部数据化，4 000 多个供应商预授信额度超 40 亿元，产品上线首月放款即突破 1 亿元（图 7-4）。[1]

① 中国物流与采购联合会物流与供应链金融分会.中国物流与供应链金融发展报告（2018）[M].北京：中国财富出版社，2019.

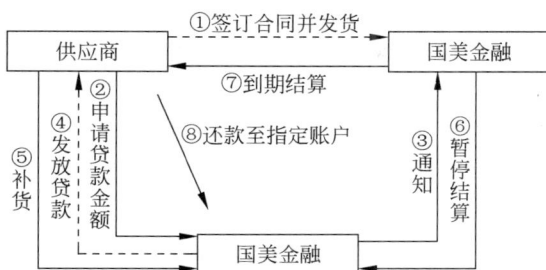

图 7-3　货云贷流程

注:

① 融资企业与国美金融签订相关合同,并向其发货,由国美仓库或门店代管库存;

② 融资企业向国美金融平台上的小贷公司等金融机构申请授信额度内的贷款金额,确定融资期限、还款方式,与金融机构签订合同,将放款当日全部库存商品质押;

③ 金融机构与融资企业通知国美金融存货质押金额及日期;

④ 金融机构向融资企业发放贷款;

⑤ 融资企业在贷款期间通过补货的方式使存货质押余额保持在要求的水平;

⑥ 若融资企业库存余额低于质押金额要求且补货不足,国美金融可暂停正常结算及退货;

⑦ 融资企业选择随借随还方式,国美金融到账期向融资企业结算;

⑧ 融资企业以自有资金向金融机构还款至指定账户。

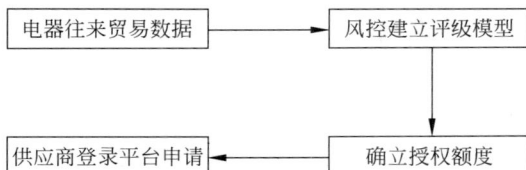

图 7-4　信云贷流程

(4)票云贷——电子票据质押业务。国美金融的票据质押业务以电子汇票业务为依托,利用客户持有的承兑汇票做质押开展信贷业务,全流程互联网化操作,更为快捷、透明和安全,重新定义了票据融资新模式(图 7-5)。

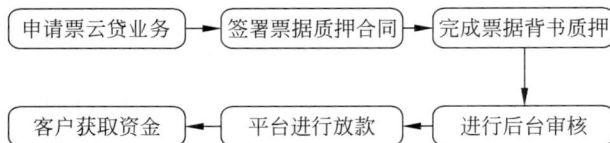

图 7-5　票云贷流程

2. B2B 供应链金融运作模式

1)B2B 供应链金融网络结构

B2B 供应链金融是电商企业转型供应链金融业务创新发展的新领域。根据电商企业在供应链金融平台中发挥的功能不同,可以把 B2B 供应链金融运作模式划分为撮合型和自营型。在撮合型模式中,电商企业负责交易平台的搭建,根据外部金融机构的风控标准和定价,推送平台企业的融资意向,其本身并不承担与借贷相关的融资风险。在自营型模式中,电商企业扮演了平台组建者和金融机构双重角色,自主开发平台融资产品,确定风控规则,并承担相应的借贷风险。

参与主体的专业化和平台化是供应链金融的发展方向。随着大数据、云计算、物联网和区块链等数字技术的介入,B2B 供应链金融系统不再是传统的链条状,而是复杂的网络平台化结构,如图 7-6 所示。B2B 供应链金融的参与主体得到了极大的扩展,在电商平台的主导作用下,供应链节点企业形成了若干个能量耦合的横向集群链和纵向产业链,各类服务提供商也形成了纵横交错的服务链。

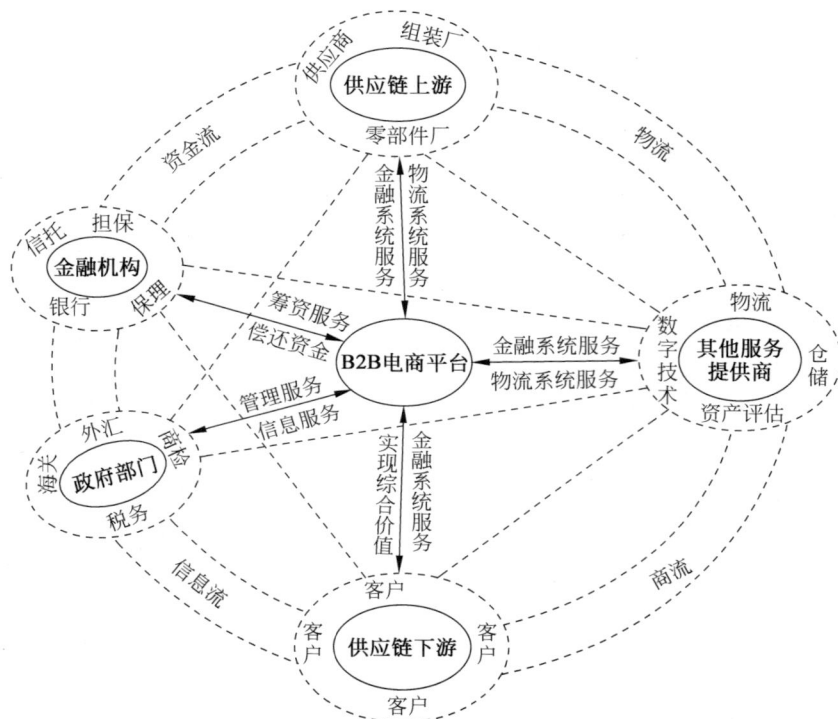

图 7-6 B2B 供应链金融网络结构

(1) B2B 电商平台。B2B 电商平台是供应链金融的神经中枢,掌握整个平台运营的商流、资金流、信息流及物流,主导供应链金融生态系统的交易流程,其主要职能是为各类参与主体建立信息桥梁,为平台中的节点企业提供资金匹配、信用评级、信用担保、支付结算等服务。B2B 电商平台为服务群体搭建了公平、公正的交易场所,也为企业间互惠互补的战略协作创造了条件,其利润来源于信息成本的降低、工作流程的简化、交易费用的节约及供应链与价值链融合的好处。

(2) 供应链企业。供应链企业是指在 B2B 平台上交易的上下游企业,也是供应链金融服务的主要对象。在平台的服务支撑下,供应链企业形成了若干个横向集群链和纵向产业链。横向集群链和纵向产业链形成了产业集群与供应链之间的有机耦合,存在着多条平行的单链,这些单链不仅包括上下游企业之间合作,而且单链与单链之间也存在跨链的协调与合作。它们的协同互动形成了一张复杂的价值网，既拓宽了 B2B 电商平台信息来源渠道，也扩展了服务空间，为 B2B 供应链金融活动开辟了更多的新市场。

（3）服务提供商。服务提供商是指为平台上供应链企业提供资金、物流、价值评估等服务的机构。其中，金融机构为企业提供金融产品或服务、制定融资服务业务模式和具体方案。物流企业提供质押物保管和监督、仓储、运输等综合性第三方物流服务，以及为金融机构更便捷地掌握企业的各种交易行为提供帮助。资产评估机构负责平台上存货、知识产权、金融产品等质押物的价值评估。政府部门为平台企业提供税务、海关等各类服务。这些主体共同组成了平台服务链，为供应链企业提供各类服务，有利于企业更加专注自己的核心竞争力，提高供应链整体竞争优势。

2）B2B 电商供应链金融典型案例

阿里巴巴是中国首个自主创业的电商平台，以 B2B 电子商务平台为核心业务。阿里巴巴的供应链融资正是基于平台上的交易数据，通过分析客户的经营状况、交易模式、资金流向等信息，准确把握平台上中小企业资金需求，进而推出符合企业实际的融资服务。阿里巴巴供应链融资模式的运作机制分为三个阶段：第一阶段是数据收集和分析。阿里巴巴通过其电子商务平台收集供应链上各参与方的交易数据和用户信息，通过数据分析和风险评估模型，对中小企业进行信用评估，为其提供融资服务。第二阶段是金融服务的产品设计。阿里巴巴针对中小企业的实际需求，设计了应收账款融资、预付账款融资等一系列金融产品。整个融资过程无纸化、网络化、程序化。第三阶段是风险控制与监控。阿里巴巴建立了完善的风险控制与监控机制，通过风险控制模型和实时监控，控制融资过程中的风险。同时，阿里巴巴还与监管部门合作，加强对供应链融资全过程的监控和监管。

阿里巴巴供应链融资的模式可以分为以下四种，分别是应收账款融资模式、预付账款融资模式、存货融资模式及信用贷款融资模式。

（1）应收账款融资模式。阿里巴巴旗下的商融（上海）商业保理有限公司提供的自保理服务，采用浙江网商银行提供的技术，为买家提供高效的应收款项处理服务。应收账款融资模式（自保理）如图 7-7 所示。

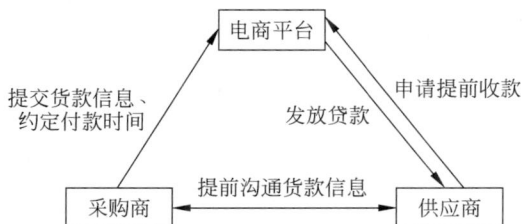

图 7-7 应收账款融资模式（自保理）

应收账款融资模式作为供应链融资的一种创新模式，在降低中小微企业的融资门槛及交易成本方面发挥了显著作用。首先，平台上的采购商需要用企业的支付宝账号签约开通服务，同时要与供应商确认好账款信息；再向平台提交供应商的应付账款信息，并约定好付款时间。其次，采购商通知供应商申请提前收款，供应商企业提供其与平台商家之间的贸易关系信息,即可获得资金支持。最后,在约定的还款日期到期时,平台会自动从采购商绑定的支付宝账户中扣款。同时,应收账款融资模式深化了阿里巴巴集团在供应链融资服务领域的垂直整合能力,实现了从终端消费者到生产制造方的贯通式拓展,构建了一条汇聚各节点的长效供应链融资实施路径,为众多中小微企业量身打造了一系列更为全面的融资解决方案。

(2)预付账款融资模式。该模式允许购货方在与供货方签订包含回购承诺条款的合同的基础上,向平台企业申请预先支付给供货方款项的资金支持,从而缓解资金紧张状况,提升营运效能。预付账款融资模式的业务流程如图 7-8 所示。

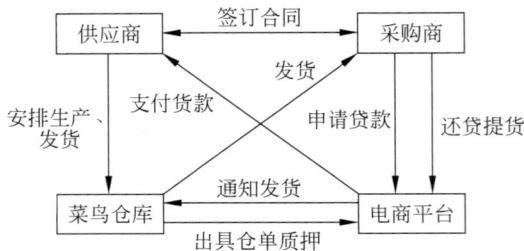

图 7-8　预付账款融资模式的业务流程

首先,在采购合同签订之后,采购商即向电商平台企业提出融资申请,平台企业向供应商预先支付货款,促成交易。其次,在收到货款后,卖方立即发货,将货物运送至特定的仓库。通过对货物进行质押监管,平台企业能确保买方持续地还款,而买方在其商品不断销售的过程中获得的回款,将作为偿还所贷款项的资金来源。采购商完成还款后,平台企业向菜鸟仓库提出发货申请,仓库将货物按时发出,完成交易。通过预付账款融资模式,采购商可以支付较少的资金获得更多的货物,从而实现杠杆采购。同时,供应商可以在此基础上进行批量销售,扩大销售规模,提升效益,实现了供应链整体业务规模的扩大。

(3)存货融资模式(图 7-9)。阿里巴巴成立的菜鸟网络科技有限公司,旨在为阿里巴巴电子商务平台的发展提供稳定、安全的物流支持,整合仓储、快递、运输、配送等业务,助力电商平台实现质押操作。

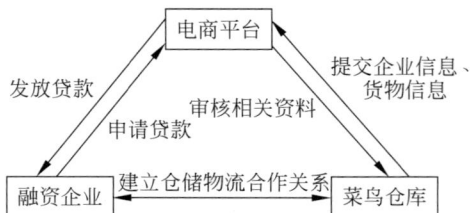

图 7-9　存货融资模式

通过将菜鸟的业务流、平台的资金流、信息流和物流数据整合到阿里巴巴集团中,创建了一个基于全网的大数据风控模型。该模型自动检测风险并提供限制和定价服务,创新性地实现了无须发票即可获得贷款的目标。

首先,对于融资企业而言,建立起与菜鸟物流的合作机制是至关重要的,融资企业需要与菜鸟仓库建立仓储物流合作关系。其次,融资企业向阿里巴巴提交贷款申请。阿里巴巴将会核实企业的物流仓储信息,并将其与菜鸟仓库对接。最后,基于菜鸟仓库反馈的信息及资产评估报告,进行资金放贷的决策,并最终确定贷款额度。以上步骤的规范执行将有助于构建一个相互依存、联动互补的融资与物流服务的生态系统,降低融资企业的获贷门槛、降低贷款利率,有效缓解融资难问题。

(4)信用贷款融资模式。阿里巴巴旗下网商银行推出的网商贷本质是免抵押担保的纯信用贷款。信用贷款融资模式采取一种全方位的评估机制,通过收集并分析平台商家的信誉评级、营业状况及平台交易记录等多维数据资源,对商家进行全面而客观的信用评估;在此基础上,根据店铺的整体经营表现,授予其相应的信贷额度。信用贷款融资的申请流程和业务流程如图 7-10 所示。

图 7-10 信用贷款融资的申请流程和业务流程

7.4 产业平台的供应链金融实践

1. 电商平台供应链金融实践

京东是国内大型的电商平台之一,其依托京东商城积累的交易大数据,以及自建的物流体系,在供应链金融领域得到了飞速发展。2012 年,京东与中国银行北京分行签订了战略合作协议,合作为京东供应商提供金融服务,以信用及应收账款为抵押,帮助供应商从银行获得贷款,从而试水进入供应链金融领域。2013 年,京东利用自有平台,推出了"京保贝"互联网保理融资产品,在随后的两年又相继推出"京小贷"和动产融资两个核心产品,流程更加简单、便捷,解决供应商融资难的问题,提高整条供应链的流动性。

1)"京保贝"

"京保贝"是京东首个互联网供应链金融产品,也是业内首个通过线上完成风控的产品。京东拥有供应商在其平台上采购、销售等大量的财务数据,以及之前与银行合作开展应收账款融资的数据,通过大数据、云计算等技术,对数据池内数据进行整合分析,这样就建成了平台最初的授信和风控系统。供应商可以通过这个系统获得一个授信额度,在额度范围内,供应商提交任意金额的贷款申请,后台都可以进行自动化的审批和放款,时间短至 3 分钟,融资款项来源为京东的自有资金。截至 2024 年 12 月,"京保贝"已服务近 10 万家供应商,现已全面对外开放,为希望构建供应链金融能力的核心企业提供解决方案。

扩展阅读 7.2 京东供应链金融科技平台发布 Lite 版解决方案 更轻更快服务产业链核心企业

其具体流程如下:

(1)京东与供应商之间签订采购协议,确定稳定的合作关系,从而获得长期的真实交易数据;

（2）由供应商向京东金融提交申请材料，并签署融资协议；

（3）以过往的交易数据和物流数据为基础，系统可以自动计算出对申请供应商的融资额度，之后京东金融将批准额度告知京东；

（4）供应商在线申请融资，系统自动化处理审批并在核定额度范围内放款；

（5）京东完成销售后，向其金融部门传递结算单，自动还款，完成全部交易过程。

2）"京小贷"

"京小贷"是京东金融专门为京东开放平台商家推出的创新产品，提供无须抵押的信用贷款。它根据商家在京东的经营情况进行信用评级，提供授信额度，并由多个数据模型控制贷款流程及贷后监控，具有贷款便捷、全线上操作、有竞争力的贷款利率、个性化还款方案等特点，最长借款周期1年，最高额度200万元，有效解决商家流动资金紧张的问题。截至2024年12月，"京小贷"已累计为超过6万户京东商家提供融资服务。

其具体流程为：

（1）商户与京东签署协议，成为京东商城开放平台商家，并且在京东数据库中存在大量的商家真实交易数据；

（2）商家登录京东金融平台，申请贷款；

（3）京东后台系统在商家经营数据及以往信贷记录的基础上，自动给出合适的贷款方案；

（4）商家根据自身融资需求选择最优的贷款方案；

（5）京东金融将贷款信息传递给京东，系统自动审批并放款；

（6）贷款本息在双方结算款中自动扣除，完成全部交易过程。

3）动产融资

动产融资是京东客户以拥有的动产为抵质押物，向京东申请融资的一项服务。传统的动产融资由于中小企业动产价值难以评估及质押后银行监管流动性下降的难题，导致大量企业无法获得动产融资服务。京东推出的动产融资服务可以通过京东数据库中积累的海量产品历史及当前价格数据和模型化的方式自动评估商品价值，同时与仓储公司合作，全面整合了质押物从生产、运输、存储到销售的全链条数据交叉验证，并实时监测和调整质押物数量，提高了质押物的流动性，实现动态质押。京东的动产融资产品有效地填补了银行在消费品质押领域的空缺市场，盘活了中小企业库存。

其具体流程为：

（1）融资商家的仓储服务能委托或移仓给与京东合作的仓储公司，双方建立合作关系；

（2）商家登录京东金融提交合作意向；

（3）京东联系与商家合作的仓储公司，核对相关资料，并通过系统对其质押物价值进行评估；

（4）在通过合作意向审核后，商家提交申请资料，并登录京东钱包完成动产融资授权；

（5）双方签订协议，京东金融按协议内容放款；

（6）货款到期后，商家通过京东钱包还款。

2．金融机构合作型供应链金融实践

得益于国家政策的大力支持,区块链技术与传统供应链金融平台加速融合,"区块链＋供应链金融"双链平台应用取得较快进展。目前,区块链技术已经成为供应链金融领域申请专利最多的技术,供应链金融平台建设也成为区块链技术商业化落地最快的领域之一。我国"区块链＋供应链金融"平台建设的参与者主要包括区块链技术服务商、金融机构、核心企业与金融科技公司等组织机构。

商业银行相继成立了区块链实验室,引进区块链技术赋能原有供应链金融平台业务,加紧推出"区块链＋供应链金融"双链平台,以求尽早占领蓝海市场。

1）"e链贷"

2017年8月,农行与趣链科技合作,推出基于区块链技术的涉农互联网电商融资系统"e链贷",在充分挖掘和利用平台数据的基础上,为涉农电商提供一键线上融资服务。

"e链贷"利用大数据技术充分挖掘和分析农行电商平台客户的历史交易数据,通过成熟、可靠的数据模型为平台上的客户提供合理的自动评级、授信和定价服务,并将贷款自动审批和用信流程无缝嵌入订单支付场景中,为客户提供了无感知的一键融资支付体验,极大提升了客户满意度,同时显著提高了客户黏性和交易活跃度。"e链贷"为小微企业、"三农"客户长期以来面临的因担保物不足、信用数据获取成本高等困难而导致的融资难、融资贵问题提供了全新的解决方案,为金融机构发展普惠金融业务提供了有力抓手。

2）"信e链"

2018年10月23日,中信银行正式推出全流程线上供应链金融产品"信e链",以核心企业的供应链金融平台为桥梁,畅通上游供应商对接融资渠道。

企业通过开立电子债权凭证完成对上游供应商的支付结算,供应商签收后,即可申请提用线上化保理融资,即刻到账,高效满足供应链小微企业的融资需求。"信e链"业务快速响应产业链上企业的结算、融资及财务管理等综合需求,降低了企业成本,从源头上激活了产业链供应链,并为链条小微企业纾困解难。

3）"平安好链"

平安银行在2017年底推出了"平安好链"供应链应收账款服务平台,尝试解决传统供应链金融信用多级穿透等诸多难题,在银行业"区块链＋供应链金融"双链平台模式中走在前列。

平安银行依托供应链核心企业或平台,基于核心企业或平台与其上下游链条企业之间的真实交易,整合信息流、物流、资金流等各类信息,为供应链上下游链条企业提供融资、结算、现金管理等一揽子综合金融和管理服务。按服务业务场景,其分为应收类、预付类和存货类。"平安好链"的参与方有核心企业、供应商、信用支持方等。在"平安好链"上,核心企业可以签发电子账单,供应商签收电子账单后可以等待账单到期后核心企业付款,也可以向银行申请融资(贴现)。

3．核心企业供应链金融平台实践

1）湖北交投集团供应链金融平台"楚道云链"

2022年9月21日,湖北交通投资集团有限公司(以下简称"湖北交投集团")供应链金融平台"楚道云链"上线发布会正式举行。湖北交投集团"楚道云链"供应链金融平台项目旨在引入大数据、云计算、区块链、物联网等先进技术,发挥湖北交投集团优质信用和规模势能,构建"产业场景＋科技赋能＋金融支持"的供应链服务体系,为链内企业提供灵活、高效、便捷的金融服务,实现集团资源精益化管理和产业生态圈协同发展。

"楚道云链"平台是湖北交投集团财务有限公司践行"立足集团主业、服务产业发展"理念,牵头搭建的"N 家金融机构＋N 家核心企业＋N 家上下游企业"的开放式服务平台,致力于面向湖北交投集团产业链提供普惠性质的金融优化方案。基于真实贸易背景签发的"楚道 E 信",具有可拆分、可融资、可流转等特性,能够有效实现核心企业的信用穿透,给链属各级供应商带来线上化、数字化、自动化的融资体验,具备更强的风险管控能力和服务实体经济能力。

通过"楚道云链"平台,湖北交投集团成员企业可以开具"楚道 E 信"对上游供应商进行支付,供应商可自持、融资或拆分流转,从而实现核心企业信用向整个供应链体系传递,增强供应链黏性,同时也降低链属中小微企业融资难度与融资成本,优化供应链金融生态环境。平台上线运营已成功开展电子债权凭证开立、拆分、转让、融资等全业务,累计签发"楚道 E 信"规模突破 10 亿元,并顺利实现融资落地,大力支持全省交通基础设施建设,压降项目建设综合融资成本超 40%。该业务流程以线上化方式进行操作,大幅提升结算和融资的便利性,不仅帮助核心企业优化支付方式、减少带息负债、降低财务成本,而且让链上中小微企业共享优质信用,解决融资难题,为全链条实现快速资金周转保驾护航。

2）中交资本运营的中交集团供应链金融平台

中交资本控股有限公司(以下简称"中交资本")成立于 2021 年 8 月 18 日,注册资本 100 亿元,是中国交通建设集团有限公司(以下简称"中交集团")全资子公司。中交资本作为中交集团金融控股和资本服务平台,致力于成为具有鲜明中交特色的资本平台公司。

2022 年 5 月,中交资本获批设立中交保理,统筹开展集团的数字供应链金融业务,上线了"中交 e 信"供应链金融服务平台。2022 年 11 月 25 日,中交数字金融服务平台(以下简称"中交数金平台")正式实现线上对接工商银行、农业银行、招商银行、北京银行四家大型银行机构,成功落地银行通道融资业务,创造了建筑央企保理公司从挂牌成立到实现银行直连模式融资的最快速度。

中交集团旗下电商平台"交建云商"亦积极利用电商场景开展供应链金融业务,目前平台上线了融资保、交建融通等各类供应链金融产品,其中交建融通本质为数字债权凭证。2022 年 11 月 23 日,"交建云商"在集团整体供应链战略指引下,携手战略金融合作伙伴"网商银行"上线新产品——"中标贷"。"交建云商"联合"网商银行"针对中交集团中标供应商推出的专属"中标贷"产品,是以供应商在中交集团下属核心企业的中标信息为基础,为中标供应商提供高额度的贷款服务,解决供应商中标后的即时资金周转问题。

3）中国五矿司库体系供应链金融服务平台

2022 年 12 月 20 日,四家核心企业及其供应商在中国五矿供应链金融服务平台完成注册和额度配置,随着首张"五矿易付"电子债权凭证成功开立,由龙腾云创承建的中国五矿司库体系供应链金融服务平台正式上线,"五矿易付"供应链电子债权多级流转业务正式运营。

通过供应链金融服务平台,中国五矿成员单位可以通过开具"五矿易付"向上游供应商进行支付,供应商可自持、融资或拆分流转,从而使核心企业信用向整个供应链体系传递,增强供应链黏性,同时也降低链属中小企业融资难度与融资成本,解决其融资难和融资贵问题。

4. 供应链管理公司供应链金融平台实践

1)瑞茂通

瑞茂通供应链管理股份有限公司(以下简称"瑞茂通"),是一家以大宗商品为服务对象的供应链平台服务企业。公司于2000年进入大宗商品供应链领域,通过大宗商品产业链条,向产业客户提供购销、仓储物流、供应链金融等供应链服务。

目前公司供应链金融以商业保理、小额贷款及融资租赁业务为主。在经营端,公司搭建易煤网供应链金融风控平台,集资讯、交易、供应链金融服务、资源分销、阳光采购等多种运营模式于一体,依托丰富的煤炭供应链管理经验及强大的线上线下供应链金融风控系统,实现煤炭供应链的标准化、数据化和可视化。易煤网可以将包括供应链金融业务在内的企业全部业务都发展到线上交易,到现在为止,企业的三款供应链产品已经由线下向线上发展,具体产品类型有:具有应收账款融资特征的"煤易融"产品、具有存货融资特征的"煤易贷"产品及具有预付账款融资特征的"煤易购"产品。

瑞茂通的线下供应链金融主要分为保理业务和融资租赁业务两种模式。

保理业务是为以赊销方式进行贸易的企业提供的金融服务,通过收购企业的应收账款来为企业融资。在瑞茂通的供应链业务往来客户中,以煤炭为主的大宗商品供应商有融资需求时,可以通过向瑞茂通转让应收账款进行融资。瑞茂通保理业务流程如图7-11所示。

瑞茂通的融资租赁业务可以按融资租赁的基本形式分为保兑仓融资模式——直接租赁和融通仓融资模式——售后回租。保兑仓融资模式是基于预付账款融资的供应链金融业务模式,因此又称预付账款模式。在瑞茂通供应链参与方中,某些企业处于相对弱势的地位,在采购生产所需的存货时,经常需要预付一部分款项,由此产生了预付款类融资租赁产品。在融资租赁业务中,存货供应链金融以融通仓融资为主要模式。融通仓融资模式是租赁公司以公司的存货作为租赁物,为公司办理售后回租业务的供应链金融模式。在瑞茂通融资租赁供应链金融业务中,瑞茂通下属融资租赁企业从资金需求方手中买入货物,并通过融资租赁的方式向承租人提供资金周转服务。融资租赁运作模式流程如图7-12所示。

瑞茂通的线上供应链金融模式是基于易煤网煤炭供应链服务平台而产生的。易煤网煤炭供应链服务平台于2015年成功搭建,此平台以公司线下成熟的供应链金融业务为基础,创新开发了"煤易融""煤易贷""煤易购"等供应链金融产品。

(1)"煤易融"。"煤易融"是瑞茂通线上应收账款融资产品的别称。此业务与线下保

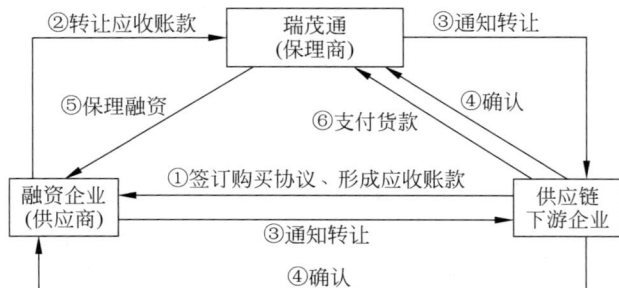

图 7-11　瑞茂通保理业务流程

注：

① 有融资需求的供应商企业先与下游企业签订一份购买协议，形成应收账款；

② 供应商将通过赊销产生的应收账款出售给瑞茂通；

③ 供应商和瑞茂通告知下游企业转让应收账款的情况；

④ 下游买方企业向双方进行询问确认；

⑤ 瑞茂通为供应商提供保理融资服务；

⑥ 下游企业偿还货款，瑞茂通收回货款。

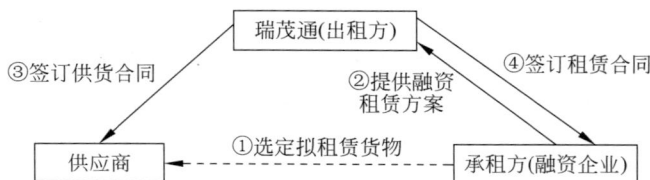

图 7-12　融资租赁运作模式流程

注：

① 由承租人根据自己的需要选定拟租赁货物；

② 合作方意向确定及方案确认，瑞茂通通过审查了解承租人的经营状况和偿付租金的能力，确定接受承租人的委托后，向承租人提供融资租赁方案；

③ 瑞茂通根据承租人的要求，与选定的供货人协商，签订供货合同；

④ 瑞茂通与承租人商定租赁条件，签订租赁合同，若需担保则由担保人出具担保函。

理业务的目的一样，是针对上游煤矿和贸易商提高资金使用效率的需求及下游煤炭消费企业的延期付款需求提供的金融业务，能帮助客户解决交易账期资金占用问题。"煤易融"业务的具体流程是：

① 上游供应商企业和下游用煤方签订贸易合同；

② 供应商在易煤网平台上向瑞茂通申请应收账款融资业务，瑞茂通核定贴现额度；

③ 供应商委托瑞茂通向用煤方发货；

④ 供应商向用煤方签发商票；

⑤ 用煤方查票确认；

⑥ 供应商将应收账款转让抵押给瑞茂通；

⑦ 瑞茂通向上游供应商发放融资款；

⑧ 在合同规定的到期日，用煤方还款给瑞茂通。

（2）"煤易贷"。"煤易贷"业务是指瑞茂通线上供应链平台根据客户的申请，通过质押客户合法拥有的煤炭现货货权而提供资金融通的业务。易煤网按照市场价格估值后，委托仓储机构对货物在易煤网确定的最低价值范围内进行监管。"煤易贷"业务的具体流程是：

① 需要融资的煤炭供应商在易煤网平台上向瑞茂通申请存货质押；

② 供应商向仓储机构提交货物；

③ 仓储机构对存货进行监管并通知瑞茂通；

④ 瑞茂通向供应商提供融资款；

⑤ 供应商在规定期限内向瑞茂通还款并赎回存货；

⑥ 瑞茂通通知仓储监管机构将存货解押。

（3）"煤易购"。"煤易购"基于真实贸易背景，依据上下游企业真实有效的订单合同，向订单接收方提供满足企业资金需求的短期融资。"煤易购"业务的具体流程是：

① 煤炭贸易商向瑞茂通申请采购，通过易煤网发布的资源信息寻找到匹配的货源和供应商信息；

② 瑞茂通对下游贸易商进行资信调查；

③ 瑞茂通对贸易商提供的基础资料进行审核、审批；

④ 审核通过后，瑞茂通和贸易商签订垫资采购合同；

⑤ 瑞茂通与上游煤炭资源方签订购销合同；

⑥ 上游煤炭资源方将货物交付给瑞茂通，瑞茂通提前锁定优质货源；

⑦ 下游贸易商在合同规定期限内向瑞茂通付款回购煤炭，同时其他分销客户也可以向瑞茂通采购煤炭；

⑧ 瑞茂通将货物发给有采购需求的企业。

在采购执行中，贸易商将计划发送给瑞茂通，在交易平台上进行竞价并取得贸易商认可，最后由瑞茂通将资源采购配送到贸易商，或者供应商按贸易商要求先送货，后凭送货签收单向瑞茂通结算。

2）上糖网

上糖网是国内首家专注于白糖供应链的产业平台。上糖网依托"B2B＋O2O＋产业金融"的商业模式，通过打造线上交易平台和线下现代化物流网络体系，整合用糖企业的规模化需求，为白糖产业链中的企业提供集信息、交易、物流、金融、仓储、期货等于一体的白糖产业价值链服务，使社会存量资本与动产业资产流通相融合，最终推动白糖产业链信息流、资金流、物流和商流的闭环运作。

在供应链金融方面，上糖网打造白糖银行金融服务，积极整合优势资源，以"金融＋物流＋仓储"的模式积极介入白糖产业链的整体环节，借助互联网平台与物流控货能力，为客户提供包括仓单质押、贸易托盘、应收账款保理等灵活、便捷、高性价比的金融服务，满足客户在仓储、贸易过程中的资金需求。

上糖网通过在线订单、配送、资金清算等系统信息化，实现了对物流、信息流和资金流的全程掌控，掌握了客户的需求、原材料采购、库存管理、物流配送、应收账款、回款情况等多方面的信息，大幅提升了销售、准入、评级和精细化管理水平；同时，通过自有物流体系和全透明的物流仓储信息化手段，保证了货物安全可控及交易真实。在此基础之上，平台能够以较低的成本为客户提供快捷的金融服务。

案例讨论

这家央企供应链金融平台有何独到之处

2023年11月27日，国家能源集团在北京举行发布会，正式发布能源供应链金融服务平台"国能e链"。据了解，该平台聚焦国家能源集团产业链供应链场景，构建"能源＋金融＋科技"的嵌入式场景金融创新服务模式，提供全流程、全周期的金融服务，打造面向能源供应链生态的"一站式"金融服务。发布会当天，"国能e链"服务产业链上中下游客商突破40万家，战略合作金融机构超30家，意向性平台合作额度已超6000亿元，实现开门红。

视频7.4 "国能e链"供应链金融服务平台

金融服务多样化

从场景上看，国家能源集团链长、链多的产业生态，为平台产业金融落地提供了丰富的金融场景。在国家能源集团产业链生态体系中，各经营主体的金融需求呈现规模性、多样性、复合型等特点，即在产业价值链的各环节，由于不同主体经营状况的不同，存在着对金融服务的不同需求组合。

在金融端，国家能源集团选取了旗下的国家能源集团资本控股有限公司（以下简称"资本控股公司"）作为供应链金融平台的主要运营者。值得注意的是，资本控股公司是国家能源集团金融产业投资与管理平台，主要承担融资租赁、商业保理、保险经纪、产权经纪、保险业务、金融租赁、投资投行、产业基金、期货、资产管理、商业银行、金融科技、产业链金融、海外投融资等金融业务。

多样的金融业务正适合承接集团内部企业多样化的金融需求，因此，"国能e链"整合了资本控股公司内部的产业金融资源，为保理、租赁、产业基金、保险和保险经纪服务提供了便利。与此同时，该平台成功对接了外部机构，与内外部金融机构合作为集团上下游提供数字债权凭证、资产证券化、订单融资、普惠融资等全方位供应链金融服务。这也是国家能源集团供应链金融平台的一大特色，金融产品货架丰富多样，更能满足多样化融资需求。

"国能e链"从国家能源集团产业链数据的收集、整理、分析、建模入手，构建智慧场景，推动场景化的金融赋能，同时支持内外部金融机构有机结合，引入金融产品、服务和资金的有序竞争，降低金融服务门槛，使产业链上的实体企业、中小微企业可以充分获取便捷、高效、低成本的金融产品和服务，提高普惠金融覆盖率，实现产业链全面降本增效，促进实体产业高质量发展。

以此为宗旨，"国能e链"创新提出了"产融路由器"的概念，打造多款"产融路由器"，包括"国能e保险""国能e保理""国能e信贷""国能e租赁""国能e期货""国能e云信""国能e票据""国能e仓单""国能eABS""国能e碳""国能e基金"等，实现对多场景、多生态企业、多资金方的连接，通过数据和平台实现开放化金融服务对集团生态协同的赋能。如在采购环节的融资需求可识别到流动资金贷款、融资租赁、反向保理融资等；产品销售环节又可识别到保理融资、货押融资等金融需求，能做到及时识别、及时响应。

服务客户多元化

值得注意的是,"国能e链"不仅服务于集团内部企业,也服务于集团外部、产业链上下游的生态企业。这也是该平台有"链长"特色的一大原因。

(1)提供多元金融服务。"国能e链"打造的是"N＋N＋N"开放式能源供应链金融服务平台。第一个"N"代表平台服务的客户是多元的,既服务于产业链上的核心企业,也服务于产业链上下游的生态企业。第二个"N"代表平台服务N个场景(嵌入国能6e平台),通过打造多款"产融路由器"支撑场景金融服务。第三个"N"代表平台支持连接多元金融服务,除了内部金融单元提供资金支持,还开放引入外部金融机构,为平台客户提供更多选择、更优体验、更普惠化的金融产品。

(2)快速连接客户与资方。"国能e链"基于数智赋能,通过物联网＋5G、AI、区块链、云计算、大数据实现数据驱动和模型驱动,构建高可靠的智能授信和数字风控预警及评级筛查机制,将资产和资金更加顺畅地连接起来,直达产业场景,提供全流程、线上化的无感金融服务,实现"一键触达""精准匹配""高效连接"。

(3)营造良好的能源生态。补链、强链、塑链,以科技创新为发展引擎,聚集优质资源注入能源产业链生态圈,引入金融产品及服务的有序竞争,以融助产、以融兴产,发挥能源"链长"优势带动产业链融通创新、协同发展。助力绿色转型,发挥金融科技对绿色金融的推动作用,依托能源产业数据和场景与金融机构共同定制绿色信贷、绿色保险、绿色基金、碳资产管理等绿色金融产品。支撑生态普惠,赋能产业链上下游中小微企业,促进产业生态良性发展,彰显社会责任。

(4)降低交易成本。通过直接触达产业场景,实现能源产业金融生态全面对接,降低互信成本、识别成本;通过产业数据赋能,创新金融产品,降低融资成本,提升交易效率,促进销售回款,扩大销售规模,从而提高核心企业自身和整个生态的毛利率,实现社会效益最优。

资料来源:向产业链"链长"进化!这家央企供应链金融平台有何独到之处?[EB/OL].(2024-04-10).https://finance.sina.com.cn/wm/2024-04-10/doc-inarhhxk2709440.shtml.

思考:

1.国家能源集团的供应链金融平台有何独到之处?

2.像国家能源集团这样的大型央企开展供应链金融业务有何优势?

即测即练

第**8**章

物流与供应链金融风险管理

本章学习目标

1. 理解物流与供应链金融风险的内涵和特征；
2. 掌握物流与供应链金融风险的产生因素和类别；
3. 理解物流与供应链金融信用风险、操作风险和法律风险的概念；
4. 掌握物流与供应链金融识别、度量、评估和控制的过程；
5. 掌握应对物流与供应链金融风险的基本手段；
6. 了解应对信用风险、操作风险和法律风险的常用手段。

引导案例

京东供应链金融科技 11·11 战报
——提额 180 亿元、资金支持近 4000 亿元

截至 2023 年 11 月 11 日晚 23：59，2023 年京东 11·11 成交额、订单量、用户数齐创新高。消费增长背后，京东供应链金融科技联合各大金融机构、合作伙伴，提供实在金融支持。在消费端，其发放千万元级数字人民币礼包，让消费者获得"真低价"；在企业端，其开展多形式补贴，为中小微企业息费减免近 1 亿元、提额 180 亿元、资金支持近 4 000 亿元，助力品牌、商家实现"高增长"。物流行业蓬勃发展，智能化、网络化趋势显著，成为经济支柱。供应链金融作为其关键一环，正经历变革，传统金融机构主导力减弱。政府、产业服务机构、多元金融机构及电商企业等共同推动供应链金融创新发展，构建多元化金融生态，促进行业升级。

京东供应链金融历经银企合作与自营两阶段。初期，银行主导，通过多融资方式为中小企业纾困，但受限于多方，服务保守且效率待提。随后，京东转向自营模式，创新金融产品如京保贝、京小贷等，利用自有资金高效解决融资难题，显著提升服务灵活性与盈利能力。目前京东供应链金融的发展态势迅猛，从《2023 年二季度小微金融报告》来看，

截至 2023 年 6 月末,京东的在贷余额同比增长了 85%,在贷客户数量同比增长了 64%,可见企业线上贷款需求持续增加。京东供应链不断完善的举措满足了来自不同细分行业越来越多的中小微企业发展的需求,为近 40 万中小微企业提供了资金支持。批发零售业、制造业、科学研究和技术服务业、建筑业以及租赁和商务服务业的融资需求与活力尤为突出,其小微金融活跃度指数位居前列。京东供应链金融跨产业、科技、金融三界,虽具优势,但风险亦重,与多方主体紧密关联,任一环节故障均可能波及整体运营效率。

资料来源:赵翠,张轩其.物流企业应用供应链金融的风险分析——以京东为例[J].国际商务财会,2023(22):63-66;京东供应链金融科技 11·11 战报:提额 180 亿元、资金支持近 4000 亿元[EB/OL].(2023-11-14). https://tech.cnr.cn/techph/20231114/t20231114_526485549.shtml.

8.1　物流与供应链金融风险概述

8.1.1　物流与供应链金融风险的内涵与特征

1. 物流与供应链金融风险的内涵

风险管理广泛存在于生活与企业活动中,自古以来便受重视。如《论语·卫灵公》中的"人无远虑,必有近忧",《周易·既济》中的"君子以思患而豫防之",《左转》中的"居安思危,思则有备,有备无患,敢以此规"等。随着时代进步,风险管理逐渐体系化,1983 年"101 条风险管理准则"的通过,标志着其进入新阶段。随后,风险研究国际化,全面风险管理思想兴起。简而言之,风险指不确定性带来的潜在损失或机会,其管理旨在通过识别、评估、应对及监控风险,以减小负面影响,把握机遇,确保稳健发展。购买股票,价格涨跌不定,可能带来收益或损失,这种不确定性即风险。同样,朋友借钱可能违约不还,此不确定性亦构成风险。那么,什么是物流与供应链金融风险呢?

物流与供应链金融风险是指在整个物流与供应链金融活动中,市场环境、政策变化、经济形势等客观因素,或参与主体(如企业、银行等)的经营行为,所带来的不确定性和潜在损失。这些风险可能包括贸易融资风险、信用风险、市场风险、操作风险及法律风险等,它们对企业的资金链、信用和经营管理等多方面都可能产生不利影响。例如,某粮食企业动产质押融资时,监管公司发现粮食价值远低于预期的 500 万元。企业售粮后,库存骤减,实际价值远低于估算,银行和企业均面临资金损失风险,此案例凸显了物流与供应链金融风险。

2. 物流与供应链金融风险的特征

通过物流与供应链金融风险的概念可以发现,物流与供应链金融风险具有以下特征。

1)客观性

客观性是指物流与供应链金融风险是客观存在的,不会因为主观意志的改变而消失。例如,无论企业采取何种风险防范措施,供应链中始终存在运输延误、货物损失等客观风险。这些风险是供应链金融活动所固有的,无法完全消除。

2)不确定性

不确定性是指物流与供应链金融风险的发生时间、影响程度和具体形式难以准确预测。物流与供应链金融活动涉及多个环节,任何一个环节的变动都可能引发风险。这些风险难以准确预测和度量,使企业管理风险时难以作出准确判断和决策。

3)发展的时序性

风险不是一蹴而就的,而是随着物流与供应链金融活动的进行而逐渐积累和演变的。起初可能是小问题,但如果未能及时察觉和处理,就可能逐渐放大,最终演化为严重的风险事件。

4)传递的复杂性

传递的复杂性是指物流与供应链金融风险涉及多个环节、多个主体和多种风险因素,具有复杂的作用机理和影响路径。物流与供应链金融风险的产生和发展受到多种因素的共同影响,包括企业内部因素和外部环境因素等。这些因素交织、相互影响,通过供应链网络中的复杂关系进行传递,使风险的来源和影响变得难以追踪与评估,风险管理和控制也变得更加复杂与困难。

5)可传导性

可传导性是指物流与供应链金融风险在供应链网络中容易传播和扩散。由于供应链中各节点企业是相互关联的,风险往往会在不同环节、不同主体之间传递和扩散,一个环节的风险可能引发其他环节的连锁反应,一个企业的风险很容易通过供应链网络传递给其他企业,导致整条供应链金融活动的风险水平上升。例如,上游供应商的资金链断裂可能导致下游企业无法按时获得原材料,进而影响到整条供应链的稳定性和运营效率。

6)动态性

动态性是指物流与供应链金融风险随着物流与供应链金融活动的进行而不断变化。由于市场环境、竞争态势等因素的不断变化,供应链金融风险也会相应地发生变化。例如,随着市场竞争的加剧,企业可能需要调整采购策略、库存水平等,这些变化都可能带来新的风险点。因此,企业需要动态地监测和管理物流与供应链金融风险,以适应不断变化的市场环境。

8.1.2 物流与供应链金融风险的来源与类别

1. 物流与供应链金融风险的来源

扩展阅读 8.2 供应链金融风控的 42 个问题(二)

物流与供应链金融风险产生因素主要有两个方面,分别是外部环境因素和内部主体因素。

外部环境因素主要体现在经济周期、政府的监管政策和制度发展、市场环境变化和技术进步等方面的影响。

1)经济周期

经济周期性波动呈现复苏、繁荣、衰退、萧条这四个阶段。当经济处于复苏和繁荣阶段时,整个社会的发展都呈现一片欣欣向荣之态,经济快速发展、投资增长、就业增加,经济发展到一定程度会出现通货膨胀,开始呈现衰退趋势,国家开始采取相关政策收缩银根,投资减少,企业减产,消费减少,市场需求出现萎缩,等经济收缩到一定程度后会开始新一轮的复苏,周而复始,循环往复。在经济周期性波动的过程中,使经济发展趋势产生改变的因素很多,这种发展趋势很难被预测,有些企业因为经营策略不当,在经济发展的衰退期就有可能破产倒闭,风险就由此产生了。

2）政府的监管政策和制度发展

政府的监管政策在物流与供应链金融行业的发展中起到了举足轻重的作用。这些政策不仅关乎行业的健康发展,还直接影响到企业的运营与决策。谈到监管政策,首先要关注的是相关制度的完善程度。一套健全的制度体系,就如同行业的指南针,为企业的运营提供了明确的方向和稳定的预期。例如,在物流与供应链金融领域,如果相关法规明确各方权责、规范操作流程,那么企业就能在明确的法律框架内开展业务,降低因法律漏洞而引发的风险。然而,如果制度不健全,企业就可能面临诸多风险。政府在税收、补贴等方面给予企业一定的优惠政策,能够降低企业的经营成本,提高盈利能力。

3）市场环境变化和技术进步

市场环境变化和技术进步对物流与供应链金融行业影响深远。市场环境的变化,如消费者需求升级,要求物流与供应链金融企业不断创新服务模式,提升服务质量,以满足

视频 8.1 供应链金融风控——网络风险因素:结构、流程、要素

多样化需求。而技术进步给行业带来了更大的可能性,如通过大数据技术提高融资效率,实现物流与供应链金融产品的定制化和细分化。然而,这也伴随着风险和挑战,需要企业在抓住机遇的同时,加强风险管理,提升供应链自主可控能力与现代化水平,以适应不断变化的市场环境和技术发展。比如,物联网、大数据、AI 等技术助力企业精准把握市场,优化物流,提升效率,降低成本,增强服务体验。但技术进步伴生数据安全风险与技术迭代压力。某物流公司通过物联网实现货物实时追踪,提升服务质量,却也面临数据保护挑战,故加大数据加密与防火墙投入。同时,面对 AI 技术迅猛发展,公司积极应对技术更新压力,持续引进与培养人才,确保技术领先,以维护竞争优势。

内部主体因素同样会给物流与供应链金融发展带来风险,这里主要涉及物流与供应链金融的融资企业,既包括核心企业,也包括中小企业。

1）主体资质

主体资质,即企业所拥有的资源和经营能力情况,以及该企业能够抵御风险和行业变动的能力,主体资质不完善或者不符合要求,就可能会使资金流、信息流和物流的匹配出现问题,从而扩大整个金融链条的不确定性和风险。

某企业因资质不全,物流与供应链金融风险陡增。融资受限,市场应对力弱,导致供应链系统不稳定。资质问题还导致信息风险上升、合作信任受损。信用危机一旦爆发,将波及供应链伙伴,动摇金融生态。因此完善资质、提升管理水平、强化信息保护,对企业稳健运营、防范风险、保障供应链稳定和金融生态平衡至关重要。

2）财务状况和运营状况

除了要考虑主体资质这一因素，企业的财务状况和运营状况也会造成物流与供应链金融风险。尤其是供应链上的中小企业，虽然其财务报表不能准确地反映企业的抗风险能力，但是物流与供应链金融的管理者仍然要全面了解中小企业的资产负债情况、现金流动情况，一旦发现资产的流动性不足或者是无法满足日常的经营活动需求，就要密切关注，不仅要关注融资企业和上下游企业的运营状况，还要对整条供应链的运营状况做到了解和掌握，尤其是在融资过程中对物流的监管，避免因为物流问题影响到商流和信息流，最终出现资金风险。

3）履约能力

企业的财务状况能够侧面反映出企业的履约能力，是否具有良好的履约能力同样是造成物流与供应链金融风险的一个重要因素。企业履约能力的好坏对物流与供应链金融的发展具有重要影响，其直接关联到资金流的顺畅、信息流的准确性和物流的效率，进而决定了整个供应链金融体系的稳健性。

企业履约能力涵盖支付与生产两大核心，直接关系到供应链的金融稳定与物流效率。履约不力，资金流易受阻，支付拖延引发连锁反应，上下游企业资金承压，供应链资金链面临断裂风险。同时，生产问题如交货延误、质量不达标，阻碍物流顺畅，推高成本，损害供应链伙伴的利益。信息流通亦受波及，履约不佳导致信息传递失真或滞后，决策失误风险加剧。更甚者，履约能力低下恶化物流与供应链金融信用环境，金融机构审慎应对，融资难度与成本攀升，制约物流与供应链金融健康发展。因此，强化企业履约能力，确保资金、物流、信息流畅通无阻，是维护供应链稳定、促进金融与实体经济深度融合的关键所在。

2. 物流与供应链金融风险的类别

当前，物流与供应链金融主要面临的风险有信用风险、操作风险、法律风险和其他风险。

1）信用风险

信用风险是指借款人或交易对手因财务状况恶化或其他原因无法按时足额履行合同义务而导致的风险。比如，在物流与供应链金融中，一个核心企业可能因为市场变动或内部管理问题而陷入财务困境，导致无法按时偿还物流与供应链金融中的贷款或应付款项，这将对为其提供融资支持的金融机构或供应链上的其他企业造成损失。

2）操作风险

操作风险是指由于内部流程、人为错误或系统故障及外部事件导致损失的风险。比如，在物流与供应链金融中，涉及货物的运输、仓储、管理等环节。由于操作不当导致货物损坏或丢失，或者由于系统故障导致交易信息错误，都可能引发操作风险，对物流与供应链金融的参与者造成损失。

3）法律风险

法律风险是指由于合同、法律文件或法律解释的不明确或变化，导致参与者面临损失的风险。比如，在物流与供应链金融中，由于涉及多方参与和复杂的交易结构，合同条款的明确性和合规性至关重要。合同条款如存在歧义或违反相关法规,可能导致法律纠纷和诉讼,给参与者带来重大损失。

4)其他风险

物流与供应链金融还面临市场风险(价格波动影响交易价值)、流动性风险(资金回笼困难)及技术风险(系统故障、数据泄露等)。市场风险源于价格波动,流动性风险因资金流动复杂而常见,技术风险则随着依赖加深而上升,三者均对物流与供应链金融稳定构成挑战。

8.2　物流与供应链金融的信用风险管理

8.2.1　信用风险的分类

物流与供应链金融中的信用风险是指在物流与供应链金融活动过程中,各参与主体因各种原因无法按照事先达成的协议履行其义务,从而导致其他参与主体遭受损失的可能性。这种风险主要涉及供应链中的核心企业、上游供应商、下游经销商及提供融资支持的金融机构等各方。

1. 按能否通过分散投资划分

按能否通过分散投资划分,信用风险可能表现为以下几个方面。

1)系统性风险

系统性风险源于宏观环境和行业形势的深刻变动,导致行业内企业面临非预期性损失。在物流与供应链金融领域,系统性风险与核心企业的运营状况紧密相关。因此,深入剖析系统性风险需综合考虑宏观大环境和行业环境的多个维度,特别是核心企业的经营状况及其对供应链的影响。核心企业作为整条供应链的“领头羊”,其经营状况、战略决策及市场地位都直接影响着供应链上其他企业的生存和发展。一旦核心企业出现问题,其影响就如同蝴蝶效应一般,迅速波及供应链上的各个环节,使其他企业也面临风险。因此,金融机构在授信过程中,必须对供应链上的所有企业所面临的宏观大环境和行业发展形势进行全面、深入的分析。这包括关注国内外经济政策的变动、市场需求的波动、技术进步的影响等多个方面。同时,金融机构还需要密切关注整条供应链所处的竞争地位的变化,以及供应链上各企业之间的合作关系和依存度。通过及时、精准地把控这些信息,金融机构可以更好地评估供应链中不同企业所面临的风险,并制定更为科学、合理的风险管理策略。这不仅有助于降低金融机构自身的风险敞口,也有助于保障整条供应链稳健运行,促进经济持续、健康发展。

2)非系统性风险

非系统性风险主要源于获得融资的供应链中小企业自身的经营战略、管理决策及日常运营行为。在物流与供应链金融服务中,中小企业与核心企业之间建立了稳定的合作关系,并拥有真实的贸易背景,这确实在一定程度上增强了信贷风险的管控能力。然而,不容忽视的是,中小企业在实际生产经营活动中仍可能面临各种非系统性风险的挑战。

例如,中小企业利用贷款投机、过度囤货、偷税漏税等行为增加非系统性风险,影响还款能力。市场风险加剧时,这些风险更显著,威胁企业运营与资金链。金融机构在物流与供应链金融服务中,除关注合作与贸易背景外,还需强化对企业经营行为的监控,以有效防范非系统性风险,确保贷款安全回收,保护自身利益。

视频 8.2 仓单重复质押骗贷案

3)道德风险

道德风险是物流与供应链金融领域中一个不可忽视的方面。尽管中小企业在保障正常经营和盈利的前提下,理论上应当按期偿还贷款,但现实中仍然存在是否按约履行还款义务的不确定性,这种不确定性即为道德风险。值得注意的是,道德风险的产生并不局限于授信的中小企业本身。核心企业、物流企业、担保公司及资信评级公司等物流与供应链金融的参与方,如果出于某种利益驱使,达成合谋并共同欺骗金融机构,同样会给金融机构带来严重的利益损失。这种跨多个参与方的道德风险,使物流与供应链金融的风险管理变得更加复杂和棘手。金融机构应对道德风险,需强化物流与供应链金融参与方信用评估和风险管理;深入调查中小企业经营与还款能力,严控核心企业等信誉合规;建立内控机制,监控信贷流程,确保资金安全、合规使用;综合运用风险管理手段,防范道德风险,保障自身利益,同时为中小企业提供稳健的金融支持,助力其健康发展。

2. 按信用风险的发生对象划分

按信用风险的发生对象划分,信用风险可能表现为以下几个方面。

1)供应商信用风险

供应商可能因经营不善、资金链断裂或故意违约等原因,无法按时、按质、按量提供约定的货物或服务,导致核心企业或金融机构遭受损失。

2)买方信用风险

买方可能因市场变化、销售不畅或财务状况恶化等原因,无法按时支付货款或履行其他合同义务,从而影响供应链的稳定性和融资机构的资金安全。

3)核心企业信用风险

核心企业在供应链中扮演重要角色,其信用状况直接影响整条供应链的融资能力和稳定性。核心企业如果出现经营问题或信用风险事件,可能导致整条供应链的金融活动陷入困境。

视频 8.3 供应链金融风控之信用风险管理

8.2.2 信用风险识别

信用风险识别,其核心在于深入剖析导致企业违约偿还贷款本息的关键因素。这主要涵盖了两大方面:系统性风险和非系统性风险。在物流与供应链金融领域,授信支持性资产作为关键的还款来源,具有举足轻重的地位。具体而言,物流与供应链金融中存在三种核心授信支持性资产:预付账款、存货和应收账款。在考虑这些资产的还款保障能力时,首要关注的是服务提供方在违约事件发生时对这些资产的有效控制能力。此外,预付账款与应收账款作为资产支持的能力,还受到来自上下游企业信用状况的双重制约和影响。因此,在供应链融资过程中,对上下游企业的信用风险评估同样至关重要,这需要结合实际的贸易背景进行深入分析。除了经营现金流和授信支持资产,企业的其他资产,如企业主体资质和企业主的财产特征,也可以作为还款的补充来源,这些因素在综合评估企业还款能力时同样不可忽视。

1. 信用风险的特征

(1)信用风险的概率分布呈现出显著的左偏特性。在大多数情况下,银行可以从融资企业那里获得稳定的利息收入。然而,一旦企业违约,银行面临的损失将远超正常收益,这种损失可能包括利息的丧失及本金的数倍甚至数十倍的损失。由于这种损失与收益之间的极度不对称,以及违约事件的相对低概率,信用风险的概率分布呈现出左偏特性,对其进行精确计量变得尤为困难。

(2)道德风险在信用风险的度量中占据了重要的地位,且其度量难度远超其他风险。道德风险涉及企业伦理、个人行为准则等多个层面,这些因素难以用单一的量化指标来衡量。因此,相较于市场风险、流动性风险等可以通过历史数据和市场信息进行量化的风险,道德风险的度量更加主观和复杂。

(3)非系统性的信用风险往往源于债务人的个人行为或个性特征。贷款的投资方向是否合理、经营管理能力是否足够、借款人的风险偏好是否稳健等,这些因素都直接影响到债务人的还款能力和意愿,从而影响到信用风险的大小。然而,这些个性化因素难以用统一的标准进行量化,因此非系统性信用风险的量化也是一项艰巨的任务。

(4)组合信用风险的测定是一项复杂的工作。特别是在中小企业领域,由于其经营规模较小、信息披露不够充分,对其信用风险的定量分析更为困难。此外,不同债务人之间的信用风险可能存在相互影响,这种影响可能进一步加剧组合信用风险的复杂性和不确定性。

2. 信用风险的识别步骤

1)收集资料与信息

要求债务人和交易对手提供相关资料与基本信息,或从外部渠道获取这些资料与信息,以便对潜在和现实的债务人及交易对手进行全面的系统了解与深入考察,通常包括信用记录、经营状况、财务实力等方面,综合评判其信用风险和合作潜力。

2)分析信用风险来源

深入分析可能导致债务人及交易对手产生信用风险的来源、具体原因及这些风险所呈现的各种形式,同时,还要对潜在的信用风险状况进行细致的考察,以便全面把握风险情况并作出相应的风险管理决策。

3)运用多种识别方法

采用财务报表分析法、信用评级法、专家判断法、信用评分法等进行信用风险识别。

4)综合评估与判断

结合财务分析、行业分析、市场信息、过往记录等多个因素和指标进行综合评估与判断。

8.2.3　信用风险度量与评估

1. 信用风险度量

信用风险难以通过定量计算精确衡量,其概率分布呈正偏态,极端事件概率高,无法用正态分布拟合,提升了计量分析的复杂性和难度。中小企业由于规模、透明度等问题,非系统性风险难以量化,信用风险的评估更为复杂。此外,道德风险也是一个不可忽视的因素,涉及多方行为准则和企业伦理观。它难以用单一量化指标描述,使得信用风险评估更加复杂。当前更依赖"主体＋债项"综合判断的方法,债项信用评级尤为关键。

物流与供应链金融风险的信用风险度量方法主要为以下三种形式。

1) 基于数据的度量方法

这种方法强调数据的质量和数量在信用风险度量中的重要性。传统的信用风险度量方法主要依赖于借款人的财务报表、历史贷款记录等信息,但在物流与供应链金融中,这些信息可能无法全面、准确地反映借款人的信用状况。因此,研究者可以探索借助现代技术手段如大数据、人工智能等来收集、分析与信用相关的数据,从而更全面和准确地度量物流与供应链金融的信用风险。

2) 基于网络的度量方法

考虑到物流与供应链金融的参与方之间形成了一种复杂的网络关系,这种网络关系对信用风险的传播和决策有一定的影响。网络中的连接、关系、影响等因素都可以用来度量信用风险。因此,研究者可以运用复杂网络理论、社会网络分析等方法来研究物流与供应链金融的信用风险传播机制和影响因素,从而提出相应的信用风险度量方法。

3) 市场信用评级与违约概率模型

市场信用评级是投资者判断债券违约风险的重要参考依据,而违约概率模型则基于历史违约数据和相关变量来预测借款人或发行债券实体的违约可能性。这些传统方法在特定情况下仍具有一定的参考价值,但可能需要根据供应链金融的具体特点进行调整和优化。

此外,还有一些具体的度量指标和工具,如应计贷款损失率、弹性敏感度模型等,这些都可以根据具体情况选择使用。

鉴于信用风险复杂,评估依赖主观判断。为减小误差,提高准确性,可采用结构化方法控制度量质量。其核心在于构建清晰、系统的框架与指标体系,按既定步骤逻辑评估,包括数据收集、分析、深入评估及结果输出,各环节需明确规范标准,确保连贯一致,从而有效控制信用风险。结构化的指标体系可以对信用风险的各种影响因素进行量化和分类,形成一套完整的指标体系。这套指标体系能够全方位地反映债务人的信用状况,包括其财务状况、经营能力、行业前景等多个方面。通过对这些指标进行权重分配和量化评分,可以更加客观地评估债务人的信用风险。结构化方法能够提升信用风险度量的准确性,提高评估透明度与可复制性。银行及其他金融机构据此决策更自信,有效管理信用风险,保障金融稳定。当然,结构化的方法也并非万能,仍需主观判断与经验,实际应用中应灵活调整,提升信用风险度量的科学性与有效性。

物流与供应链融资信用分析过程如图 8-1 所示。

物流与供应链金融信用风险的关注重点有别于传统的授信业务,一方面要关注融资企业的历史资信情况,另一方面要关注整条供应链的交易状况。

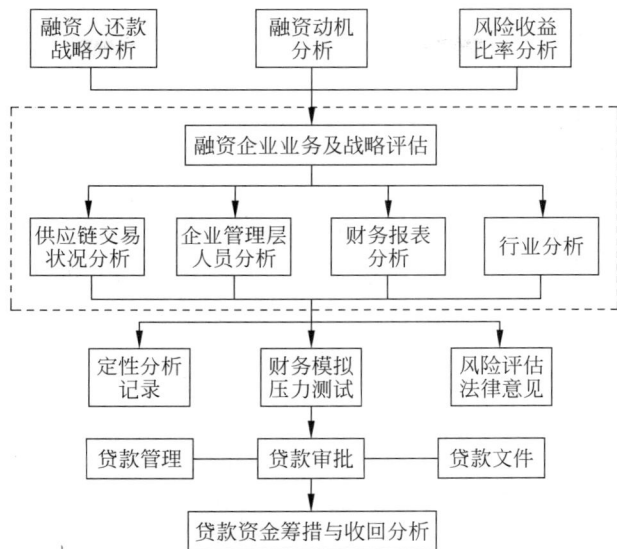

图 8-1　物流与供应链融资信用分析过程

在物流与供应链金融中,融资企业历史资信是核心考量。金融机构应全面收集市场信息与企业资信,深入评估企业状况,重点评估企业管理层素质,企业管理层的诚信与能力将直接影响企业运营和发展前景。同时,高层决策倾向决定企业方向与风险承受力,对金融机构评估借款企业极具价值。金融机构还应分析市场容量,评估融资企业市场地位与潜力,通过观察产品的价格趋势来预测企业的盈利与偿债压力。这些要素综合影响借款企业还款能力,关乎企业的资金安全。因此,金融机构需综合多方信息,科学评估,确保物流与供应链金融业务稳健运行。

在评估供应链运营状况中,要重点分析以下四个方面。

(1)明确借款企业在供应链中的具体位置及其所扮演的角色,这有助于理解其在供应链交易中的实际作用和影响力。同时需要分析借款企业对供应链交易的依赖程度,这不仅可以揭示其业务稳定性,还可以判断供应链的稳固性,从而为决策提供重要参考。

(2)关注物流和资金流的流向,确保资金流与物流循环的完整性。这涉及对物流路径、运输方式、资金流转周期等方面的细致分析,以确保供应链的顺畅运作和资金的有效利用。

(3)对供应链所处的行业运行状况进行深入了解。这包括行业发展趋势、政策环境、市场需求等多方面的因素,以此来准确判断系统风险。同时,还需要评估供应链的竞争力、市场容量及市场份额,以便全面判断供应链的盈利能力。

(4)不能忽视交易双方约定的结算方式、行业内同行的结算方式及交易对手的资信状况等信息。这些信息对于了解核心企业对上下游的流动资金压力及其参与物流与供应链金融的意愿至关重要。通过综合这些信息,可以更全面地评估借款企业的信用风险,为物流与供应链金融业务的顺利开展提供有力保障。

物流与供应链金融风险的度量是一个多维度、综合性的过程,主要涉及主体信用评级和债项评级两大方面。主体信用评级,是对借款企业本身进行全面而深入的信用评估。这一评级通常涵盖多个方面,如企业管理质量、财务结构、偿债能力、经营效率及发展前景等。通过综合考量这些因素,可以对借款企业的整体信用状况有一个清晰的认识。国际通行的信用评级体系,将信用等级划分为 3 级 9 别,从最高的 AAA 级到最低的 C级,每一级别都代表着不同的信用风险水平。而债项评级,则是对某一特定主体发行的特定债券或交易本身进行的信用风险评估。这一过程涉及对产品类别、优先级、抵押物及行业和地区等风险因素的深入分析,以计算和评价各种潜在风险及客户违约后可能造成的债务损失。债项评级全面反映债务及客户信用风险,需构建完善的信用风险评价指标体系。该体系通过客观指标量化评估企业信用风险,明确信息采集、评价标准及权重分配。此举确保科学、准确地评估借款企业风险,为物流与供应链金融业务稳健发展提供坚实保障。

物流与供应链金融信用风险度量与评估如图 8-2 所示。

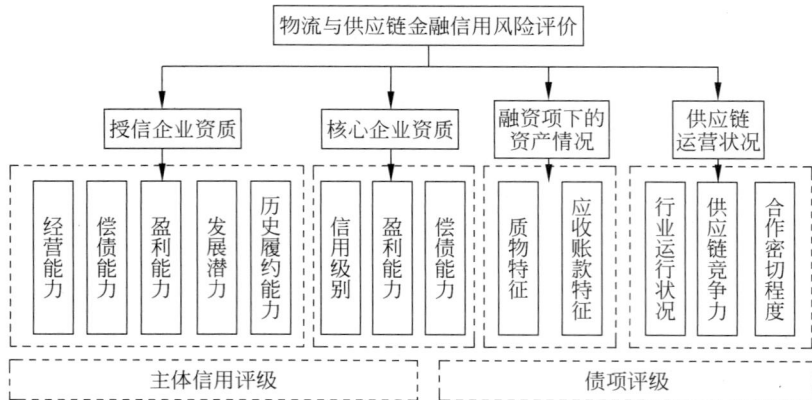

图 8-2　物流与供应链金融信用风险度量与评估

2. 信用风险评估

度量信用风险后,金融机构需深入评估其对业务运营的潜在影响。金融机构需结合违约概率和违约损失程度两大指标,细致分析贷款信用风险与预期收益之间的匹配程度。金融机构需全面考量物流与供应链金融服务的收益,并对比其是否能充分补偿因承担信用风险而产生的损失。如果经过详细对比后发现,业务的预期收益无法覆盖潜在的信用风险损失,金融机构必须立即审视并调整业务策略,确保风险与收益平衡。除了考虑风险和收益的匹配情况,还需进一步分析贷款的 VAR(在险价值)等风险指标,确保未超企业风险承受上限。通过严谨的评估和控制措施,金融机构能更好地管理信用风险,确保业务稳健,实现可持续收益增长。

在物流与供应链金融服务中,构建一套科学、系统的评价指标体系至关重要。这一体系不仅有助于对特定评价对象进行客观、公正的信用风险评价,还能有效地实施风险控制,从而最大限度地降低风险损失。

考虑到物流与供应链金融业务的特殊性,其涉及核心企业的参与,并基于核心企业与供应链中小企业的真实贸易背景。因此,供应链的运营状况和质押物等因素对商业银行在开展物流与供应链金融业务时所面临的风险具有显著影响。在构建风险评价指标体系时,不能仅仅局限于对中小企业自身的考量,还需全面纳入和物流与供应链金融相关的各种其他因素。

通过综合评估供应链的整体运营状况、核心企业的信用状况、质押物的价值及流动性等关键因素,能更全面地把握物流与供应链金融业务的真实风险。这样的评价指标体系不仅有助于作出更明智的决策,还能为商业银行在物流与供应链金融业务中提供有力的风险防控保障。

风险评价指标体系作为一个综合性的工具,涵盖了多个关键维度,如供应链所处行业的特点、核心企业与融资企业的经营状况、供应链交易状况及交易成本等。这些因素交织,共同影响着物流与供应链金融的信用风险水平。由于物流与供应链金融的信用风险具有多样性和复杂性,在物流与供应链金融管理流程中必须格外谨慎,力求从多方面减小信用风险。具体来说,信用风险主要源自五个方面:中小企业、核心企业、第三方物流、质押物及供应链的整体运营状况。

中小企业作为供应链的重要组成部分,其经营稳定性、财务状况及履约能力等因素都会直接影响供应链金融的信用风险。核心企业的信用状况、市场竞争力及供应链管理能力同样对物流与供应链金融的风险水平产生重要影响。此外,第三方物流的服务质量、运营效率及信息安全保障能力也是不可忽视的风险因素。质押物的价值、流动性及市场接受度等特性也直接关系到物流与供应链金融的贷款安全。最后,供应链的整体运营状况,包括供应链的稳定性、协同性及应变能力等,也会对信用风险产生深远影响。

因此,在构建风险评价指标体系时必须全面考虑这些因素,确保准确、全面地评估物流与供应链金融的信用风险。同时还需不断优化供应链管理流程,加强风险监控和预警机制,以最大限度地降低信用风险。

物流与供应链金融模式下信用风险评估指标如表 8-1 所示。

表 8-1　物流与供应链金融模式下信用风险评估指标

评价对象	一级风险指标	二级风险指标	指标描述
中小企业	企业基本状况	管理水平	管理体系、经理人素质、从业经验
		企业规模	职员人数、资产总数、市场价值
		信用状况	有无借贷诉讼情况、财务透明程度
	企业偿债能力	流动比率	流动资产/流动负债×100%
		速动比率	(流动资产－存货)/流动负债×100%
		资产负债率	负债总额/资产总额×100%
		利息保障倍数	息税前利润/流动负债
		经营现金流量与债务总额的比率	经营现金流量/债务总额×100%
	企业盈利能力	销售净利润率	净利润/销售收入×100%
		营业利润率	营业利润/销售收入×100%
	投资收益能力	资产收益率	净利润/平均资产总额×100%
		净资产收益率	净利润/企业净资产×100%
	企业营运能力	应收账款周转率	销售收入/应收账款平均余额×100%
		存货周转率	销售成本/存货平均余额×100%
	企业成长潜力	营业收入增长率	(本年度营业收入－上年度营业收入)/上年度营业收入×100%
		净利润增长率	(本年度净利润－上年度净利润)/上年度净利润×100%

续表

评价对象	一级风险指标	二级风险指标	指 标 描 述
核心企业	企业信用级别	信用级别	核心企业在银行的信用级别或在评级机构的级别
	企业收益能力	销售利润率	净利润/销售收入×100%
		净资产收益率	净利润/企业净资产×100%
第三方物流	资信状况	经营实力	企业规模、信用状况
质押物	质押物特征	质押物风险	质押物的价格稳定性、变现能力等
供应链的整体运营状况	行业状况	行业平均增长率	综合整个行业水平
	供应链实力	产品竞争力	产品的市场占有率
		信息共享程度	掌握供需方信息的情况
		企业之间合作情况	合作年限、合作频率
	历史违约情况	违约率	

8.2.4　信用风险控制

随着信用风险诱因和后果的复杂化趋势凸显,以往侧重于分析已经发生的风险事件来减弱风险损失的方法逐渐存在滞后性。提高风险事件发生之前的风险识别、风险控制和风险化解的能力显得尤为重要。全面风险管理要求既对现存风险事件进行分析判断,又对潜在的风险因素进行预判和监测,及时、有效地阻断风险发生的途径。风险损失形成机理如图 8-3 所示。

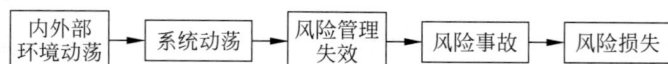

图 8-3　风险损失形成机理

按照英国财政部风险评估的办法,可以将信用风险控制划分为四种类型,分别为预防性控制、修正性控制、指导性控制和试探性控制,这四种信用风险控制措施的程度呈现由高到低的趋势。

1. 预防性控制

预防性控制的核心在于通过前瞻性的预测,对受控对象的投入或流程进行精准把控,确保最终产出符合预期。经过风险识别、量化和评价等环节后,金融机构需根据现有信息及观察情况,对未来可能出现的风险事件采取预防性措施。当预见到潜在不利后果的严重性时,实施恰当的风险预防性控制措施就变得尤为关键。例如,当收益无法覆盖所承担的信用风险时,金融机构应当考虑要求客户提供额外的信用保障,如增加质押比例或购买信用保险等,否则,应考虑采取风险回避策略。

预防性控制措施的实施离不开及时、准确的信息支持,并要求进行详尽、持续的预测工作。在采取相应措施后,必须对风险控制措施的效果进行全面评估。首先,要确认已识别出的风险是否已有相应的控制措施;其次,要深入评估现有风险控制措施的执行效果,特别是其在降低各环节风险方面的实际作用。通过这样的评估能不断优化风险管理策略,确保企业稳健发展。

2. 修正性控制

修正性控制的主要目标是纠正已经出现的不利偏差,努力规避那些不应发生的风险,挽回当前的被动局面。尤其是当发现某些预防性措施在技术上存在障碍、操作效果不理想或成本效益不佳时,修正性控制措施便显得更为重要。通过对受控对象进行精准调整,及时纠正正在进行的活动中的异常情况,特别是那些可能导致重大问题的偏离现象,修正性控制能够将风险水平控制在企业可接受的范围内。在实施修正性控制措施时,金融机构和融资企业都应密切关注风险动态,灵活调整策略,确保控制措施的有效性和及时性。同时,金融机构还应加强风险监测和预警机制,及时发现潜在风险,为修正性控制提供有力支持。通过综合运用预防性控制措施和修正性控制措施,金融机构和融资企业能够更有效地管理风险,确保整条供应链上的业务稳健发展。常见的修正性控制措施有:①调整运营策略;②调整财务措施;③启动应急计划;④强化内部控制;⑤建立风险转移机制;⑥重新评估供应商或合作伙伴;⑦加强沟通与协作。

修正性控制措施在实施中展现出操作简便、高性价比的优势。例如,限制授信企业资金用途,能有效提高其投机风险成本,确保资金用于稳健、合规的业务活动。此策略既控制风险,又无须企业过多投入。同时,这些措施并非要求金融机构大幅调整现有做法和流程,而是可灵活融入现有业务框架,确保企业在保持日常运营连续性的同时,实现对风险的及时管理和控制。这种灵活性使得修正性控制措施在实际应用中更具可操作性,也更容易被企业接受和采纳,从而有效保障项目的稳健运行和及时纠偏。因此,修正性控制措施能在不破坏企业现有运营体系的前提下,有效纠正不利偏差,降低风险,恢复业务稳定性。这一优势使修正性控制措施成为企业风险管理和业务运营的重要工具,助力企业在竞争激烈的市场环境中保持稳健发展。

3. 指导性控制

指导性控制措施的核心目的在于确保特定业务目标和结果的顺利达成。在物流与供应链金融领域,金融机构作为关键角色,对指导性控制措施的运用尤为娴熟。金融机构不仅向融资企业、核心企业等参与方提供资金支持,更重要的是,它还需向各方传授物流与供应链金融的正确操作方式和策略,确保各方明确自身的职责与角色,以及维持业务稳健运行所必需的条件。在面临潜在风险的业务活动中,指导性控制措施发挥着不可或缺的作用。这包括但不限于优化业务流程、确保信息畅通、提供针对性的培训及提供详尽的业务说明。通过这些措施,金融机构能够引导各参与方更好地理解物流与供应链金融的运作机制,掌握风险管理的核心要点,从而确保整个物流与供应链金融体系的稳健与高效。

4. 试探性控制

试探性控制措施的核心在于提前识别并规避潜在风险,确保迅速响应,防止情况恶化。以深圳发展银行为例,该行在发现融资企业存在异常小额授信出账行为时,立即采取试探性控制措施,要求企业提前还贷。此及时、果断的行动,使银行在该企业违法关联交易事件曝光前成功收回贷款,最大限度地控制了潜在损失。试探性控制措施实施方式多样,主要包括资产核算、现场查账查库等,其核心目的在于确保股权或资产不被未经授权地转移,并核实融资企业的账目是否与实际经营情况相符。在主导贷款项目时,银行通常通过对账工作来发现潜在的未经授权交易,以便及时采取相应的控制措施。该措施的实施时间节点极为关键,通常于意外事件发生后立即展开。在其他控制措施难以完全消除风险时,试探性控制措施尤为重要,它能尽早降低风险损失,甚至在某些情况下避免损失发生。

8.3　物流与供应链金融的操作风险管理

8.3.1　操作风险的分类

物流与供应链金融中的操作风险是指在物流与供应链金融活动过程中,由于内部流程、人为错误、系统故障或外部事件等原因导致的直接损失或间接损失的风险。这种风险贯穿物流与供应链金融的各个环节,包括但不限于货物的采购、运输、仓储、销售及融资等过程。

在物流与供应链金融领域,操作风险贯穿信用调查、融资审批、出账及授信后的管理与操作等多个核心业务环节,主要涉及因操作流程不规范或存在道德风险而导致的潜在损失。具体而言,这些风险类型与巴塞尔委员会所界定的七种操作风险类型相吻合。

（1）内部欺诈:涉及机构内部人员实施的欺诈行为、资产的非法挪用及违反法律法规和公司内部规章制度的不当行为。

（2）外部欺诈:指的是第三方实施的欺诈行为、资产的盗用,以及违反法律规定的不法行为。

（3）雇佣合同及工作状况带来的风险事件:与员工的雇佣关系和工作状况有关的风险。如招聘风险、合同风险、员工行为风险。

（4）客户、产品及商业行为引起的风险事件:因有意或无意的行为导致未能满足某位客户的特定需求,或者由于产品的固有特性及设计上的缺陷所引发的失误。

（5）有形资产的损失:由于灾难性事件或其他事件引起的有形资产的损坏或损失。

（6）经营中断和系统出错:由于系统故障、技术故障或操作失误导致的业务中断或损失。

（7）涉及执行、交割及交易过程管理的风险事件:与执行、交割和交易过程管理相关的风险事件。

这些分类有助于金融机构更全面地识别和评估操作风险,从而制定有效的风险管理策略。请注意,操作风险是一个动态的概念,随着金融市场的变化和新技术的发展,其分类和定义也可能会有所调整。因此,金融机构应定期审查并更新其操作风险分类和管理框架,以确保与最新的监管要求和市场实践一致。

银行开展物流与供应链金融业务时,操作风险涉及范围广且复杂,成为风险管理的重点。在合作伙伴的选择上,若银行与资产规模小、经营不规范的物流企业合作,可能面临外部欺诈风险。同时,银行自身管理机构不健全、制度不完善、内部控制及公司治理机制失效等问题,也可能导致内部欺诈风险。此外,从业人员的道德风险和人员素质偏低也是操作风险的重要来源,这些内部因素不容忽视。因此,银行在开展物流与供应链金融业务时,需全面考虑并有效管理各类操作风险,以确保业务稳健运行。

银行计算机信息化系统带来的风险不容忽视。一方面,若系统存在重大安全隐患,可能遭受黑客攻击或数据泄露,影响金融安全;另一方面,若系统未能准确反映物流与供应链金融业务信息,将导致信息科技系统风险,影响业务决策和风险管理。此外,银行还可能面临与外包服务方纠纷的风险,主要源于合作方责任划分不清、合同履行不力等问题,给物流与供应链金融业务带来不确定性。因此,银行需加强信息科技风险管理,确保系统安全稳定,以维护金融业务稳健运行。

银行在物流与供应链金融中面临多重操作风险,需警惕质押物盗抢、火灾、灭失等实物资产毁坏风险,并谨慎选择质押物,考虑其易储存、易运输、质量稳定等特性,以避免客户账户管理风险。银行应从合作伙伴选择、内部管理、技术保障、外包服务合作及质押物管理等多方面入手,全面提升风险管理水平,确保物流与供应链金融业务稳健发展。

8.3.2 操作风险的识别

巴塞尔委员会认为,操作风险是由不完善或有问题的内部程序、员工、信息科技系统及外部事件所造成损失的风险。这种风险可能来自任何一个环节,包括人员、流程、系统、技术、外部事件等。操作风险是金融机构面临的一种常见风险,也是最难以控制的风险之一。巴塞尔委员会建立了分析操作风险的基本框架,主要包括以下四个部分:①建立适当的风险管理环境。这要求董事会了解操作风险的主要方面,并批准和定期审查银行的操作风险战略,该战略应反映银行的风险容忍程度及对这种风险的特征的理解。②风险管理识别、衡量、监督和控制。银行应建立识别、衡量、监督与控制操作风险的管理系统,这包括建立衡量操作风险的必要方法和可以持续监督操作风险暴露与重大业务损失事件的系统。③监管者的作用。监管者在操作风险管理中也发挥着重要作用,他们负责确保银行有效地管理和控制操作风险。④信息披露的作用。在操作风险管理和监管中,信息披露也起到了关键作用,银行应提供足够的信息,使市场参与者能够评估其操作风险管理的质量和有效性。这个框架旨在帮助银行和其他金融机构全面、系统地分析与管理操作风险,从而确保其业务稳健运行。

视频 8.4 供应链金融风控之操作风险管理

在物流与供应链金融的操作风险中,金融机构可以根据巴塞尔委员会提供的操作风险分类框架,建立符合物流与供应链金融融资流程的操作风险目录。供应链融资的流程包括一系列紧密相扣的环节,旨在确保资金安全、高效流转。然而,在这一过程中,各种风险因素可能以各种形式出现,给金融机构带来潜在损失。这些风险,尤其是操作风险,往往源于人为的疏漏或失误,无论是有意还是无意,都可能对金融机构造成重大损失。

在供应链融资的流程中,信用调查是首要环节。通过对融资方的信用状况进行全面、深入的调查,金融机构能够初步评估其还款能力和风险水平。然而,如果在这一环节中出现操作疏漏,如调查不深入、信息不准确等,就可能为后续环节埋下隐患。

接下来是模式设计环节。在这一环节,金融机构需要根据融资方的需求和风险状况,设计出合适的融资方案。如果设计不当,或者未能充分考虑到各种风险因素,就可能导致后续环节中的风险暴露。

融资审批环节是确保资金安全的关键。在这一环节,金融机构需要对融资申请进行严格的审批,确保资金的安全性和合规性。然而,如果审批过程中存在操作不当或审批标准不严格的情况,就可能导致不符合条件的融资方获得资金,从而增加操作风险。

授信和出账后的管理是供应链融资流程中的重要环节。在这一环节,金融机构需要对融资方进行持续的风险监控和管理,确保其按照合同约定使用资金,并及时偿还本息。然而,如果管理不善或监控不到位,就可能导致资金被滥用或无法按时回收,从而增加操作风险。

款项回收是物流与供应链融资流程的最后一个环节。在这一环节,金融机构需要确保融资方按时足额地偿还本息。然而,如果款项回收过程中出现操作疏漏或不当行为,如未及时催收、未采取有效措施等,就可能导致资金无法及时回收,增加操作风险。

抵质押资产控制是供应链金融操作风险管理的重点。应收票据、应付票据、库存物品等作为融资担保物,其安全性、真实性和价值稳定性直接影响融资安全。金融机构需加强对这些资产的控制和管理,确保其真实、完整、安全。供应链融资流程中存在多种操作风险,需加强对各环节的风险管理和控制,保障资金安全、高效流转。同时,需不断完善和优化流程设计与管理制度,提高风险识别和防范能力,以应对可能出现的各种风险挑战。

8.3.3 操作风险的度量与评估

物流与供应链金融的融资模式根据企业情况和交易背景定制,操作环节各具特色,导致操作风险无处不在、难以捉摸。为操作风险制定通用评估体系尤为困难。面对此挑战,流动性提供方常采取的策略是制定详细的风险目录和操作指引,以此对操作风险进行定性评估。该方法虽无法提供精确的量化数据,但能基于经验和专业知识,识别和分类潜在风险,为风险管理提供重要参考。操作风险的评估不能仅靠定性方法,核心企业和金融机构等需建立风险数据采集系统,收集并分析融资各环节的操作风险数据。通过分析历史数据,了解风险成因、影响及应对措施,预测未来风险概率和损失。这些数据支持能更精准地评估风险,结合战略目标,制定风险应对策略,旨在降低风险概率和潜在损失,确保物流与供应链金融业务稳健运行。

随着技术的不断进步,还应积极探索新的风险管理工具和方法,如人工智能、大数据等,以提高风险管理的效率和准确性。通过不断完善风险管理体系,可以为物流与供应链金融的健康发展提供有力保障。

自巴塞尔委员会将操作风险纳入最低资本监管要求以来,操作风险的评估方法取得了显著的进展。现有的操作风险管理手段不仅涵盖了损失数据收集(LDC)、风险控制自我评估(RCSA)和关键风险指标(KRIs)等经典方法,还不断探索和尝试更高级别的量化手段。

(1)损失数据收集方法通过系统地收集和分析历史损失数据,为风险管理者提供了宝贵的参考信息,有助于他们更加准确地识别潜在风险点并制订相应的防范措施。

(2)风险控制自我评估方法强调风险承担方的自我审视和风险评估能力。通过定期的自我评估,企业能够及时发现潜在的操作风险,并主动采取措施进行改进,从而提升整体风险管理水平。

(3)关键风险指标方法通过设定一系列关键指标,对操作风险进行实时监控和预警。这些指标能够反映企业在不同业务环节中的风险暴露情况,为风险管理者提供及时、有效的决策支持。

操作风险管理高级计量法(AMA)潜力巨大,该方法虽处于探索期,但其复杂模型与算法追求精准量化,前景广阔。随着技术进步,AMA有望成为操作风险管理关键工具。在物流与供应链金融中,操作风险评估旨在将操作风险的度量与管理紧密结合,确保金融服务稳健。对于物流与供应链金融服务开展方,完善损失数据收集方法至关重要。据此可建立风险管理目录与关键指标,系统化识别风险,指导自我评估。此体系能提升风险管理水平,为决策者提供科学依据,确保物流与供应链金融服务稳健运行与持续发展。

8.3.4 操作风险的控制

在物流与供应链金融的操作风险管理过程中,操作风险的控制应该遵循《巴塞尔协议Ⅱ》中提出的操作风险管理"完美运行"的十大原则(表8-2),以此为基础,根据具体情况开展风险控制相关工作。

表 8-2 操作风险管理的主要原则

序号	主 要 原 则
1	董事会承担着管理操作风险决策的重任
2	高层管理人员承担着落实运营风险决策的重任
3	企业必须建立信息、交流及技术升级上报流程
4	企业应该控制活动、流程、系统及产品当中的内生性操作风险
5	企业应当建立运营风险评估所需的必要流程
6	企业应当实行某些系统,对操作风险敞口及损失事项实施监控
7	企业应当采取某些政策、过程及流程,对操作风险实施管理控制
8	监管人员应当要求银行采用高效系统,完成对操作风险的识别、衡量、监管及控制
9	监管人员应当定期完成对这些原则的独立评估
10	企业必须向利害关系人提供足够信息,协助其完成对操作风险敞口及其质量管理的评估

表8-2所示的原则作为开展物流与供应链金融服务的坚实基石,为内控体系的完善提供明确指导。在此基础上应进一步提升人员素质,通过专业的培训和持续的教育,确保操作人员具备应对风险的专业能力和素质。同时,降低对操作人员个体能力的依赖也是至关重要的,通过标准化操作流程、建立风险防控机制等方式,减小因个体差异带来的潜在风险。

除了上述措施,还应积极探索并引入其他操作风险控制手段。明确损失责任人是其中一个重要环节,通过明确责任归属,可以强化风险意识,提升风险管理的效果。此外,建立系统的培训方案也是必不可少的,通过针对性的培训,提升员工对操作风险的认识和应对能力。另外,引入操作风险转移技术也是降低风险的有效手段。例如,通过购买风险保险,可以将部分风险转移给保险公司,减轻企业的风险压力。同时,外包服务也是一种可行的选择,通过委托专业机构承担部分操作环节,可以降低企业自身操作风险的发生概率。

8.4 物流与供应链金融的法律风险管理

8.4.1 法律风险概述

物流与供应链金融作为一种创新的融资服务,其核心在于如何对授信抵质押物与融资企业的信用进行有效分离。在这一过程中,金融机构通过动产担保和业务流程向企业提供资金支持,从而将信用风险转化为操作风险。对于金融机构而言,其关注点不再是企业融资后的还款意愿,而是能否充分控制抵质押资产,如票据、库存等,以确保即使企业违约,银行也能通过处置这些资产来弥补损失。然而,实现这种关键技术需要极高的技术水平和精细化的管理。一旦操作不慎,就可能陷入风险之中。这种风险不仅可能来自内部管理的疏漏,还可能源于外部环境的突变,如市场波动、政策调整等。无论是何种原因导致的风险,最终都需要依赖法律手段来解决。因此,在物流与供应链金融中,法律风险的识别和管理显得尤为重要。企业需要建立完善的法律风险识别机制,对可能涉及的法律问题进行全面梳理和分析,以确保业务的合规性和稳健性。同时,企业还应加强与法律机构的合作,获取专业的法律意见和建议,以应对可能出现的法律风险。

物流与供应链金融中的法律风险主要涉及物流与供应链金融活动过程中可能遇到的法律问题及其可能带来的损失。这种风险主要源于合同条款不明确、法律解释存在争议、合同违约及违反相关法律法规等因素。

8.4.2 法律风险的识别

物流与供应链金融的法律风险具体表现为三个方面。

1. 合同风险

物流与供应链金融涉及多方主体和复杂的交易结构,合同是各方权利与义务的基础。物流与供应链金融如果合同条款不明确或存在歧义,可能导致合同履行过程中产生争议,甚至引发法律纠纷。例如,供应链上的某物流企业与一家金融机构合作开展应收账款融资业务,双方签订了融资合同。然而,由于合同对融资期限、利率、还款方式等关键条款的约定不够明确,在合同履行过程中出现了争议。金融机构认为物流企业未能按时还款,而物流企业则认为金融机构在计算利息时存在错误。这种合同不明确的情况,不仅可能导致双方关系紧张,还可能引发法律纠纷,增加法律成本。

此外,合同违约也是法律风险的重要来源,任何一方未能按照合同约定履行义务,都可能导致另一方遭受损失。比如,一个供应链金融平台与供应商签订了采购合同,约定平台按期支付货款。然而,由于平台资金链出现问题,未能按时支付货款,供应商遭受损失。在这种情况下,供应商有权依据合同条款追究平台的违约责任,要求其承担损失赔偿责任。

2. 法律解释与适用风险

不同法律体系、司法实践及法律解释的差异,使得物流与供应链金融活动在法律适用上可能存在不确定性。以动产质押融资为例,不同地区对动产质押的设立、登记、公示等要求可能有所不同。如果金融机构在办理动产质押融资时未能充分了解当地法律规定,可能导致质押权未能有效设立,进而影响融资的安全性。此外,国际物流与供应链金融活动中,不同国家和地区的法律差异更加显著。例如,跨境贸易中的货款结算、货物所有权转移等问题,可能涉及不同国家和地区的法律体系与司法实践。在这种情况下,一旦发生法律纠纷,解决过程可能更加复杂和漫长。

3. 合规风险

物流与供应链金融活动必须遵守国家法律法规及行业监管要求。违反金融监管规定、侵犯消费者权益等行为都可能引发法律风险。以金融监管为例,供应链金融平台在开展业务时,需要遵守关于资金募集、信息披露、风险控制等方面的监管规定。如果平台未能遵守相关规定,可能面临行政处罚、法律诉讼等风险。例如,某供应链金融平台因违规募集资金被金融监管机构处罚,不仅影响了平台的声誉和业务发展,还可能引发投资者的法律诉讼。同时,侵犯消费者权益也是合规风险的一个重要方面。在物流与供应链金融中,消费者可能涉及融资产品的购买或使用。如果金融机构或供应链平台未能充分保护消费者权益,如未履行告知义务、侵犯消费者隐私等,可能引发消费者的投诉和法律诉讼。

8.4.3 法律风险的度量与评估

物流与供应链金融法律风险的度量与评估是一个复杂而重要的任务,它涉及多个方面和因素,以下是一些关键的考虑点。

1. 法律环境评估

对所在地的法律环境进行全面的评估包括了解相关法律法规、政策、监管要求及法律体系的稳定性和成熟度。这有助于确定供应链金融活动中的法律风险,并为制定风险应对策略提供依据。

2. 合同条款审查

合同是物流与供应链金融活动的基础,因此需要对合同条款进行仔细的审查。这包括确保合同中的条款明确、合法、合规,并符合商业惯例。同时,还需要关注合同中的违约责任、争议解决机制等关键条款,以确保纠纷发生时得到有效的解决。

3. 抵押品和担保物评估

在物流与供应链金融中,抵押品和担保物是降低风险的重要手段。因此,需要对抵押品和担保物的价值、质量、流动性等进行全面的评估。这包括了解抵押品和担保物的类型、数量、存放地点等信息,并定期对其进行检查和评估,以使其价值得到保障。

4. 物流与供应链参与方评估

物流与供应链金融涉及多个参与方,包括供应商、生产商、分销商、物流服务商等。因此,需要对这些参与方的信用状况、经营能力、财务状况等进行全面的评估。这有助于了解参与方的风险状况,并制定相应的风险管理策略。

5. 法律风险管理框架建立

为了有效度量与评估法律风险,需要建立一个完善的法律风险管理框架。这包括制定风险识别、评估、监控和应对等流程,并明确各个环节的责任人和时间节点。同时,还需要建立风险报告和沟通机制,以确保风险信息及时、准确地传递给相关方。

8.4.4 法律风险的控制

法律风险是物流与供应链金融服务中不可忽视的障碍。尽管许多问题的解决依赖相关制度和法律法规的完善、统一标准化,以及法律和行政权力的规范划分和法律执行效率的提升,但物流与供应链金融服务的提供方仍然可以采取主动措施来规避这些风险。

在质物选择方面,物流与供应链金融服务的提供方应当从法律风险的角度出发,对质物的选择进行审慎考虑。首先,确保质物具有明确的权属证明和合法性,避免选择存在权属争议或非法来源的质物。其次,对质物的品质和价值进行充分评估,确保质物具有足够的价值和可变现性,以便在必要时迅速实现债权。

在合同约定方面,物流与供应链金融服务的提供方应当与合作伙伴签订详尽、明确的合同,确保合同条款的合法性和有效性。合同应明确各方的权利和义务,特别是关于质物的所有权、保管、处置等方面的约定。同时,合同还应包含违约责任、争议解决机制等关键条款,以便在发生纠纷时依据合同条款进行解决。

此外,物流与供应链金融服务的提供方还应加强内部管理和风险控制。建立健全风险管理体系,对物流与供应链金融业务进行定期的风险评估和监控。通过制定周密的风险应对策略与预案,确保一旦风险发生,能够迅速且高效地进行应对处理。同时加大对员工的培训力度并强化管理,提升员工的风险警觉性及专业素养,降低因操作不当而触发的法律风险。

物流与供应链金融服务的提供方还应积极关注相关法律法规的变化和更新,及时调整业务模式和合同条款,确保业务的合规性和合法性。同时加强与监管机构的沟通和合作,共同推动物流与供应链金融领域规范化和健康发展。

8.5 物流与供应链金融风险管理策略

8.5.1 风险应对的基本手段

常见的风险应对手段包括风险规避、风险预防、风险缓释、风险转移、风险自留等。

1. 风险规避

这是一种较为直接的风险应对策略,通过放弃或改变原有计划来完全避免风险。例如,在物流领域,如果预计某个地区的运输风险较高,可以选择绕行或改用其他运输方式。在供应链金融中,可以避免与信誉不佳或财务状况不稳定的合作伙伴进行合作。

2. 风险预防

通过采取预防措施来降低风险发生的可能性或减轻风险带来的损失。这通常涉及对潜在风险的识别和评估,并制订相应的预防措施。例如,在物流与供应链管理中,可以采取多源采购策略来降低供应商风险,或者通过加强库存管理和物流监控来减小货物丢失或损坏的风险。其具体的措施有:①建立供应链金融风险评估机制。对物流与供应链金融业务进行事前、事中、事后的风险评估,及时发现和预警潜在风险。②强化供应商管理。严格筛选供应商,确保其信誉良好,具备履约能力。③优化物流管理。通过技术手段实时监控物流信息,确保货物安全、准时到达。

3. 风险缓释

风险缓释是指通过风险控制措施来降低风险的损失频率或影响程度,具体的措施有:①建立风险预警机制,及时发现潜在风险;②加强供应链合作伙伴关系,提高合作效率;③采用多元化采购策略,降低单一供应商风险;④加强库存管理,加快供应链响应速度。

4. 风险转移

将风险转移给第三方,以减小自身承担的风险。在物流与供应链金融中,这通常通过保险、担保、合同等方式实现。例如,可以购买货物运输保险来转移运输途中的货物损失风险,通过签订合同明确双方的权利和义务及违约责任,从而降低因合作方违约而带来的风险。其具体的措施有:①保险转移。通过购买保险,将风险转移给保险公司。②合同转移。通过签订合同,将风险转移给合作伙伴。③供应链金融。通过供应链金融,将风险转移给金融机构。④多元化供应。通过多元化供应,降低单一供应商风险。

5. 风险自留

风险自留也称接受风险,即主动承担风险带来的损失。这通常是在对风险进行充分评估后,认为风险可控或损失可承受的情况下采取的策略。在物流与供应链管理中,对于一些难以避免或转移的风险,企业可能会选择通过增加预算、建立风险基金等方式来接受风险。

8.5.2　信用风险的常用应对手段

在物流与供应链金融业务中,企业主要面临四种信用风险,分别是货物的合法性风险、客户的诚信度风险、虚假仓单风险和违约风险,具体的应对手段如下。

1. 提供完整的货物来源证明,建立货物追踪系统

在接收货物之前,要求客户提供完整的货物来源证明文件,如发票、合同、运输单据等,确保货物的合法性。可以与法律机构或专业顾问建立合作关系,对货物的合法性进行尽职调查,避免涉及走私、盗窃或侵权等非法活动。同时可以建立货物追踪系统,利用该系统实时监控货物的流转情况,确保货物在物流过程中没有被篡改或替换。

2. 进行严格的信用评估,设定合理的信用额度

对合作客户进行严格的信用评估,包括查看其历史交易记录、财务状况、市场声誉等,确保客户具有良好的信用记录。同时,根据客户的信用状况和业务规模,为其设定合理的信用额度,避免客户过度借贷或拖欠款项。针对失信客户建立专门的客户黑名单制度,对于存在欺诈、违约等不良行为的客户,及时将其列入黑名单,避免再次合作。

3. 引入第三方监管机构进行监管和审核

对仓单的真实性进行严格验证,确保仓单与货物信息相符,如货物的品种、数量、质量等。引入第三方监管机构对仓单进行监管和审核,确保仓单的合法性和有效性,并定期对仓库进行实地检查,确保货物真实存在和仓单的真实性。

4. 设立风险准备金或保证金制度

在合同中明确约定各方的权利和义务,以及违约责任和赔偿方式,确保在发生违约时有明确的法律依据。设立风险准备金或保证金制度,要求客户在业务开展前缴纳一定比例的保证金或风险准备金,以应对可能的违约风险。加强对客户的日常管理和监督,及时发现和纠正客户的违约行为,避免违约风险进一步扩大。

8.5.3 操作风险的常用应对手段

在物流与供应链金融业务中,操作风险管理是确保融资过程顺利进行的关键环节。特别是在库存/仓单质押等融资解决方案中,对授信支持性资产的有效控制是降低操作风险的核心。操作风险管理涉及范围之广是其他风险难以比拟的,主要的操作风险包括:外部欺诈风险,内部操作风险,信息科技系统风险,实物资产损坏风险,执行、交割和流程管理风险等,以下是上述几种主要操作风险的具体应对手段。

1. 加强客户尽职调查,建立严格的身份验证和授权机制

企业要定期与执法机构、行业协会等合作,获取最新的欺诈模式和案例,以便及时调整防范措施。例如,供应链中的伪造文件或欺诈性交易。企业可以引入先进的身份验证技术,如人脸识别、数字签名等,确保交易的真实性和参与者的合法性,建立黑名单制度,定期更新和检查,避免与已知欺诈分子进行交易。通过区块链技术提高供应链信息的透明度,确保交易数据的不可篡改性和可追溯性。

2. 制定详细的操作流程和规范,定期对员工进行培训和考核

定期对员工进行培训和考核,提升员工的操作技能和风险意识,确保员工按照既定程序进行操作。最重要的是建立内部监控和审计机制,对操作过程进行实时监控和事后审计,确保操作的合规性和准确性。例如,当企业面临员工误操作或故意违规导致的损失时,可以通过制定详细的操作手册和流程规范,确保员工知道如何正确操作,并且定期进行风险意识教育。

3．选用可靠的信息科技系统供应商，定期维护和升级

可靠的信息科技系统供应商能够确保系统的稳定性和安全性，同时定期对系统进行维护和升级，及时修补漏洞和缺陷，建立数据备份和恢复机制，确保在系统出现故障时能够迅速恢复数据和服务，加强网络安全防护，采用防火墙、入侵检测、数据加密等措施，防范网络攻击和数据泄露。

4．建立严格的仓储管理制度

在物流与供应链金融业务中，企业要对质押的库存/仓单进行严格的检验和评估，确保其质量和数量符合融资要求，建立严格的仓储管理制度，确保质押资产在存储过程中得到妥善保管和维护，并且定期对质押资产进行盘点和检查，及时发现并解决问题。此外，还要投保适当的财产保险，以减轻因自然灾害、意外事件等导致的资产损失。

5．建立完善的合同管理和执行机制

完善的合同管理和执行机制能够确保各方按照合同约定履行义务，同时对融资流程进行精细化管理，确保各个环节顺畅和高效运行，加强对融资项目的跟踪和监控，及时发现和解决潜在问题。在发生违约事件时，迅速启动应急预案，采取合适的措施进行风险处置。

8.5.4 法律风险的常用应对手段

为了有效降低物流与供应链金融中的法律风险，企业应采取以下全面而细致的手段。

1．合同条款的精细化与标准化

企业应确保物流与供应链金融合同中的条款详尽、清晰，避免任何可能导致误解或争议的模糊表述。合同条款必须严格遵循相关法律法规和行业规范，以确保其合法性和合规性。此外，企业还应建立合同模板和标准化流程，以提高合同管理的效率和准确性。

2．法律培训与意识提升

企业应定期对员工进行法律培训，增强他们对法律风险的认识和防范意识。培训内容应涵盖与物流与供应链金融活动密切相关的法律法规、行业规范及企业规章制度。通过培训，员工能够更好地理解并遵守相关法律法规，降低因违法违规行为而带来的法律风险。

3．法律风险管理体系的构建

企业应建立一套完善的法律风险管理体系，以实现对法律风险的全流程管理。该体系应包括风险识别、评估、监控和应对等环节，确保企业能够及时发现并应对潜在的法律风险。同时要建立风险报告制度，定期向上级管理层报告法律风险情况，以便及时采取应对措施。

4．寻求专业法律支持与合作

企业应积极寻求与专业律师或法律顾问的合作，为物流与供应链金融活动提供全面的法律支持和指导。专业律师或法律顾问能够为企业提供针对性的法律咨询和解决方案,帮助企业更好地应对各种法律风险,企业还可以与律师事务所建立长期合作关系,确保在需要时能够获得及时、专业的法律支持。

5. 加强内部合规与监管

企业应建立完善的内部合规和监管机制,确保物流与供应链金融活动的合规性和合法性。同时要设立专门的合规部门或岗位,负责监督和管理物流与供应链金融活动的合规性,并且要定期对物流与供应链金融活动进行内部审计和风险评估,及时发现并纠正潜在的法律风险。

6. 持续跟进法律变化与政策调整

企业应密切关注相关法律法规和政策的变化,确保物流与供应链金融活动的合规性。及时了解并研究新出台的法律法规和政策,评估其对企业供应链金融活动的影响,并制订应对措施。通过持续跟进法律变化与政策调整,企业能够更好地适应市场变化,降低法律风险。

案例讨论

盛京银行:供应商的线上全流程供应链金融服务方案

盛京银行供应链金融业务发展迅速,通过科技手段与华联超市内部采购系统线上对接,同步供应商交易数据,为该商超集团全国的供应商办理无追保理业务。近两年来,盛京银行累计为该商超集团上游供应商放款 2.3 亿元,为 313 户中小微企业及时提供了融资服务,得到了集团及上游供应商的广泛好评。

1. 业务模式

盛京银行供应链金融业务包括针对上游企业的供应商融资、针对下游企业的销售商融资。供应商融资是在以赊销为付款方式的交易中,在基础交易及应付账款无争议的前提下,占用买方授信额度,为卖方提供无追索权应收账款融资。

盛京银行北京分行与华联超市合作,通过线上供应链融资系统,为华联超市审批通过的供应商提供无追索权应收账款融资。该业务全线上自动化,高效服务数十家普惠型中小微企业,单笔金额灵活至数万元,有效解决中小微企业融资难题,实现融资便捷化、碎片化处理。

2. 保障措施

(1) 科技手段保障业务全线上化处理。

(2) 根据业务及风险要求对放款进行分层审批。

(3) 运用大数据计算加强对核心企业信用风险监控。

3. 创新成果

(1) 提供供应链金融综合解决方案。依托核心企业信用,运用金融科技手段,整合物流、资金流、信息流等信息,构建供应链中占主导地位的核心企业与上下游企业一体化的金融供给体系和风险评估体系,提供系统性的金融解决方案,以快速响应产业链上企业的结算、融资、财务管理等综合需求。

（2）提升供应链融资结算线上化和数字化水平。在供应链交易信息清晰可视、现金流和风险可控的条件下，盛京银行通过银企直联的方式，开展线上化全流程融资申请、审批、放款、还款。盛京银行通过对接外部系统，完成发票信息收集、发票核验、应收账款转让登记、电子签章的系统处理，大大提高了业务处理的效率。盛京银行通过大数据及智能识别技术，提高风险识别能力及防控水平。

资料来源：中国物流与采购联合会物流与供应链金融分会.中国物流与供应链金融发展报告（2021—2022）[R].北京：中国财富出版社有限公司，2022.

思考：

1. 中小企业在物流与供应链金融中面临哪些风险与挑战？

2. 盛京银行采取了哪些措施对物流与供应链金融风险进行防控？

即测即练

第9章

金融科技赋能物流与供应链金融创新

本章学习目标

1. 了解主要的金融科技手段；
2. 理解金融科技的特征与功能；
3. 理解各种金融科技应用场景。

引导案例

运用新质生产力写好数字金融大文章 助力金融强国建设

人工智能作为新质生产力的代表，已在金融领域数字化转型的进程中展现出强大的驱动力与支撑作用。2024年度，交通银行在规划数字金融战略举措的基础之上，加速推进"AI＋"战略计划的制订工作，力求在更深层次、更广泛领域内深化人工智能的应用，驱动数字金融实现高质量发展，为构建金融强国贡献力量。

一是运用人工智能践行"以人为本"，推动金融服务普惠化、便捷化。为满足人民群众多样化的金融需求，交通银行以"数据＋智能"双轮驱动，从信用端、信息端切入，致力提供更普惠、更便利的金融服务。在服务更普惠方面，革新服务模式，通过深度学习和大数据分析，对客户进行多维度精准画像，推出基于统一客户信用体系的预授信模式，实现从产品级授信向客户级授信转变、从客户主动申请向银行预授信转变，有效扩大信贷范围、提高融资可得性。进一步使用算法模型标签，推动客户产品精准对位，涵盖理财、保险、基金等产品推荐，多渠道增加居民财产性收入。在服务更便利方面，重塑业务流程，基于音视频、图像识别、生物识别、智能语音等技术，打造客户身份远程核实场景，提供人像比对、人证比对等多项功能，将税融通、普惠e贷、抵押贷、车贷等产品的核实时间从几天缩短至几分钟,解决客户多次往返网点、办理手续烦琐耗时的痛点。突出移动优先,加强线上、线下融合,打造智能语音客服,呼入业务语音识别率达99%,应用虚拟数字人技术提供全天候服务,持续提升线上渠道对客服务的能力和水平。

二是运用人工智能服务实体经济,创造共同价值。交通银行聚焦经济发展的重点领域和薄弱环节,不仅关注企业的短期盈利能力,而且着眼于企业的长期发展和创新动力,为实体经济提供更全面、更精细的金融服务。交通银行根据科创企业不同阶段的发展需求,提供全周期金融服务,促进科技成果转化应用,助力发展新质生产力。通过对接国家、地方、园区、企业不同层级数据,打造集成电路、人工智能、高端装备制造等产业图谱,推动科技企业资产数字化、产业链条透明化。在此基础上进一步搭建"1＋N"科技型企业专属评价模型,应用于客户营销、产品设计、信贷审批、额度核定、贷后监测流程,已覆盖73万户科技型企业,助力科技型企业做大做强。将智能化手段融入绿色金融体系建设进程。推进绿色智能识别,构建企业ESG(环境、社会和公司治理)智能风险评价体系,助力提升绿色信贷精细化管理水平。推出绿色产业链金融服务,为绿色产业链属企业提供"一户一方案"服务模式,有效支撑传统产业低碳转型和绿色产业发展壮大。

三是运用人工智能强化风险防控,实现稳健经营。防控风险是金融工作的永恒主题。近年来,金融领域的诸多案件表明,犯罪分子的洗钱、欺诈手段越来越多样化,隐蔽性越来越强,客观上加大了银行防控工作难度。交通银行加速推进全面风险管理数字化转型,运用数字技术全面提升信用风险、操作风险、合规风险等领域的风险防控能力。譬如在信用风险领域,依托多维度的行内外数据完善客户信用评价体系,构建关联关系图谱,实现信用风险总额管控和穿透管理;通过机器学习技术完善风险监测预警机制,建立信贷逾期预测模型,前瞻精准识别风险资产超百亿元,年回收资产数十亿元。在操作风险领域,通过OCR比对、RPA(机器人流程自动化)自动核查等手段,有效识别合同造假、抵质押物权证造假等欺诈行为,年自动核查约15万件权证;通过制定反欺诈实时风控策略,拦截疑似电信诈骗交易金额数十亿元,全力守护好老百姓的"钱袋子"。在合规风险领域,通过端到端AI模型的应用,减少30%的反洗钱筛查任务量,单笔任务节省40%的核查及报告编写时间,并通过隐案挖掘等模型有效提升50%的反洗钱上报率。

资料来源:金融价值观|交通银行副行长钱斌:以人为本 智能向善 描绘数字金融新图景[EB/OL].(2024-07-08). http://www.xinhuanet.com/money/20240708/588343b44f37427f8e4fc4a4783fb204/c.html.

9.1　金融科技创新

9.1.1　主要的金融科技手段

金融科技(fintech),是finance(金融)＋technology(科技)的缩写,是运用科技工具与策略应对金融行业挑战与需求的学科范畴。金融科技涵盖诸多领域,诸如信用评级、风控管理、投资方略、智能科技、机器学习算法、深度神经网络

视频9.1　京东供应链金融科技是什么?

等。依据金融稳定理事会(FSB)的阐释,金融科技依托大数据处理、云计算服务、智能科技、区块链技术等系列创新手段,广泛渗透于支付系统、信贷融资、资产管理、零售银行业、保险业、交易与结算等六大金融板块,预示着金融业未来的主导发展方向。

金融科技所涵盖的技术展现出了快速演进、跨界融合、业务多元化等特性,是前沿性技术如大数据、智能科技、区块链等与传统金融作业流程及应用场景的深度融合与交汇。其核心组成部分主要包括大数据金融、人工智能金融、区块链技术和量化金融四大领域。

1. 大数据金融

大数据指的是因数据的规模庞大、流速迅猛及结构多样等特性,而需借助非传统数据处理手段进行管理与分析的信息集合。大数据具备以下显著特征:数据体量巨大,超越了传统数据库系统的处理能力;数据生成与更新速度极快,要求即时处理;数据组织形式与格式高度复杂,需运用精密算法与先进技术才能有效应对。

大数据金融主要聚焦于金融领域大数据的采集、存储、加工解析及直观呈现。通常,金融大数据技术的核心架构涵盖基础架构层、数据存储与管理层、计算处理层及数据分析与可视化展现层。数据分析与可视化展现层负责执行基础数据分析、高级数据分析(部分与智能科技有所交集)及将分析结果以视觉化方式呈现。大数据金融亦常致力于借助互联网技术和信息通信技术,探索并开发新型金融业务模式,涵盖资金流动、支付服务、投资活动及信息中介服务等。

大数据在金融科技中的应用,旨在通过其强大的处理能力来分析和解读金融数据,为决策提供更为高效、精确和智能化的支持。这一应用在金融科技领域主要体现在以下几个方面。

信用评估层面,大数据技术能够深入挖掘客户的交易历史、信用记录等信息,用以全面评估客户的信用风险。

风险管理方面,大数据技术可解析金融机构的运营数据,帮助识别并有效管理潜在风险。

在投资策略的优化上,大数据技术能够综合分析市场动态、企业财报等多元数据,以期找到更优的投资组合策略。

智能科技的应用,则是将大数据技术与机器学习算法相结合,对金融数据进行深度挖掘,实现决策的自动化,并提升预测的准确性。

此外,将大数据技术与深度学习模型相结合,能够对金融数据进行更为深入的剖析,挖掘出更为复杂的数据特征和模式信息。

2. 人工智能金融

2017年6月20日,百度与中国农业银行在北京签署了战略合作协议,百度创始人、董事长兼首席执行官李彦宏正式提出了"智能金融"(intelligent finance,或 AIFinance)的概念,这标志着智能金融新时代的正式启动。智能金融是人工智能技术与金融行业的深度整合,它依托人工智能、大数据、云计算、区块链等尖端科技,致力于解决金融领域的各项挑战,涵盖股票行情预测、消费者行为及支付意愿评估、信用评级、智能投资顾问与对话机器人、保险业务的承保与理赔处理、风险防控与压力测试、金融监管与异常检测等多个方面。随着科技的迅猛进步，人工智能在金融领域的应用范围日益扩大，给金融行业带来了深刻的变革。智能金融的主要应用场景包括以下几个方面。

智能客户获取：运用大数据技术描绘金融用户画像，借助需求预测模型来提升客户获取的效率。

身份验证技术：通过活体检测技术、图像识别及声纹识别等先进手段，对用户身份进行真实性验证，从而有效降低验证成本。

大数据风险管理：结合大数据资源、强大的计算能力和精密的算法，构建反欺诈模型及信用风险模型，有效控制金融机构面临的信用风险和操作风险。

智能投顾：基于大数据和算法能力，对用户与资产信息进行标签化，精准匹配用户与资产，提供个性化的资产配置建议。

智能客服：基于自然语言处理能力和语音识别能力，提供 24 小时不间断的客户服务，提升服务体验。

金融云：依托云计算能力的金融科技，为金融机构提供更安全、高效的全套金融解决方案。

区块链应用：在资产证券化、供应链金融等领域发挥重要作用，提高流程透明度和安全性。

3. 区块链技术

区块链技术是一种去中心化的分布式账本技术，它构成了数字世界中各类有价值资产的公共总账本，同时也是分布式云计算架构下的一种重要应用形式。该技术以其去中心化、防篡改、高透明度、强安全性、可编程性及高效的共识机制等特性而著称。在供应链金融领域，区块链技术的应用带来了诸多创新与变革。以下是区块链技术在供应链金融中的具体应用及其优势。

解决供应链金融信息不对称问题：区块链技术能够实现信息的实时共享和同步更新，使供应链上的核心企业、上下游企业及金融机构等各方都能获取准确、完整且一致的信

扩展阅读 9.1　区块链技术是破解供应链难题的关键

息。这种透明度有助于降低信息不对称，增强参与方之间的信任，为供应链金融提供了更加可靠的数据基础，有助于金融机构更全面地了解企业的经营状况和信用水平，降低风险评估的难度和成本。

在优化融资流程方面，区块链技术能够精减供应链金融的融资步骤，提升整体效率。相较于传统流程中多参与方、多环节的复杂性，区块链技术借助智能合约等机制，实现流程的自动化与智能化，例如自动处理贷款发放与还款，减少人工操作，加速融资进程。

在降低融资成本上，区块链技术可削减中间环节及缓解信息不对称问题，有助于缩减供应链金融的成本。在传统模式中，由于信息透明度不足和信任体系不完善，金融机构常需借助第三方进行信用评估与风控，增加了成本。而区块链技术以其去中心化与透明化的特点，构建了一个基于互信的交易环境，减少对第三方的依赖，进而降低成本。

此外，区块链技术通过实时监控与数据分析，强化了供应链金融的风险管理能力。金融机构能利用区块链平台的数据，对供应链各环节实施实时监控与风险评估，及时发

现并应对异常情况,防止风险扩散。区块链技术还能实现风险共担,通过智能合约将风险分散至供应链各节点,减轻单一节点的风险负担。

一旦区块链技术成为未来互联网的基石架构,它将深刻变革互联网的治理体系,最终可能全面取代现有的底层通信协议,推动互联网金融向智能化、去中心化的方向发展,并催生出由算法引领的新型金融服务模式。当区块链技术在金融领域成熟应用,构建起一个自给自足的生态闭环时,金融交易或将迎来近乎零成本的交易环境。然而,值得注意的是,由于共识算法、密钥管理及智能合约等领域存在的技术局限性和潜在的安全隐患,区块链技术的整合与实际应用的推广将是一个循序渐进且持久的历程。

4. 量化金融

量化金融,简而言之,就是运用数学和统计模型来指导金融决策,特别是关于投资和风险管理方面的决策。其核心理念是通过建立和分析复杂的数学模型,来捕捉金融市场的动态变化,并据此进行交易和风险管理。它和传统金融最大的区别在于其始终强调利用数理手段和计量统计知识,定量而非定性地开展工作。量化金融的主要应用领域之一是量化投资,它是量化金融的核心,它使用数据和模型算法来进行投资决策,通常凭借广泛的覆盖和分析来总结普适性的规律。量化投资能够减少人为情绪的干扰,提高决策的客观性和一致性,并且能够处理大量的市场数据,快速识别出潜在的交易机会。在期货市场中,量化金融的应用尤为广泛。期货交易通常涉及高杠杆和波动性大的特点,这要求交易者必须具备快速反应和精确判断的能力。量化金融能够帮助投资者在复杂多变的市场环境中作出快速且基于数据的决策。其具体应用包括以下几个方面。

(1)策略开发。量化分析师会利用历史数据来测试和优化交易策略,确保策略在不同市场条件下的稳健性。

(2)风险控制。通过量化模型,交易者可以实时监控市场风险,并自动调整仓位或止损,以保护资金安全。

(3)执行效率。量化交易系统可以 24 小时不间断地监控市场,并在最佳时机执行交易,减少人为延迟和错误。

视频 9.2 金融科技的前瞻和应用

量化金融一直被视为金融业高端资本与智力密集型领域,科技含量极高,高频与算法交易、金融风险管理、保险精算越来越依靠工业级大数据(如实时、海量、高维和非结构化数据)、人工智能前沿技术及区块链技术来解决问题或重构原有金融业务逻辑、产品设计流程、监管监测控制环节。[1]

扩展阅读 9.2 金融科技发展的"四梁八柱"

9.1.2 金融科技主要应用情况

1. 中国人民银行积极推动金融科技创新

1)中国人民银行成立金融科技委员会

2017 年,中国人民银行设立了金融科技委员会,其主要目标是加强对金融科技相关

---

[1] 尹志超,余颖丰.重视金融科技在金融发展中的作用[N].光明日报,2018-11-20(11).

工作的研究策划与综合协调。金融科技作为技术革新驱动的金融领域创新,为金融业的成长注入了新鲜动力,同时也给金融安全领域带来了新的考验。为应对这些考验,中国人民银行将加大监管科技(regulatory technology,或 RegTech)的应用力度,充分利用大数据、人工智能、云计算等先进技术,以丰富金融监管工具箱,并提高对跨行业、跨市场金融风险的识别、预防及应对能力。

2) 中国人民银行印发《金融科技(FinTech)发展规划(2019—2021 年)》

中国人民银行于 2019 年正式发布《金融科技(FinTech)发展规划(2019—2021 年)》,并设定了至 2021 年,全面构建并优化我国金融科技发展的核心框架与支撑体系的目标。该规划清晰地界定了未来 3 年内金融科技工作的宏观指导思路、基本原则、发展目标、核心任务及保障策略。到 2021 年将我国金融科技发展推向国际前沿,确保金融科技应用的先进性与可控性,稳步增强金融服务能力,显著提升金融风险控制水平,持续提高金融监管效率,不断完善金融科技基础设施,以及促进金融科技产业蓬勃发展。

3) 中国人民银行启动金融科技创新监管试点工作

为贯彻党的十九届四中全会精神,并根据《金融科技(FinTech)发展规划(2019—2021 年)》(由银发〔2019〕209 号文件发布)的要求,中国人民银行正积极构建金融科技监管的基础规则框架,尝试采用信息公开、产品公告、公众监督等灵活的管理手段,致力于开发一种既包容又审慎的金融科技创新监管机制,以着力提高金融监管的专业程度、统一性和穿透性。

4) 中国人民银行印发《金融科技发展规划(2022—2025 年)》

2022 年 1 月 21 日,中国人民银行发布了《金融科技发展规划(2022—2025 年)》(以下简称《规划》)。《规划》是依据《中华人民共和国国民经济和社会发展第十四个五年规划和 2035 年远景目标纲要》而制定的,旨在为金融科技在新时期的发展提供指导方向。《规划》清晰地阐述了金融数字化转型的总体策略、发展目标、核心任务及实施保障措施。

5) 央行上海总部发布指导意见,促进金融科技发展,支持上海建设金融科技中心

为响应国家战略部署,促进上海国际金融中心与科技创新中心协同并进,中国人民银行上海总部深刻领会习近平总书记关于推进金融业高质量发展的系列重要论述及视察上海时的重要讲话精髓,紧抓新一轮科技革命的历史性机遇。中国人民银行上海总部向管辖范围内的金融机构发布了《中国人民银行上海总部关于促进金融科技发展 支持上海金融科技中心建设的指导意见》(以下简称《指导意见》)。《指导意见》从构建全球领先的金融科技生态系统、深化金融科技应用成果、加大新兴技术研发力度、不断优化金融服务体验、强化长三角区域金融科技的合作与资源共享、提高金融科技风险管理能力、提升金融科技监管效率、加强人才培养及促进交流合作等八个维度,提出了共计 40 条具体指导意见。

《指导意见》是中国人民银行上海总部为落实《金融科技(FinTech)发展规划(2019—2021 年)》及中国人民银行行长易纲在第十一届陆家嘴论坛中关于金融科技中心建设的主旨演讲精神,而采取的支持上海市政府推进上海金融科技中心建设的关键行动之一。其目的在于促进上海国际金融中心与科技创新中心协同发展,深入挖掘上海金融科技的发展潜力,充分激发金融科技的创新活力,提高金融科技服务实体经济的质量和效率,从而为将上海打造成为与其国际金融中心地位相匹配的金融科技中心提供坚实的支撑。

2. 特许全球金融科技师 CGFT 设立

上海高金金融研究院与上海管会教育培训有限公司签署合作契约,在上海交通大学高级金融学院的学术指导下,共同推出了"全球认证金融科技专家 CGFT"三级资格认证体系及其教育培训课程,该证书的全称为"特许全球金融科技师",英文全称为 Chartered Global Fintech,简称 CGFT。特许全球金融科技师将提供全方位的人才培养和评估体系,为金融科技行业培养所需的既掌握金融知识体系、又具备科技创新理论功底的复合型金融科技人才。

3. 上海首次将金融科技类纳入紧缺人才开发目录

2021 年 8 月 19 日,上海市地方金融监督管理局等六部门印发《上海市重点领域(金融类)"十四五"紧缺人才开发目录》。特许全球金融科技师被列入了金融科技类紧缺人才中的"移动支付人才"和"大数据挖掘、应用金融人才"两个子类。这是上海首次将金融科技类纳入紧缺人才目录中。据悉,符合目录要求的金融紧缺人才,将在落户、安居、出入境等方面享受政策支持和便利。上海将 CGFT 列入金融科技类紧缺人才目录,表明上海对专业机构探索开展科技金融行业职业能力水平认证的认可和支持。

4. 中国银保监会办公厅发布《关于银行业保险业数字化转型的指导意见》

近年来,银行保险机构借助金融科技赋能,主动加快产品和服务创新,不断提升金融服务质量和效率,数字化转型进展较快。与此同时,银行保险机构在数字化转型过程中还面临诸多挑战。2022 年 2 月,中国银保监会办公厅印发《关于银行业保险业数字化转型的指导意见》,这是银保监会出台的关于银行业保险业数字化转型的首份专门文件。此次发布的指导意见主要从六个方面要求银行保险机构大力推进业务经营管理数字化转型。比如,要求发展产业数字金融、推进个人金融服务数字化转型、加强数字化风控能力建设等。

9.2　金融科技在物流与供应链金融场景中的应用

"供应链金融科技"就是用科技手段去解决供应链金融问题。其具体模式是,基于对产业链和供应链行业 know-how 的充分掌握,利用数字化技术打通研、采、产、销、服等各节点,进而实现整条供应链商流、物流、资金流和信息流"四流"数据的闭环并实现平台化归集。这样,金融机构便能够通过该平台,基于一条或多条供应链数据及行业综合数据的交叉验证,有效、实时掌握供应链上下游不同融资客户的真实经营情况和资金动向,从而有效降低获客、风控、运营

视频 9.3　金融科技赋能——从开放银行到多元化场景金融应用

等系列成本,继而通过新型的供应链金融系统为供应链上各个环节的企业提供更高效率和更低利率的金融服务,将不可贷变为可贷,将线下贷变为线上贷,将低额贷变为高额贷,将高利率变为低利率。

扩展阅读 9.3　基于区块链技术下的供应链金融模式创新——蚂蚁集团蚂蚁链

9.2.1　区块链技术创新电子仓单质押融资

中共中央办公厅与国务院办公厅于 2022 年 3 月 29 日

联合发布的《关于推进社会信用体系建设高质量发展 促进形成新发展格局的意见》强调，需创新信用融资服务与产品类型：推进普惠金融的深化发展，扩大信用贷款的覆盖范围，以解决中小微企业和个体工商户面临的融资瓶颈。促进公共信用信息与金融信息的共享和融合，推广基于信息互通与大数据应用的"信用贷款便利化"模式，并进一步深化"银税合作""银商联动"机制。同时，激励银行机构在制造业，战略性新兴产业，农业、农村、农民（"三农"），生态环境保护及对外贸易等特定领域创新信贷产品，推动订单融资、仓单质押融资、保单融资、存货融资、应收账款融资及知识产权质押融资等新型融资方式的发展。①

随着 2022 年全国两会在北京胜利闭幕，"数字经济"再度成为 2022 年两会的焦点话题。各地代表委员纷纷聚焦数字经济发展主线提交相关议案，政府工作报告更是首次将"数字经济"以独立段落表述，并作为 2022 年重点工作进行部署。数字化浪潮汹涌而至，国家层面对数字经济的重视程度不断加码。在这一趋势下，科技创新作为催生数字经济发展新动能的核心驱动力，被提至前所未有的战略高度。《中华人民共和国国民经济和社会发展第十四个五年规划和 2035 年远景目标纲要》也明确提出，坚持创新在我国现代化建设全局中的核心地位，把科技自立自强作为国家发展的战略支撑。

1. 66 云链：自研数字仓单系统，解决大宗商品产权确认难这一全球性难题

1）公司简介

六六云链科技（宁波）有限公司（以下简称"66 云链"），由中国中化、中信集团、宁波经济技术开发区等联合组建，是能源化工行业唯一可提供车、船、库一体化供应链数字化服务的高新技术企业，也是工信部、国资委举办的第四届中国工业互联网大赛"最具应用价值奖"的获得者，同时还是国家"十四五"规划重点研发计划"产业数字资产金融创新的穿透式监管关键技术研究及应用示范项目"的参与单位。

66 云链依托物联网、大数据等数字技术，连接能源化工行业的仓储、车队、船队、商检、港口码头、银行等相关方，搭建供应链多方在线协作的数字化平台，为货主企业、仓储企业提供供应链数字化解决方案；为化工园区、各地交警部门提供危化品车辆监管解决方案；同时基于物流、商流、资金流、信息流"四流合一"，对实物资产进行"确权、控货"，以数字信用重塑"物的信用""过程信用"，为大宗商品贸易提供现货在线交割服务和供应链金融服务。

2）行业背景

（1）长期存在核心痛点。首先，液货储罐不可视。储罐里有没有货、有多少货、是不是"罐中罐"（大储罐里套小储罐，液位计数据作假）等，仅通过肉眼难以判断。其次，货物货权不清晰。《中华人民共和国民法典》规定，仓单是"提取仓储物的凭证"，但"提货权≠货权"，使得银行在做质押货物货权审查时面临很大困难。最后，货物数量、质量难确认。储罐里放的"是油还是水"等液货质量、数量问题，也经常困扰金融机构。

（2）法律政策的完善，为仓单应用提供基础保障。近年来，随着相关法律法规、产业数字化政策的完善，以及物联网、区块链、大数据等技术的日渐成熟，依托可信数字仓单

---

①　公司业务研究——"区块链嵌入"创新电子仓单质押新模式［EB/OL］.（2022-05-10）. https://baijiahao.baidu. com/s? id=1732401906224642896&wfr=spider&for=pc.

应用的大宗商品存货融资市场的信用体系正在重建。

3）解决方案

（1）从能化物流切入，在产业数字化上提供金融科技服务。

66云链从"液体石化产品的仓储物流服务"切入，以"产业数字化基础上的金融科技服务"为发展方向，在深耕能源化工行业智慧供应链服务的同时，逐步进化到有能力构筑行业级智能风控大脑。66云链的商业模式进阶路线如图9-1所示。

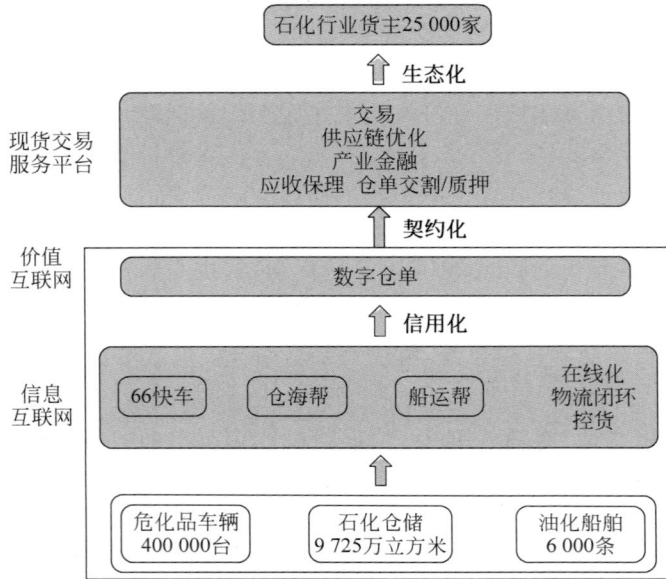

图 9-1　66 云链的商业模式进阶路线

2017年以来，推出66快车、仓海帮、船运帮三大数字化应用，构建能源化工供应链数字基础设施，核心解决客户物流业务在线化和业务逻辑闭环问题。

66云链"车船库一体化的数字化可视物流体系"是伴随危化品物流管控要求而存在的技术应用。当人、货、场等供应链要素在一个高频率采样系统被统一连续记载时，自然就形成了液体货物在仓储聚集和经车船运输分拨的数字画像模型。66云链用这些数字模型为相关的企业和政府提供"数字提单""数字运单""车辆预约排队""智能靠泊"等液化品可视物流生产与安全监管解决方案。

2020年以来，基于"车-船-库闭环物流数据"，66云链以区块链、物联网等可信技术赋能可信仓库，由可信仓库开立可信数字仓单，确保仓单可附着物权，可查、可验、可溯，使得液化品数字仓单这个"提货权凭证"具备了参与金融应用的可能性。

需要说明的是，66云链不是专门为了金融而打造的系统，它是一个生长于产业场景、为产业服务的数字基础设施。产业场景的数字化是66云链的主营业务，"区块链数字仓单"应用仅仅是在这个数字基础设施之上的衍生品和工具。

（2）以可信技术赋能可信仓库，开立可信仓单。

具体而言，66云链"区块链数字仓单平台"需破解大宗商品仓单质押融资风控的三大难点——落实物权、物流可溯、关注品质。

首先,实时获取并交叉验证仓储账存数据和实存数据,做到账实相符,延伸对车、船运输全程数据的在线追溯,在对第三方仓储企业进行数字化转型的过程中,66云链会安装一套库存管理系统,并将其与地磅、流量计等物理设备进行连接,以便即时收集仓储的入库数据与出库数据。除此之外,66云链还会在仓库中设置物联网结合5G通信的通道,对罐区采用物联网设备的数据整合,从而实时获取仓储的库存数据。

其次,上线"在线商检",线上一键下单,随时获取检存数据。66云链与国内头部的14家商检机构均建立了框架合作,委托人可在66云链上一键下单,委托仓单保管人所在地的商检机构对仓单货物进行飞行检查,包括检验数量和化验质量指标。通过具备法律效力的第三方商检报告,来固化底层资产的数量、质量数据。

（3）连接数字仓单生态,推动数字仓单应用落地。

液体能源化工品的数字仓单,其登记和应用落地涉及诸多相关方,是一项宏大的系统工程。66云链已连接仓储企业、货主企业、IT服务商、5G运营商、商检机构、保险机构等近20类数字仓单应用的相关方企业及服务商,初步搭建起数字仓单便捷、可信运营的大生态(图9-2)。

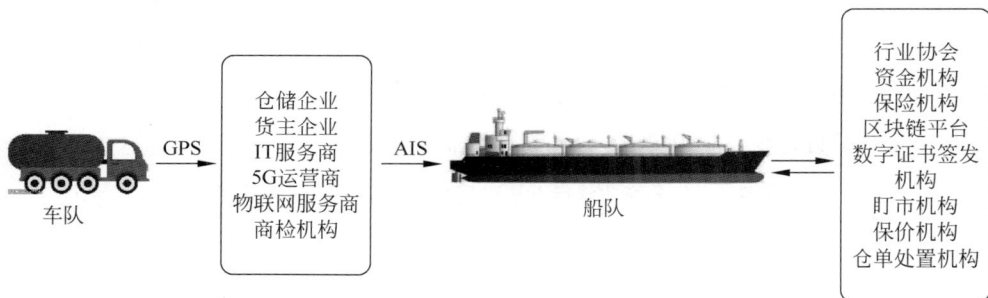

图9-2　66云链初步搭建起数字仓单新生态①

2. 数字仓单质押融资实践

1) 66云链协同华夏银行完成国内首笔全线上数字仓单质押融资业务

2021年11月,华夏银行与66云链合作,通过双方系统对接,完成了国内首笔全线上数字仓单质押融资业务,标志着华夏银行率先实现了仓单质押业务从仓单申请、授信、质押、登记到放款的全流程、线上闭环操作。该笔业务的落地,也为华夏银行和66云链后续紧密合作、批量开展业务打下了较为坚实的基础。

在这笔业务中,由融资企业通过66云链区块链数字仓单平台发起申请,信息实时推送至仓储机构——武汉恒阳化工储运有限公司(以下简称"武汉恒阳"),由武汉恒阳在系统平台开立了数字仓单;随后,融资企业通过人脸识别技术和数字化企业认证发起线上仓单质押申请,并完成贷款申请环节的验证;华夏银行的产业数字金融平台收到申请后

① 66云链"基于物的信用的大宗商品数字仓单质押融资应用实践"[EB/OL].(2024-08-28).https://baijiahao.baidu.com/s?id=1808596341349093605&wfr=spider&for=pc.

做数字化授信审批,放款系统收到申请后,由系统替代人工,对仓单及相关附件的数据要素进行交叉验证,完成仓单质押登记,实现秒级放款,为融资企业发放了数百万元的低息贷款。

截至 2022 年 2 月末,66 云链已成功携手中国建设银行、中信银行、华夏银行、恒丰银行等六家银行业金融机构,落地实施了数字仓单质押融资业务,累计发放融资款项超过人民币 4.2 亿元。此举有效破解了能源及化工中小企业面临的融资难度大、融资成本高等难题,为实体经济的稳健发展提供了切实有效的助力。

2)66 云链协同日照银行创新"区块链嵌入"电子仓单质押新模式

2022 年 3 月 29 日,日照银行成功落地地方城商行全国首笔原油区块链电子仓单质押融资业务。该项业务是日照银行首笔基于区块链、物联网技术的原油数字化电子仓单质押融资,标志着该行"橙仓通"＋"橙信贷"数字供应链金融产品的灵活组合应用再上台阶,通过科技赋能盘活库区存货,创新产品服务产业链上的核心企业及上游供应商,真正实现金融活水精准滴灌实体经济发展。

日照银行青岛分行通过国内领先的能源化工供应链数字化服务商 66 云链区块链数字仓单平台,为青岛泰和嘉柏能源有限公司(山东京博石油化工有限公司的子公司)提供仓单质押融资服务,办理该行特色数字供应链金融产品——"橙仓通"质押投放"橙信贷"1 000 万元,电子仓单质押货物为原油,应收账款为上游供应商沥青销售对应款项。

3. 同业对比:部分银行区块链电子仓单质押业务梳理

部分商业银行开展的区块链电子仓单质押业务如表 9-1 所示。

表 9-1 部分商业银行开展的区块链电子仓单质押业务

银行机构	业务案例
浙商银行	2021 年 11 月 29 日,随着浙油仓单质押融资放款指令的送达,浙江国际油气交易中心与浙商银行舟山分行合作的首笔浙油仓单签发与质押融资系统融合应用成功落地
兴业银行	2022 年 3 月,兴业银行科技依托"智慧仓储"系统,为中储京科服务企业青岛德赛克贸易有限公司落地数字化仓单质押融资 178 万元。青岛德赛克贸易有限公司主要从事化工原材料贸易,但近年来受化工原材料价格等的影响,面临资金压力。兴业银行青岛分行为其推出仓单质押融资服务方案,银行端可通过抵质押物的唯一标识,实时查询对应抵质押物的所有关联信息,并依托 AI 视觉算法对货物进行模型匹配,实现对货物移动和形状改变的智能预警。同时,通过区块链技术生成的数字仓,也保证了融资质押的安全性、唯一性、开放性、可追溯性
建设银行	2021 年 8 月 16 日,中储京科与建设银行首笔线上数字化仓单融资业务成功落地。基于区块链联盟链所确立的共识机制,中储京科旗下的"货兑宝"平台与中国建设银行推出的"区块链物流金融平台"圆满达成了首例数字仓单的全链路线上跨链流转业务。在此次业务合作中,中国建设银行青岛市城阳支行作为业务经办行,成功地为融资申请方青岛德赛克贸易有限公司发放了基于区块链的电子仓单质押融资款项

由上述梳理可以看出,与我国商业银行传统仓单质押业务相比,区块链电子仓单质押业务具有以下优势。

1）打造高信度平台，提升供应链整体安全性

仓单质押供应链金融服务系统借助区块链技术的不可篡改与可追溯特性，按照时序将大量信息记录在区块链上，涵盖从仓单质押融资业务申请的基础资料到质押物在质押期间的运输与仓储详情。该系统采用电子仓单与区块链信息记录相结合的方式，有效规避了传统纸质仓单可能存在的重复质押风险，确保了"一仓对应一单"及"货物变动仓单随之更新"的唯一性和灵活性。同时，通过物联网技术 RFID（射频识别）与智能监控系统的部署，系统能够全面掌控质押物的状态，特别是将物流动态、出入库情况及质押物数量状态等信息实时记录于区块链，辅以实时智能监控，显著降低了仓储物流公司潜在的舞弊或监管疏忽风险。

此外，该系统将核心企业纳入平台，助力中小融资企业提升信用并促进融资，实现了供应链各环节信息流的顺畅流通，使得融资企业的信用背景更加透明，便于资金提供方的审核。同时，系统采用法定货币兑换数字货币的方式，契合区块链去中心化的理念，并通过建立退出机制，进一步监控融资企业通过仓单质押所获贷款的使用情况，确保供应链稳健运行。

2）减少人工成本，提升服务效率

将 RFID 芯片贴附于质押物上，当质押物在出入库或位置变动过程中经过扫描设备时，相关信息会自动上传至平台的区块链系统进行记录，从而简化了人工核查的步骤，减轻了烦琐程度。在日常仓储盘点中，工作人员可以利用 RFID 手持设备迅速确认不同批次质押物的具体位置及数量。通过仓单质押供应链金融服务系统，用户可以便捷地查询电子仓单的信息变动情况，并操作智能监控系统，确保资金方对质押物拥有有效的监管权力。一旦智能合约成功制定，后续的操作将无须再进行确认或协商，系统会自动执行，从而显著提升了服务效率。

3）资源整合串联，建设征信生态

仓单质押供应链金融构建了一座信息交互的桥梁，连接了核心企业、商业银行等金融机构、融资企业及物流仓储公司。在此平台上，融资企业有权自主选择合作的物流仓储伙伴，同时，核心企业与融资企业也能够相互遴选潜在的合作伙伴。商业银行等金融机构则通过此平台筛选优质企业，开展仓单质押融资业务，实现了多方利益的共同增进，促进了供应链信息的流通与资源共享，实现了物流、商流、信息流、资金流的"四流"整合。

平台引入了保险、资金及客户等多方面的资源，吸引了更多供应链节点的用户加入；此外，基于平台所收集的融资企业业务往来资料及历史交易信息，构建了评级与征信系统，为完善供应链金融服务的征信体系作出了积极贡献。

4. 风险分析：区块链电子仓单质押融资业务风险分析

1）平台实力要求高

仓单质押供应链金融服务系统的有效运用需建立在一定规模之上，以确保区块链技术中联盟链的信息交换功能与智能合约的批量自动化处理发挥实际效用。这就要求以平台为中心的整个系统必须选择一个具备强大信用和实力的平台方，从而对平台方的甄选构成了一定的挑战。

2）达到使用状态成本较高

按照既定的模式设计，实现线下与线上的深度融合需广泛部署各类设备，这伴随着较高的学习成本与物质资源投入。将这些成本和投入有效转化为平台的生产力，对平台的构建提出了严苛的要求。

3）参与方协同程度要求高

区块链技术在仓单质押融资模式构建与应用中的融入，需要基于核心企业的参与所带来的信用拓展。仓单质押业务依赖核心企业对交易背景的验证及质押物退出机制的完善，从而为中小企业提供更强的信用支持。因此，探索如何吸引核心企业的合作，以构建一个更加完整的生态系统，是当前面临的重要课题。

5. 业务指引：区块链电子仓单质押业务推广策略

近年来，随着我国致力于通过发展供应链来解决中小微企业的融资难题，以及应收账款融资领域的持续创新与发展，保理业务在供应链中的应用迎来了前所未有的发展机遇。为了更有效地推动供应链保理业务发展，提出以下建议。

1）银行内部稳健操作

仓单质押业务涉及众多参与方，且流程相对复杂。在当前的信贷管理体系下，银行需在有限的时间内完成所有与仓单质押相关的合同和协议的签订及审批流程，同时需紧密监控各环节之间的衔接，确保贷后管理、账户监控及库存货物的有序释放。这一流程既烦琐又细致，因此，需要有一套完善的流程制度来支撑其顺利执行。

首先，健全仓单质押信贷制度。商业银行在涉足仓单业务之前，应深入进行市场调研及内部测试，以制定科学、规范的仓单质押管理规章制度及操作流程。鉴于众多贸易与物流企业虽拥有庞大的贸易规模及仓单量，但其注册资本相对较低，按照现行的授信额度评估方法难以满足其资金需求，仓单质押业务因其低风险特性，促使银行考虑突破传统授信额度评估框架，采用特别授信模式，以应对企业规模与贷款需求不匹配的问题。同时，银行需采取更为严格的风险管理措施，对贷款资金的流向进行严密的监控与追踪。

其次，对相关人员进行针对性的专业培训。培训内容应包括仓单质押风险管理的基本概念、贷前审查与贷后管理的关键技能，以及与第三方物流企业有效沟通协作的方法。同时，安排实地演练和测试环节，确保参与人员能够全面且深入地理解仓单质押业务的理论知识，并熟练掌握实际操作技能。

2）加强与第三方平台合作

商业银行应积极开展与第三方B2B平台的信用评估体系建设的合作，与B2B平台建立良好的合作关系，并建立合适的授信机制；同时，应当建立健全对第三方B2B平台及融资企业的奖惩机制，并加强对B2B平台与供应链上游中小企业合作关系的监督，以防止两者串通损害银行利益的情况发生。此举对于提升B2B电商供应链融资的规范性、降低供应链操作风险，以及确保供应链持续、稳定运行具有积极意义。如对于严格核查融资企业的第三方B2B平台扩大合作范围、减少手续费用等，对于长期守约的企业适当激励，如降低融资费用、适度降低质押率、简化贷款审批流程等；而对于违约企业，则列入征信黑名单。银行对于第三方B2B平台的监管也应引入奖惩机制，促使B2B平台在对融资企业的商业信用核查过程中保持积极的态度。

在监管方面,建议成立独立的第三方监管机构,并健全融资相关的法规制度,通过引入外部监督力量,促使第三方 B2B 平台和融资企业遵循"公正诚信,严守契约"的原则。同时,需探索创新供应链金融的监管方式,整合供应链各环节的市场准入政策,加强供应链的风险防控,以确保供应链稳健运行与长远发展。

9.2.2　数字科技在供应链金融场景中的创新应用

1. 云趣数科:产业数字金融 SaaS 平台与新基建解决方案提供商

杭州云链趣链数字科技有限公司(以下简称"云趣数科"),是央国企参股混合所有制企业,也是国家级高新技术企业和浙江省专精特新企业。公司成立于 2019 年 12 月,系由中国首家万亿元级产业数字金融平台企业中企云链与国产信创区块链技术独角兽企业趣链科技战略合作出资组建。

扩展阅读 9.4　互联网+银行　平安银行:橙 e 网

云趣数科定位为"产业数字金融 SaaS 平台与新基建解决方案提供商",秉持"数字科技让贸易融资更简单"的企业使命,以用户成功为中心,帮助每个用户快速构建供应链金融能力。公司持续创新商业信用在供应链上的传导机制,降低信任成本,还原中小企业流动资产价值,引导商业银行及政策性资金精准普惠实体企业。

云趣数科坚持"场景驱动,解决真问题,科技赋能,创造真价值"的产品服务理念,不断创新"产融新基建四景四链"系列解决方案。其依托中企云链万亿元级产业数字金融标杆验证、趣链科技国产信创区块链底层技术支撑,以及产融两端总部级生态资源跨边共享这三大核心竞争力,笃志成为"创造产融高效可信链接,中国产业数字金融新基建的首选服务商"。

2. 数字科技推动供应链金融创新实践

1) 云趣数科联合青岛银行助力城投云链开创特色种植业供应链金融新模式

近年来,随着国家对乡村振兴战略的深入实施,农业产业链与供应链日益受到关注。农业生产模式已从过去的零散分布、个体生产,转变为现在的区域化布局、规模化种植及订单化生产的格局,形成了诸如"企业+协会+基地+农户""龙头企业+基地+农户"及"专业合作组织+农户"等多种发展模式,为供应链金融模式的推广奠定了坚实基础。以济宁市金乡县为例,作为"中国大蒜之乡",该地拥有超过 2 000 年的大蒜种植历史,常年种植面积高达 60 万亩(1 亩≈666.67 平方米),位居全国各县市之首。其产品远销 170 多个国家和地区,构建了一条集大蒜种植、加工、储藏、贸易及信息于一体的完整且高效的产业链,展现出显著的大蒜产业基础与资源优势。在此背景下,济宁城投勇担社会责任,依托"城投云链"供应链金融平台落地"蒜你好"项目试单,充分满足大蒜种植、收储、交易等业务关键流程中的产业链主体资金需求,助力打造特色农产品种植业供应链金融服务标杆。

2024 年 8 月,云趣数科携手济宁城投、青岛银行进行业务创新,依托平台数字科技,连接大蒜种植业主体、资金方等,打破交易过程中的信息、资金流信息不对称,激活全产业链主体信用及贸易数据价值,赋能济宁市千亿元级大蒜产业集群打造。未来,云趣数科将立足"一产一策"战略,扎根服务"三农"、服务"小微",面向特色农产品种植行业推出"×你好"系列解决方案(表 9-2),充分整合产融两端优势资源,为农业产业现代化及乡村振兴发展助力。[①]

表 9-2 "×你好"系列特色农产品种植业供应链金融解决方案优势

多种模式增信	激活核心企业闲置授信,同时充分挖掘平台交易、订单等及第三方平台数据,为企业增信
数据可信溯源	依托区块链、物联网等技术,为数据采集、流通等提供安全可信环境,产融数据可溯源
交易真实可信	基于真实的交易合同、收货确认单、发票等信息开展业务,帮助金融机构完成关键环节风险把控
数据交叉验证	依托物联网技术及平台支撑,及时、高效地进行实地验证、货物盘查和系统数据交叉验证
货物高效处置	商贸分销网络成熟,在融资企业发生违约风险后,进行高效处置,避免发生违约连锁反应

2)云趣数科助力商信宝保理共同服务西部轨道交通建设

2024 年 9 月,云趣数科携手重庆市商信宝商业保理有限公司(以下简称"商信宝保理")搭建的"商信宝供应链金融平台",成功完成首笔"商信"的开立,并在一天内为轨交行业一家专业供应链物资公司提供全线上化融资服务。"商信宝供应链金融平台"锚定千亿元级轨道交通行业产融服务,未来将以产品与场景创新进一步服务西部轨道交通建设。

"商信宝供应链金融平台"由重庆轨道交通产业投资有限公司子公司商信宝保理主导运营,深耕轨道交通产业链,通过整合多方产业与数据资源,紧紧围绕产业链上的核心企业,为上下游中小企业提供线上化应收账款保理服务,同时面向股东成员单位开展应收账款保理业务,针对投资项目的建设期提供供应链保理产品服务。云趣数科为该平台的建设提供全流程技术支持及运维服务,利用数字科技将核心企业优质信用转化为可流转、可融资、可拆分的电子债权凭证"商信",有力缓解产业链各方资金周转压力,深度普惠轨道交通产业链上下游中小微企业。

此次"商信宝供应链金融平台"首笔业务落地,商信宝保理携手云趣数科,立足轨道交通产业场景,整合双方在产业资源及数字科技领域的优势,以数字化产融服务平台助力提升产业链黏性与稳定性。未来,云趣数科将立足"一产一策"战略布局,充分运用平台科技及产融生态圈资源,携手商信宝保理全面开展供应链金融业务,做到贴近产业、产融结合,着力推动重点产业的资源、资产、资金整合发展,切实帮助链属中小企业解决融

---

① "蒜你好"!云趣数科联合青岛银行助力城投云链开创特色种植业供应链金融新模式[EB/OL].(2024-08-26).https://mp.weixin.qq.com/s?__biz=MzIwMDA0MjYyOA==&mid=2247492802&idx=2&sn=92b1650d099364b1ae7a73b3d9b5ac4a&chksm.

资难、融资贵问题,引领轨道交通产业发展新质生产力,加速产业转型升级。①

3. 数据增信"脱核"供应链金融业务创新

1)"脱核"供应链金融发展背景

"脱核"供应链金融的兴起,主要是针对传统供应链金融模式所面临的问题,以及为了更好地满足供应链上下游企业的融资需求。

传统供应链金融模式存在若干核心挑战:首先,它高度依赖核心企业,这导致金融机构在提供融资时往往要求核心企业进行确权,这不仅增加了核心企业的财务与管理负担,还限制了中小企业获取融资的机会。其次,供应链上下游的企业在融资方面面临较大困难。供应链上游企业虽然有核心企业作为付款人的应收账款等增信支持,融资可获得性较高,但下游的中小微企业由于缺乏抵押物,融资可获得性较低。最后,银行等金融机构风险管理能力有待提升。银行在处理供应链金融业务时,面临数据处理成本高和数据风险管控难度大的问题,尤其是在对深入领域的产业了解程度不够的情况下,对风险的把控存在滞后和漏洞。为了解决这些问题,"脱核"供应链金融应运而生。

所谓"脱核",不是指脱离核心企业,而是指摆脱对单一核心企业信用的过度依赖,转而依靠供应链上产生的各种交易数据、信息流、物流等多维度的信息和风险控制手段来实现融资,把金融服务扩展到上下游的中小微企业。简单来说,就是改变传统的核心企业"主体信用"模式,从"数据信用"出发,利用大数据、人工智能、区块链及物联网等新技术,构建基于数据信用的信用体系,提升供应链及供应链金融的数字化和智能化水平,从而减轻核心企业的信用担保压力,促进中小微企业融资,并提升金融机构的风险管理能力。

2)"脱核"供应链金融的产生条件

为了激励各方积极尝试供应链金融的"脱核"创新路径,2023 年 11 月末,中国人民银行、金融监管总局、中国证监会、国家外汇管理局、国家发展改革委、工业和信息化部、财政部及全国工商联等八大部门联合颁布了《关于强化金融支持举措 助力民营经济发展壮大的通知》(以下简称《通知》)。《通知》首次正式引入"脱核"供应链金融的概念,并强调银行业金融机构应积极探寻供应链脱核模式的实践,助力供应链上的民营中小微企业通过订单贷款、仓单质押贷款等融资方式获得资金支持。同时,《通知》还提出要推动供应链票据的规范化发展,深入推行"一链一策一批"的中小微企业融资促进策略,以支持重点产业链、先进制造业集群及中小企业特色产业集群内的民营中小微企业的融资需求。

"脱核"供应链金融业务的成功实施依赖核心企业与金融机构的紧密合作。首先,核心企业需构建供应链服务平台,强化供应链管理与合作关系,利用其关键地位与银行等金融机构携手,共同管控交易风险,拓宽产业金融服务范畴,助力上下游企业融资。其次,银行等金融机构需深入产业链,与核心企业及整条产业链深化合作,针对不同行业与场景需求,为核心企业及其上下游提供定制化的金融服务,增强供应链的融资与资金管

---

① 首笔"商信"融资放款! 云趣数科助力商信宝保理共同服务西部轨道交通建设[EB/OL]. (2024-09-02). https://mp. weixin. qq. com/s?_ biz = MzIwMDA0MjYyOA = = &mid = 2247492972&idx = 1&sn = 54ee8cd1d2dfc3e71da0c241f43105a6&chksm.

理能力。在场景化服务中,实时生成的交易数据为银行提供了更真实、透明、全面的供应链交易行为信息,使银行能更智能、及时、准确地评估风险,解决供应链融资中的风控挑战,缓解对核心企业信用的过度依赖。

3)供应链金融"脱核"的意义

供应链金融"脱核"的意义可从以下三个维度来阐述。

(1)减轻核心企业负担。"脱核"模式借助大数据、人工智能、区块链等前沿技术,综合收集并分析供应链各参与方的交易数据、信息流、物流等多元信息,构建数据驱动的信用体系。这既缓解了核心企业的信用担保压力,又削减了其财务成本与管理成本。

(2)助力中小微企业融资。供应链金融"脱核"模式为解决中小微企业融资难题提供了新途径。通过区块链等技术,金融机构能更真实、透明地洞察中小微企业的运营状况,进而实施更智能、迅速、精准的风险评估,提升融资的可获取性。

(3)强化金融机构的风险管理能力。"脱核"模式推动金融机构与产业链内部深化合作,包括与核心企业及整条产业链的紧密联动,通过全面、深入的数据收集与分析,提升风险管理的智能化水平。这不仅能有效减少金融机构的风险暴露,还能提升整条供应链的融资效率与资金管理水平。

4)数据增信"脱核"供应链金融创新实践

随着供应链金融的深化发展,金融机构、核心企业、金融科技公司等多方正在对"脱核"模式展开新一轮的探索。

(1)央企"脱核"供应链金融业务。

2024年5月,华润集团旗下华润守正招标有限公司(以下简称"华润守正")供应链金融平台首单纯线上履约保函成功开具。首单保函开具规模约188万元,华润守正表示,该笔业务的落地不仅是华润守正供应链金融平台业务发展的又一重要里程碑,也代表了华润守正供应链金融平台在创新数字科技领域的深度探索和实践。据了解,这或是市场首单纯线上电子履约银行保函,本次保函业务由华润守正平台联合深圳高新投、华润银行等推出,实现了电子履约保函从申请、审核到出函、理赔的全流程纯电子化操作。随着本次业务的落地,华润守正供应链金融平台或有望引入更多合作机构(包括担保公司、商业银行等)和产业场景,丰富其供应链金融服务生态。

华润守正是华润现代服务(深圳)有限公司旗下负责华润集团招投标服务的专业子公司。2022年起,公司供应链金融实践紧锣密鼓地展开。

2022年7月,华润守正自主搭建"守正供应链金融服务平台"。

2022年8月,华润守正在"润保函"项目下推出"电子投标保函"。

2023年5月,平台上线不足1年,电子投标保函服务规模快速突破10亿元。

2023年8月,时隔3个月,平台电子投标保函服务规模快速突破20亿元。

截至2024年5月,华润守正供应链金融平台电子保函服务规模或已突破50亿元,已发展成为国内领先的企业类电子保函供应链金融服务平台。华润守正还积极进行场景探索和生态构建,目前平台已搭建了较为完整的场景供应链服务体系,平台上线了包括润保函、润融资和融保险等在内的体系化供应链金融产品。截至2024年5月,华润守正供应链金融平台各类"脱核"供应链金融产品规模已突破 70 亿元。①

部分央企的"脱核"供应链金融实践如表 9-3 所示。

表 9-3　部分央企的"脱核"供应链金融实践

央企	"脱核"供应链金融实践
中交集团	旗下交建云商,2023 年上线电子保函服务系统"交建保",目前交建保已成功对接中国建设银行、交通银行等多家金融机构,为多家中小微企业节省保证金支出数十亿元,出具保函成功率高达 98%,有效降低企业资金占有成本、交易成本,激发了市场活力
中国电信	旗下天翼保理推出"翼保函"服务,全面覆盖供应链投标、履约和质量场景
通用技术	2023 年 3 月,通用技术咨询公司采购管理中心顺利完成集团中心采购平台电子保函的系统部署,成功在"通用技术集团 2023—2024 年度信息设备供应商入围采购项目"中开出首张电子保函
招商局集团	2024 年 1 月,招商局招标采购平台与中投保"信易佳"电子保函平台对接,于当月成功开出首笔电子履约保函。招商局智融供应链服务有限公司与招商局集团招投标中心、交通银行在供应链金融领域达成合作,联合发布"招商·智融⌊中标盈⌉-普惠 E 融"产品,依托"金融科技+数字普惠"能力,为招商局集团产业链上数万家中小企业提供高效、便捷、安全的普惠金融服务,助力实业发展
厦门国贸	厦门国贸 2023 年业绩报显示:在供应链金融方面,公司推出"国贸云链·金贸通",该平台与多家金融机构开展供应链金融业务授信联动,连通金融机构和产业客户,创造平台价值,平台客户累计用信近 20 亿元
中车集团	中国中车集团有限公司借助自有电商产业链平台开展供应链金融,与中国银行、中国建设银行、招商银行、中信银行四家战略合作银行签署产业链金融合作协议,试点覆盖轨道交通装备和清洁能源装备等代表性产业区域供应商,是"脱核"背景下灵活运用"数字信用"的可借鉴之路
中国电子	2024 年 3 月,中电惠融与农业银行深圳分行共同研发的"中电 e 贷"产品首笔业务成功落地。这不仅标志着双方在模型共建及产品创新方面的合作取得了实质性进展,更凸显了双方在数字金融与产业融合领域迈出了坚实的一步

（2）中电惠融与农业银行:"中电 e 贷"。

中电惠融与农业银行贯彻建设数字中国的国家发展战略,通过深度应用中电产业链数据,围绕产业链客群与中国电子的历史交易信息,结合农行小微信贷模型,为中国电子上下游客群制定专属线上信用贷产品"中电 e 贷"。"中电 e 贷"的成功落地,不仅是中国电子将数据科学应用于金融领域的一次重大突破,也展现了金融科技对电子产业发展的创新推动。

"中电 e 贷"凭借数据化、智能化、脱核化三大特色,在"产业+金融"场景中开创了新型融资服务模式。在数据化上,其创新运用大数据技术,为融资主体绘制精准画像,破解了小微企业因担保缺失导致的融资困境;在智能化方面,其融合信贷专家智慧,不断优化模型,显著提升了融资服务的效率与精确度;脱核化设计则打破了传统供应链融资对核心企业的过度依赖,为更广泛的产业链参与者打开了融资之门。

① 首个央企"脱核"百亿平台诞生!｜最强场景,央企都开始拼命发力!［EB/OL］.（2024-05-31）. https://xueqiu.com/7478695667/292087091.

中电惠融深耕电子信息产业,矢志不渝地践行中国电子"铸就国家网信事业核心科技支柱"的使命,并据此构建了"中电供应链金融平台"。该平台集保理、采购等多元化服务于一体,全面覆盖企业生命周期各阶段的金融服务需求。同时,平台运用区块链、云计算等先进技术,依托"PKS"体系,确保系统底层、信息传输及交易的安全性,专注于为产业链客户提供卓越、高效、可靠的金融服务。

(3) 科技普惠信贷产品:"青银链科创"。

2024年7月,全国首笔"青银链科创"业务落地山东青岛,铭派科技获批青岛银行供应链贷款1000万元。据悉,"青银链科创"是由央企控股、服务全行业的独立产融数字平台金网络在数据资产转化、供应链金融"脱核"领域的又一创新实践。"青银链科创"是由金网络数科、青岛银行及中知数通(北京)信息技术有限公司三方合作,基于"产业链+科创"大数据推出的一款科技普惠信贷产品,在不占用企业原有额度的情况下,基于供应商自身科创属性及上下游供应链数据,为科技类中小微企业增信。[①]

该产品结合三方优势,共享数据、共建风控模型,通过整合航信平台提供的产融大数据,中知数通提供的科创大数据,以及青岛银行提供的企业税务、人才等基础数据,形成《企业供应链及科技力评价报告》,并以此为依据,在不占用企业原有额度的情况下,为科技类中小微企业增信。"青银链科创"产品依托供应商"产业+科技"的基础数据,解决了传统供应链业务过度依赖核心企业的弊端,将银行的风控对象从核心企业转移到供应商自身,将银行的风控要素从传统的不动产质押、应收应付数据,转移到供应商自身科创属性,真正使科技类中小微企业的数据资产转化成金融资产,实现了供应链金融"脱核"。

对供应链上中小微企业而言,"青银链科创"为铭派科技这样的高潜力科技企业丰富了融资手段,降低了融资成本,出具《企业供应链及科技力评价报告》,精准地描绘企业的上下游及科技能力画像,不仅协助企业实现无形资产变现,获取便捷、便宜的银行资金,还从创新转化力、技术关键性、科技竞争力、企业成长性等多个维度科学、全面地对企业进行了诊断。

5) 中企云链搭建"N+N+N"数字金融平台

中企云链是中国领先的独立产业数字金融平台,通过开放式的平台架起产业数字金融参与方之间的桥梁。公司透过解决供应链融资、信用流动等多个行业痛点,使整条行业供应链所有利益相关者受益,客户包括核心企业、金融机构等。

2015年,其由南车投资、北车投资、中国铁建投资、中国重机、北京服务新首钢基金、金蝶及智德盛资产管理投资等多家央企、地方国企、民企及金融机构创立,后于2023年9月改制为股份有限公司。中企云链推出首款数字化应收账款债权凭证产品——云信。通过云信的确权、拆分、流转及融资,公司能够将核心企业在金融机构的闲置授信普惠给链属中小企业,从而降低整条供应链的融资成本。

2019年,中企云链与一家国有全国性银行签订战略合作协议。同年,云租正式上线,并完成了首笔融资放款。云租通过物联网、大数据及AI等技术,帮助建筑行业的核心企

---

① 首个央企"脱核"百亿平台诞生!|最强场景,央企都开始拼命发力![EB/OL].(2024-05-31). https://xueqiu.com/7478695667/292087091.

业向链属企业选择及租入设备。此外,云租还能通过物联网设备所收集的运营数据,协助现场项目管理及建设过程管理,确保结算时的运营效率和准确性,从而协助中小企业获得融资。云租是国内首个工程机械租赁行业融资服务平台。

2020 年,公司陆续获得首张供应链票据(商票)的签发及首笔银行放款。

2022 年,公司的第三个平台云砼上线并帮助客户取得首笔银行放款。该平台主要用于商品砼及建筑材料供应场景,其功能与云租类似。

2023 年,中企云链首张供应链票据(银票)在自家的云链平台上获得签发,公司的第四个平台"云数"完成首笔放款。云数可以连接到核心企业及链属企业的 ERP 系统,以便在业务交易的不同结算点收集数据,有助于金融机构在批准融资申请时更好地评估链属中小企业的信誉度。

凭借自家的产业数字金融平台云链,中企云链构建了"$N+N+N$"的生态模式,即"N 家金融机构$+N$ 家核心企业$+N$ 家链属企业"的全线上供应链金融平台模式。

云链平台依托物联网、区块链、人工智能和大数据等技术驱动,以互联网链接的方式将产业数字化与金融数字化融合,实现了平台上用户的产业链上下游相关数据双向透明并鼓励整条行业供应链的平台用户之间的数据共享。因此,云链平台能够高效撮合融资需求方与金融机构,打通资金端与供应链资产端的高效对接通道,并有效促进降低融资风险,从而更好地满足中小企业供应商的融资需求和核心企业的业务运营需求。

截至 2023 年上半年,公司云链平台有 3 845 家注册核心企业,覆盖 31 个省区市的102 个城市,遍布 90% 的行业,如建筑、制造、服务、批发、零售等。同期,公司已与 2 344 家银行分支机构及 21 家保理公司建立了合作关系。2020 年、2021 年及 2022 年,云链平台上的核心企业留存率分别为 83.1%、87.3% 及 88.5%,呈持续上升之势。此外,公司还为核心技术及软件系统注册了 108 项软件版权。①

而在产业数据化的过程中,云链平台的业务可主要划分为两部分,分别为确权业务及场景数字业务。

(1)确权业务。确权业务即为企业提供数字化应收账款记录及供应链票据,并允许企业依据金融机构授予的分配信贷额度获取资金的业务。确权业务是公司的立足之本,为最主要的收入来源。该项业务主要通过云信平台为客户提供服务。按 2022 年确权金额及融资金额计算,中企云链是全国最大的独立数字企业确权平台,市占率分别为25.9% 及 31.3%。

在云信服务中,公司作为独立第三方分配云信额度,即核心企业根据金融机构对该核心企业的授信额度,在公司的平台上确权的最高云信金额。下面为该服务的简要流程。

步骤 1:核心企业通过登录云链平台,在云链平台上确权云信,主动向供应商确认付款到期日的应付账款。

步骤 2:供应商接受确权的云信后,可以拆分流转到更多链属中小企业,从而零成本

---

① 造富雪道 | 供应链变信用链的财富密码 中企云链转盈后递表港交所[EB/OL]. (2023-10-20). https://www.guandian.cn/article/20231020/361043.html.

清理企业三角债,大幅降低供应链融资成本。

步骤2+:供应链也可以通过云链平台,向核心企业授信金融机构申请保理融资。此时,供应商享有几乎与核心企业同等的低融资成本,从而获得资金用于生产运营。

云信能够流转至云链平台供应链的25级供应商,并且配备触达深层链属企业的技术。

除了在云信上的服务,公司亦提供保理服务、供应链票据服务及其他确权服务。

(2)场景数字业务。公司的该项业务旨在满足核心企业及链属企业在不同的业务场景下的运营、管理或融资需求,包括云租、云砼及云数服务(表9-4)。

表 9-4　中企云链场景数字业务

云租	帮助建筑行业的核心企业向链属企业选择及租入设备,并利用物联网上的运营数据,协助中小企业获得融资
云砼	与云租的功能类似,主要聚焦商品砼及建筑材料供应场景
云数	连接到核心企业及链属企业的ERP系统,以方便企业在业务交易的不同阶段收集数据。该数据有助于金融机构在批准融资申请时更好地评估链属中小企业的信誉度。到目前,云数平台已与288家核心企业签约

9.2.3　大数据风控体系下的供应链金融实践

风险评估是金融行业的重要工作之一,涉及对潜在风险进行系统评估和分析,以确定其对业务或项目可持续性的潜在影响。传统风险评估方法依赖于有限的数据和人工判断,存在主观性和不确定性。而大数据技术的应用,使得风险评估更加精准和科学。

1. 大数据风控在供应链金融领域发挥的作用

大数据风控在供应链金融领域发挥的作用主要包括:目标客户的资信评估,风险分析、警示和控制,解决存货融资风险问题,通过不断迭代提升评测效果。

1)目标客户的资信评估

在数字化背景下,构建大数据风控体系是重要的供应链金融创新实践。大数据风控是消费电商大发展下金融科技企业的核心竞争力。数字信用是消费电商平台掌握海量数据后的产物,个体消费者在互联网平台上的所有行为信息都成为信用的数据源。在金融科技深入应用到消费电商和消费信贷时,大数据风控成为风控的重要手段,取得了极好的成效。大数据在风险评估上的应用之一就是对目标客户进行企业信用评级。如金融机构在为企业提供贷款或发行债券时,需要对企业的信用状况进行评估。大数据技术可以通过整合企业的财务报表、市场数据、行业报告等多源数据,运用数据挖掘和机器学习算法,自动学习并识别不同的信用风险等级。这不仅减少了人工评估的工作量,还减小了人为判断带来的误差,提高了信用评级的准确性和效率。

2)风险分析、警示和控制

金融机构可以利用大数据技术,综合处理来自交易记录、客户信息、网络行为等多个渠道的数据。借助数据挖掘技术和机器学习算法,这些机构能够识别出如大额资金突然转移、频繁的国际交易等异常交易模式,这些可能是欺诈行为的预警信号。同时,通过部署先进的事件处理系统和流计算平台,金融机构能够实时监控交易情况并设置预警机制,一旦检测到异常行为,系统会自动触发警报,迅速干预并阻止潜在的欺诈活动。

此外,金融机构还能通过分析客户的历史交易数据和信用记录等信息,评估客户的欺诈及信用风险,进而制定更加合理、科学的风险管理策略。例如,在贷款审批过程中,金融机构可以利用大数据模型精确评估客户的还款能力和意愿,从而有效降低不良贷款率。

3）解决存货融资风险问题

运用大数据技术能够促进存货融资服务体系的完善。通过构建全面的数字信用体系和智能风控体系,可以实现存货的仓单化管理和仓单的电子化,逐步构建并优化存货融资服务体系。同时,加速推进全国性可流转仓单体系的建立,提升存货融资的效率和便捷性。

大数据的引入可以进行贷后风险监管,比如进行存货价格预测:大数据可以采集市场行情,对存货价格进行预测及波动分析,尽早提出预警,减少因存货滞留或大幅价格变动导致的损失。打造押品价格库,实现市场行情关注和价格波动报警功能,帮助金融机构及时调整风险管理策略。可进一步通过精密设计的风控模型组（如身份验证模型、信用评分模型、行为评分模型、欺诈模型等）,对存货融资业务进行全面评估,确保资产安全。

4）通过不断迭代提升评测效果

在供应链金融领域,大数据分析逐渐发展到借助风控管理系统实现风险自评、绩效评价等管理相关职能,再后来开始尝试使用大数据技术开展前瞻性的风险识别与监测等创新,结合供应链金融场景,实现更加精准的授信管理与风险定价。

大数据技术在金融领域的运用深刻改变了风险评估、反欺诈及客户洞察等核心环节。通过大数据技术,金融机构能够更精确地量化风险、识别欺诈行为、深入理解客户需求,为业务决策提供更科学、全面的信息支持。不过,大数据技术的应用也伴随着新的风险管理挑战,因此,金融机构需采取一系列措施,包括强化数据安全和隐私保护、构建完善的风险防控机制、增加科技投资与加强人才培养、遵循法律法规与监管规定,以确保大数据技术在金融领域的应用取得更为积极、稳健的成果。

2. 大数据风控发展存在的焦点问题

大数据风控的发展也存在一些有待突破的焦点问题,需要行业关注和解决。例如:合规数据的可得性差,银行信贷数据和供应链上交易数据之间的融合存在很多障碍;数据模型的先进性、时效性差,数据维度少,非结构化数据挖掘和分析能力不足;大数据驱动的智能决策体系与现有的风控管理体系间的融合也是亟待探讨的问题。

3. 联想金服的 HyperInspector 大数据风控平台

联想金服的 HyperInspector 大数据风控平台是联想金服依托联想集团强大资源和技术实力开发的风控系统。该平台利用大数据技术,识别、组织、连接各业务系统数据信息,深入分析客户的历史交易信息、趋势变化、指标情况等,从而为客户提供精准的风险评估和管理服务。

联想金服的 HyperInspector 大数据风控平台具有以下技术特点。

（1）多维度数据整合。平台能够整合来自不同业务系统和渠道的数据，包括交易数据、行为数据、信用数据等，形成全面的客户画像。

（2）智能分析模型。依托大数据与机器学习技术，该平台创建了智能分析模型，能够自动识别并评估潜在风险，为金融机构提供即时的风险预警与决策辅助。

（3）动态监控与策略调整。平台具备实时监控风险动态的能力，并能根据市场波动与客户需求灵活调整风控策略和模型，确保风险管理的时效性和有效性。

HyperInspector 大数据风控平台主要应用于供应链金融等领域。在供应链金融场景中，该平台深度挖掘供应链上下游企业的交易数据与信用信息，为金融机构提供精确的信贷评估与风险管理服务。此外，平台还能对存货等资产实施实时监控与价值评估，保障资产安全并最大化其价值。联想金服借助该平台，已成功为众多中小企业提供了高效的供应链金融服务，有效缓解了中小企业融资难、成本高的难题。

案例讨论

京东科技供应链金融科技平台的数据风控技术

京东科技供应链金融科技平台的数据风控技术基于云计算、大数据、人工智能等前沿科技手段，对供应链中的各类数据进行深度挖掘和分析，以实现对供应链金融风险的有效识别、评估和防控。该技术体系涵盖了数据采集、处理、分析、建模和决策等多个环节，为供应链金融业务的健康发展提供了坚实保障。

1. 京东科技供应链金融科技平台具有数据风控技术特点

在多维度数据采集方面，平台能够全面采集供应链中各个环节的数据，包括订单、物流、仓储、财务、交易记录、信用记录等，形成丰富的数据资源池。数据来源广泛，包括京东生态体系内的数据及外部合作伙伴的数据，实现了数据的跨领域、跨平台整合。

在高精度数据处理方面，平台采用先进的数据清洗、去重、标准化等技术手段，确保数据的准确性和一致性，对非结构化和结构化数据进行有效整合，提高数据的利用价值。

在智能化风险分析方面，平台基于大数据和机器学习技术，构建智能风控模型，对供应链中的风险进行实时、动态的分析和评估。模型能够自动识别潜在的风险因素，如订单异常、物流延误、库存积压等，并提前预警。

在全链路风险防控方面，数据风控技术贯穿供应链金融业务的贷前审批、贷中监控、贷后管理等各个环节，实现了全链路的风险防控。通过实时监控和动态调整风控策略，确保业务风险在可控范围内。

2. 数据风控技术应用场景

（1）信用评估：利用大数据和机器学习技术，对供应链中的企业进行全面的信用评估，包括企业资质、经营状况、还款能力等方面。为金融机构提供精准的信用评级和授信决策支持。

（2）融资风险管理：涉及在融资流程中运用数据风控技术，对融资项目进行全方位评估和风险识别，以保障项目的安全性和收益性；同时，实施动态监控与管理，确保迅速发现并妥善处理潜在风险。

（3）供应链管理：数据风控技术在供应链管理领域同样发挥作用，它通过分析并预测供应链各环节的数据来优化管理流程，提升整体效率。例如，依据市场需求和库存变动的预测，企业可以灵活调整生产计划与物流调度，进而减少库存成本并降低相关风险。

3. 案例与成效

京东科技供应链金融科技平台已经成功应用于多个行业领域，为众多核心企业和中小微企业提供了高效的供应链金融解决方案。例如，在家电行业，京东科技供应链金融科技平台帮助美的、创维等核心企业实现了资金的高效周转和供应链的优化管理。同时，平台还助力产业链上的中小微企业获得了便捷的融资服务，解决了融资难、融资贵的问题。

依托数据风控技术，京东科技供应链金融科技平台已成功助力产业链上的中小微企业完成超百亿次融资服务，实现单笔业务秒级审批，自动化处理率在95%以上。这有力验证了平台在数据风控领域的领先性和实效性。

综上所述，京东科技供应链金融科技平台的数据风控技术具有多维度数据采集、高精度数据处理、智能化风险分析和全链路风险防控等特点，在信用评估、融资风险管理和供应链管理等方面发挥着重要作用。随着技术的不断进步和应用的不断拓展，该平台的数据风控技术将为供应链金融的健康发展提供更加强有力的支持。

资料来源：京东科技发布供应链金融科技三大解决方案 共建产业数字金融生态［EB/OL］.（2022-06-22）. https://baijiahao.baidu.com/s? id=1736325770920832050&wfr=spider&for=pc.

思考：

1. 金融科技手段对物流与供应链金融创新的作用有哪些？
2. 大数据风控比起传统的风控手段有哪些无可比拟的优势？

✏️ 即测即练

参 考 文 献

[1] 姜学军.国际贸易融资新论[M].北京：中国社会科学出版社,2009.

[2] 李毅学.物流与供应链金融创新：存货质押融资风险管理[M].北京：科学出版社,2010.

[3] 李向文,冯茹梅.物流与供应链金融[M].北京：北京大学出版社,2012.

[4] 宋华.服务供应链[M].北京：中国人民大学出版社,2012.

[5] 冯耕中.物流金融创新：运作与管理[M].北京：科学出版社,2014.

[6] 赵娴.流通经济研究动态（第四辑）：供应链金融专题[M].北京：经济科学出版社,2015.

[7] 王国刚,曾刚.中外供应链金融比较研究[M].北京：人民出版社,2015.

[8] 宝象金融研究院,零壹研究院.互联网＋供应链金融创新[M].北京：电子工业出版社,2016.

[9] 陈晓华,吴家富.供应链金融[M].北京：人民邮电出版社,2018.

[10] 段伟常,梁超杰.供应链金融5.0：自金融＋区块链票据[M].北京：电子工业出版社,2019.

[11] 庞燕.农产品物流金融研究：仓单质押盈利模式与风险防范[M].西安：西安交通大学出版社,2019.

[12] 张炜.中国物流与供应链金融发展报告（2020）[M].北京：中国财富出版社有限公司,2020.

[13] 吴科.供应链金融[M].南京：东南大学出版社,2020.

[14] 王晓光,张静.物流金融[M].北京：经济科学出版社,2020.

[15] 田江.供应链金融[M].北京：清华大学出版社,2021.

[16] 葛经纬.银行供应链金融业务新生态：新市场形势下不同应用场景解决方案[M].北京：机械工业出版社,2021.

[17] 刘蓉,徐玫.供应链金融实务与案例分析[M].北京：经济科学出版社,2021.

[18] 于海静.互联网＋商业银行供应链金融创新[M].北京：中国金融出版社,2021.

[19] 宋华.供应链金融[M].北京：中国人民大学出版社,2021.

[20] 巴尔斯,泰特,埃拉姆.供应链金融：风险管理、弹性与供应商管理[M].晏妮娜,译.北京：人民邮电出版社,2021.

[21] 黄国平,唐平娟,张黎平.基于区块链技术的供应链金融研究[M].长春：吉林大学出版社,2022.

[22] 沈亦文.产业互联网与供应链金融[M].北京：机械工业出版社,2023.

[23] 周利国.物流与供应链金融[M].北京：清华大学出版社,2023.

[24] 冯耕中.供应链金融[M].北京：中国人民大学出版社,2023.

[25] 王尔亚.钢铁企业财务共享中心建设面临的困境及对策探讨[J].中国总会计师,2023(12)：174-176.

[26] 胡旭微,王佳琪.物流企业供应链金融风险分析和防范对策——以顺丰控股为例[J].物流工程与管理,2022,44(2)：142-144.

[27] 申逾雄.互联网金融环境下供应链金融发展探究[J].全国流通经济,2023(16)：165-168.

[28] 深圳发展银行,中欧国际商学院供应链金融课题组.供应链金融[M].上海：上海远东出版社,2009.

[29] 章菁.我国物流金融发展现状及发展对策探讨[J].企业改革与管理,2022(7)：115-116.

[30] 钟大勇,张恒.我国物流金融发展现状及问题研究[J].物流工程与管理,2021,43(6)：13-15.

[31] 曹树新,刘永睿.物流金融的价值及风险控制[J].中国商论,2023(12)：89-92.

[32] 晁瑞.物流金融与供应链金融的比较研究[J].中国储运,2023(5)：90-91.

[33] 陈晓芸.浅析物流金融的运行方式及风险[J].中国储运,2022(9)：201-202.

[34] 陈振兴.物流金融出现动因、发展模式与风险防范对策探析[J].活力,2024,42(2):190-192.

[35] 宋华,杨璇,喻开,等.信息不对称下中小企业如何获得融资绩效——基于供应链金融的实证分析[J].中国流通经济,2017,31(9):89-99.

[36] 李娅茜.新时期物流金融服务创新策略研究[J].中国储运,2022(8):132-133.

[37] 林芸祺.物流金融的风险评估及其控制策略研究[J].物流科技,2023,46(16):142-146.

[38] 梅波.当前我国物流金融发展的解决方案研究[J].中国储运,2023(2):69-70.

[39] 孙尚民.大数据视角下我国物流金融存在的问题及对策研究[J].物流工程与管理,2023,45(7):155-158.

[40] 王会芹.物流金融拓宽企业融资渠道[J].中国储运,2022(10):176-177.

[41] 易金平,吕鹏辉.绿色物流金融运营研究[J].中国物流与采购,2024(1):106-107.

[42] 陈夫华,赵先德.产业供应链服务平台是如何帮助中小企业获得融资的?——以创捷供应链为例[J].管理案例研究与评论,2018,11(6):577-591.

[43] 田江,陈晨,徐胜明.基于供应链合作企业的物流金融服务模式创新与风险控制——以A集团为例[J].物流工程与管理,2015,37(6):59-62.

[44] 宋华,卢强.基于虚拟产业集群的供应链金融模式创新:创捷公司案例分析[J].中国工业经济,2017(5):172-192.

[45] 潘永明,李紫薇.统一授信模式下物流企业存货质押融资业务风险分析[J].价值工程,2015,34(22):73-74.

[46] 朱淑莲.供应链金融视角下家电企业融资分析——以格力电器为例[D].武汉:武汉纺织大学,2022.

[47] 郇傲.格力电器供应链融资研究[D].哈尔滨:黑龙江大学,2024.

教师服务

感谢您选用清华大学出版社的教材！为了更好地服务教学，我们为授课教师提供本书的教学辅助资源，以及本学科重点教材信息。请您扫码获取。

▶▶ 教辅获取

本书教辅资源，授课教师扫码获取

▶▶ 样书赠送

物流与供应链管理类重点教材，教师扫码获取样书

清华大学出版社

E-mail: tupfuwu@163.com
电话：010-83470332 / 83470142
地址：北京市海淀区双清路学研大厦 B 座 509

网址：https://www.tup.com.cn/
传真：8610-83470107
邮编：100084